O Assassinato de Tutancâmon

Bob Brier

O Assassinato de Tutancâmon

Uma história verdadeira

Tradução:
Vera Ribeiro

Jorge Zahar Editor
Rio de Janeiro

Para P.S.-L.

Título original:
The Murder of Tutankhamen:
A True Story

Tradução autorizada da primeira edição norte-americana
publicada em 1999 por G.P. Putnam Sons,
de Nova York, Estados Unidos

Jorge Zahar Editor Ltda.
rua México 31 sobreloja
20031-144 Rio de Janeiro, RJ
tel.: (21) 240-0226 / fax: (21) 262-5123
e-mail: jze@zahar.com.br
site: www.zahar.com.br

Capa: Carol Sá e Sérgio Campante

CIP-Brasil. Catalogação-na-fonte
Sindicato Nacional dos Editores de Livros, RJ.

B863a

Brier, Bob
O assassinato de Tutancâmon: uma história verdadeira / Bob Brier; tradução, Vera Ribeiro. – Rio de Janeiro: Jorge Zahar Ed., 2001

Tradução de: The murder of Tutankhamen
Apêndice
Inclui bibliografia
ISBN 85-7001-576-6

1. Tutancâmon, Rei do Egito – Morte e funeral. 2. Egito – História – XVIII Dinastia, ca. 1570-1320 a.C. I. Título.

00-1472

CDD 932.014
CDU 932

Sumário

Tutancâmon e Ankhesenâmon
Pinturas de Winifred Brunton

INTRODUÇÃO

Apontando para uma radiografia de um crânio, o dr. R.G. Harrison, chefe do Departamento de Anatomia da Universidade de Liverpool, explicava uma opacidade na chapa. Sua opinião era que ela estava

> dentro dos limites normais, mas, na verdade, poderia ter sido causada por uma hemorragia sob as membranas que envolvem o cérebro nessa região. E ela poderia ter sido causada por uma pancada na parte posterior da cabeça, o que, por sua vez, teria sido responsável pela morte.[1]

Seu paciente, o faraó Tutancâmon, estava morto havia 3.000 anos.

O dr. Harrison participou de um outro especial de televisão sobre o "rei Tut", mais um dos espasmos da "tut-mania" surgida desde a descoberta da tumba do jovem faraó em 1922. Eu não estava realmente interessado em Tutancâmon. Vira seus tesouros no Museu Egípcio do Cairo, conhecia a história da descoberta do túmulo e não tinha pensado muito mais nele.

Não sei por que estava assistindo a esse acréscimo televisivo mais recente à indigestão Tut, mas, quando já ia desligando o aparelho, ocorreu-me que o dr. Harrison tinha de fato uma coisa nova. Na tela apareceram radiografias do tórax de Tutancâmon, bem como dos ossos longos de suas pernas e braços. Concentrei a atenção. As radiografias continham novas provas forenses sobre a possibilidade de que Tutancâmon tivesse sido assassinado. Começou a insinuar-se uma idéia da qual não consegui me livrar.

Havia uma extraordinária quantidade de informações que se podiam encontrar na múmia de Tutancâmon. E se eu desse uma nova espiada naquilo tudo? A múmia nunca fora examinada com o intuito de dar respostas a algumas perguntas básicas sobre uma vítima de assassinato. Teria ele morrido imediatamente da pancada no dorso da cabeça, ou a morte teria demorado? Seria forte e saudável quando morreu, ou teria estado doente?

Qual fora sua última refeição? Quanto tempo depois de comer ele havia morrido? Eu sabia que, provavelmente, nunca obteria permissão para examinar a múmia de Tutancâmon — que estava lacrada no Vale dos Reis — e que o Conselho Supremo de Antigüidades, a Organização de Antigüidades do Egito, não se disporia a permitir que o corpo do faraó fosse retirado de lá para uma autópsia. Mesmo assim, havia as radiografias, fotografias de seus órgãos internos, e os laudos do exame feito no corpo em 1925. Havia muito a investigar. Ainda não se escrevera a última palavra sobre a morte de Tutancâmon.

Os cadáveres me fascinam — em termos profissionais, é claro. Minha especialidade são as múmias, com um interesse particular pela paleopatologia — as doenças do homem da Antigüidade. Que doenças teriam afligido o egípcio antigo? Quais seriam suas chances de recuperação? Como ele enfrentava a doença? As múmias detêm as respostas. Uma autópsia moderna de uma múmia egípcia, baseada em alta tecnologia, pode revelar o que ela comeu, quando foi atingida pela doença e, com sorte, qual foi a causa da morte. Além das informações obtidas a partir das múmias, a verdade é que, quando examino o rosto de uma delas, há uma proximidade e uma intimidade que simplesmente não consigo obter com os objetos. Fico frente a frente com uma pessoa que viveu há 3.000 anos.

Lembro-me da época em que trabalhei com Michael Silva, da terceira geração de uma família de ourives da Espanha. Estávamos tentando descobrir como, exatamente, os antigos artesãos egípcios faziam seus amuletos. Usando moldes de terracota de 3.000 anos de idade, Michael estava em vias de recriar o processo e produzir réplicas dos amuletos. Na parte posterior de um dos moldes podia-se ver a marca de um polegar do antigo artesão, no ponto em que ele havia pressionado a argila ainda úmida. Como era compreensível, Michael comoveu-se diante desse vínculo com a humanidade antiga no qual estava tocando — um vestígio fantasmagórico deixado pelo homem que segurara aquela argila 3.000 anos antes. Em meu trabalho, toco nos dedos propriamente ditos. Mas outros tipos de egiptólogos são igualmente apaixonados por seu trabalho, e muitos deles contribuíram para as provas que apresentarei aqui.

Nós, "o Pessoal das Múmias", somos chamados aos sítios de escavação quando restos mortais humanos são encontrados. As múmias enfaixadas são raras. Com muito mais freqüência, os túmulos eram assaltados na Antigüidade, as múmias eram despedaçadas por ladrões à procura de jóias, e seus ossos eram espalhados pelos salteadores. O Pessoal das Múmias examina aquele emaranhado de ossos para reconstituir o que restou. A densidade e a qualidade dos ossos revelam a posição social e a ocupação das pessoas.

Por exemplo, o trabalho braçal aumenta a massa muscular, o que leva os ossos a se adensarem, de modo que um simples braço é capaz de nos dizer se o morto era um trabalhador ou um diletante. Recentemente, examinei os restos mortais de uma rainha de 4.000 anos atrás. Nunca tinha visto ossos tão delicados; era como se ela nunca houvesse erguido a mão e tivesse andado de liteira por toda parte. No extremo oposto do espectro, o cemitério dos operários que construíram as pirâmides de Gizé abrigava cadáveres de homens que haviam deslocado fardos pesados. Suas espinhas dorsais apresentavam sérias deformações, especialmente nas vértebras lombares, que acabavam suportando a maior parte da tensão. Com experiência suficiente e uma pitada de imaginação, um Homem das Múmias pode descobrir coisas notáveis.

Minha abordagem da egiptologia sempre foi experimental — pôr a mão na massa. Uns dois anos atrás, mumifiquei um cadáver humano à maneira egípcia antiga. Estava tentando descobrir exatamente como trabalhavam os antigos embalsamadores. Também nessa ocasião, Michael Silva fez réplicas, desta vez de antigos utensílios de bronze e cobre, para que, ao retirar os órgãos internos, eu usasse o mesmo tipo de instrumentos empregados pelos antigos embalsamadores. Meu parceiro nesse projeto foi Ronald Wade, diretor do Conselho Estadual de Anatomia de Maryland. Ron também era agente funerário licenciado e interessava-se pela mumificação desde menino — havia mumificado um rato em seu projeto de ciências do curso médio. Quando iniciamos a mumificação moderna e fiz a incisão no abdômen do cadáver, Ron e eu sentimos calafrios. Sabíamos que era a primeira vez que se fazia uma mumificação no estilo egípcio em 2.000 anos.

Ao retirarmos cada órgão — baço, estômago, intestinos, fígado —, sabíamos que era nessa ordem que os antigos embalsamadores deviam tê-los retirado. Era quase como se estivéssemos assistindo a uma mumificação, e não fazendo-a. A retirada do cérebro pela passagem nasal revelou-se a parte mais difícil da experiência. Não tínhamos certeza de conseguir executá-la. Tudo de que dispúnhamos para nos guiar eram raios-X de múmias.

Quando apresentei uma palestra mostrando slides do que tínhamos feito, um colega soltou uma exclamação *muito* audível de surpresa. Vários outros se desculparam por, ao assistirem ao especial de televisão da National Geographic, terem sentido um mal-estar tão grande que tiveram que desligar a TV. Os cadáveres humanos, mesmo mumificados, simplesmente desconcertam algumas pessoas.

Por conseguinte, nós, o Pessoal das Múmias, temos nossa própria conferência, o Congresso Internacional de Múmias. (Muitas vezes me ocorreu que deveríamos chamá-los "As Múmias Somos Nós".) Temos origens diferentes. Muitos de nós cursaram a faculdade de medicina e um bom número compõe-se de médicos em pleno exercício da profissão, que contribuem com sua habilidade para o estudo das múmias. Outros são antropólogos físicos com uma ampla formação em anatomia e fisiologia.

Alguns anos atrás, no Congresso de Múmias de Cartagena, na Colômbia, ouvi com admiração uma colega descrever como havia estudado o comércio entre os antigos peruanos que viviam no litoral e os que viviam nas regiões mais elevadas do altiplano. Foi um grande trabalho detetivesco, baseado no princípio do "você é o que você come". A proteína dos peixes difere da proteína dos vegetais ou dos animais terrestres, de modo que, analisando os isótopos de carbono de ossos de múmias, ela havia determinado sua dieta. Naturalmente, os ossos de populações que viveram e morreram no litoral indicavam um alto teor de proteínas marinhas, mas os habitantes interioranos do altiplano também exibiram as mesmas proteínas, o que significava que haviam comerciado peixe seco com os habitantes da costa.[2] Se é possível descobrir hábitos alimentares e rotas comerciais a partir do cotovelo de uma múmia, imaginem só o que se pode aprender com um faraó como Tutancâmon, cuja história conhecemos.

Foi por isso que fiquei de olhos grudados na televisão quando o dr. Harrison desfilou suas radiografias de Tutancâmon. Apesar de meu desinteresse original pelo faraó, vi-me então pensando em revisitar os raios X para resolver um antigo quebra-cabeça. As informações de outros especialistas, é claro, seriam cruciais para minha investigação, mas a chave para desvendar o segredo da causa da morte seria a múmia. Eu apenas queria ver se conseguiria descobrir como ele havia morrido; seria um exercício acadêmico. Na época, eu não estava pensando em assassinato — ou em quem poderia ter sido o assassino.

Os últimos dois anos foram uma aventura. Em jantares em minha casa e no interior de vários túmulos egípcios, colegas e eu discutimos pistas, traduzimos hieroglifos, vasculhamos radiografias e fotografias do jovem Tutancâmon e de seus parentes e tivemos discussões consideráveis. Uma vez examinados todos os fatos relacionados com a morte prematura do rei menino, depois de eu ler uma carta desesperada de sua viúva e de segurar um antigo anel, quando considerei a época violenta e instável em que Tutancâmon havia governado e examinei as provas forenses com a ajuda de vários especialistas em traumatologia, assassinato e complô despontaram como a melhor explicação. Devo admitir, entretanto, que a certa altura o projeto deixou de ser acadêmico. Fiquei inesperadamente comovido ao examinar e manipular objetos enterrados com Tutancâmon — os tabuleiros dos jogos que ele jogava, os arcos que usava ao caçar nos pântanos, os fetos espontaneamente abortados por sua jovem esposa —, e uma morte ocorrida há 3.000 anos transformou-se numa tragédia pessoal. Por muitos anos, na minha cabeça, Tut tinha sido sinônimo de tesouros, de modo que eu ficara alheio a seus encantos. Em algum ponto do caminho, passei a gostar imensamente do rapaz. À medida que o dossiê de indícios foi crescendo, comecei a odiar o principal suspeito. Fiquei encantado ao descobrir que seus retratos nos museus de Berlim e do Cairo eram decididamente sinistros. Mesmo assim, apesar desses sentimentos claramente não objetivos, creio que minha exposição dos fatos não é distorcida e que o assassinato e a intriga política fornecem a explicação mais sensata para um acontecimento trágico, ocorrido 3.000 anos atrás.

O que virá a seguir é um relato das circunstâncias que levaram à morte inesperada de Tutancâmon, aos 19 anos de idade, à agitação política e religiosa que a possibilitou, e à tentativa ousada e quase exitosa de encobri-la. É a história da vida — e morte — de Tutancâmon. Um general de exército, sumos sacerdotes e altos funcionários do governo estiveram envolvidos. Foi uma época única e fascinante no Egito, que levou um plebeu a acreditar que poderia tornar-se rei.

A linha do tempo de Tutancâmon

Período dinástico inicial

3150-2686 a.C. — 0-II Dinastias
Narmer — primeiro rei do Egito, unificou o Alto e o Baixo Egito

O Antigo Império

2686-2181 a.C. — III-VI Dinastias
Djoser constrói a Pirâmide de Degraus
O faraó Quéops constrói a Grande Pirâmide
O faraó Quéfren manda esculpir a Esfinge com suas feições

Primeiro Período Intermediário

2181-2040 a.C. — período de anarquia e caos

Médio Império

2040-1780 a.C. — XII Dinastia
O faraó Mentuhotep II restabelece a ordem no país

Segundo Período Intermediário

1780-1570 a.C. — período de governantes fracos e invasão pelos hicsos, que dominavam o norte

O Novo Império

1570-1070 a.C. — idade áurea do Egito

XVIII **Dinastia — 1570-1293 a.C.**
1570-1546 a.C. — Amósis I — os hicsos são expulsos do Egito
1551-1386 a.C. — os faraós Tutmés III, Hatshepsut e Amenófis III aumentam a riqueza e o poder do Egito

1386-1349 a.C. — Amenófis III (avô de Tutancâmon)
1350-1334 a.C. — Amenófis IV (Aquenaton) (pai de Tutancâmon)
1336-1334 a.C. — Smenkare (filho de Aquenaton e irmão de Tutancâmon?)
1334-1325 a.C. — Tutancâmon
1325-1321 a.C. — Aye
1321-1293 a.C. — Horemheb

XIX **Dinastia**

1297-1212 a.C. — Ramsés, o Grande — provável faraó do Êxodo

Terceiro Período Intermediário

1069-525 a.C.— o poder do faraó é enfraquecido

Período Tardio

525-332 a.C. — os reis persas dominam o Egito

Período Greco-romano

332 a.C. — Alexandre, o Grande, vence Dario III, governante do Império Persa
O Egito aclama Alexandre como ser divino e salvador
50 a.C. — Cleópatra VII torna-se rainha do Egito
30 a.C. — morre Cleópatra VII e o Egito se torna propriedade do imperador romano Augusto

1. O Rei Tem Que Morrer

> Afastai-vos das pessoas hostis,
> Mantende vosso coração tranqüilo entre os que combatem.
>
> — *O escriba Ani,*
> *c.1400 a.C.*

Dispomos de uma notável quantidade de dados sobre Tutancâmon — o bastante para recriar o que devem ter sido seus últimos dias. Assim, comecemos por um relato ficcional, mas que, provavelmente, muito se aproxima da verdade.

Em algum momento do final do outono, durante seu décimo oitavo ano de vida, Tutancâmon foi deitar-se sozinho. Embora os maridos e mulheres camponeses dormissem no mesmo quarto, os faraós egípcios viviam em palácios separados dos de suas rainhas e das mulheres do harém. As visitas conjugais eram uma coisa, mas dormir era outra. Tutancâmon repousava num quarto amplo, parcamente mobiliado — algumas banquetas, mesas e uma cama de solteiro em madeira, com pés esculpidos como patas de leão. Os peixes, patos e gramados pantanosos pintados nas paredes de argamassa ganhavam um brilho espectral sob a luz tênue.

Nas profundezas dessa madrugada, a porta se abriu, lenta e silenciosamente, apenas o bastante para que um homem sozinho se esgueirasse para o interior, antes de fechá-la atrás de si. De algum modo, havia burlado as sentinelas. Teriam eles sido instruídos a olhar para outro lado? Furtivamente, o intruso noturno andou até a cama do faraó, talvez tendo seus passos abafados pelo lento gotejar de um relógio d'água. Encontrou o rei adormecido de lado, com a cabeça repousando sobre um apoio de alabastro. Das dobras de suas roupas o homem tirou um objeto pesado, possivelmente uma maça egípcia, que unia uma sólida pedra de 8 centímetros à ponta de uma parruda vara de 60 centímetros. Depois de um único suspiro, golpeou a cabeça de Tutancâmon com o objeto pesado.

Esperando apenas um momento para que o som repentino na madrugada fosse esquecido, o intruso refez seus passos pela Câmara Real, saiu porta afora e esgueirou-se furtivamente do palácio para a segurança da noite.

Na manhã seguinte, os servos descobriram o faraó inconsciente, mas ainda não morto, e chamaram prontamente o vizir, Aye, e a mulher de Tutancâmon, Ankhesenâmon. Um sacerdote-médico, perito em cuidar de lesões no crânio, foi chamado do templo. O médico já tinha visto muitas lesões traumáticas. Vez por outra, blocos de pedra caíam sobre os trabalhadores nas construções e soldados da infantaria recebiam golpes na cabeça. Mas aquele era o faraó; o médico tinha que ter extremo cuidado com o que dizia e fazia. Instruiu seu assistente a raspar a cabeça do faraó, para que fosse possível fazer um diagnóstico adequado. À medida que a lâmina de bronze retirava os finos cabelos negros, o cirurgião já se punha a pensar nas conseqüências do tratamento — tanto para o faraó quanto para sua própria carreira. Se tomasse medidas drásticas e Tutancâmon morresse, ele poderia ser responsabilizado. Raspada a cabeça, apareceu um único ferimento, uma massa quente e edemaciada. Era um lugar incomum para aquele tipo de lesão, na parte dorsal da cabeça, onde o pescoço se liga ao crânio. O grande papiro cirúrgico não descrevia como tratar desse tipo de lesão.

A pancada havia provocado inconsciência, mas apenas uma ligeira fratura do crânio. Não havia fragmentos de osso a serem removidos. Aliviado, o cirurgião tornou a guardar sua sonda e suas pinças de bronze no estojo de madeira. Mesmo assim, havia sangue escorrendo das narinas do faraó, num sinal de que as meninges, as membranas que envolvem o cérebro, tinham sido atingidas. Aye, o primeiro-ministro, permanecia em silêncio junto ao leito, calmo, ponderando sobre o que a morte do faraó significaria para o Egito e para ele mesmo. Ankhesenâmon, assustada, olhava para o médico, à espera de seu prognóstico. Ele fora treinado para dar uma de três respostas: (1) "esta é uma enfermidade de que tratarei", (2) "esta é uma enfermidade contra a qual lutarei", e (3) "esta é uma enfermidade que não se pode tratar".[1] Se dissesse que a moléstia podia ser tratada, deixaria implícito que o tratamento teria sucesso. Se, ao contrário, dissesse que apenas lutaria com ela, deixaria implícito um desfecho incerto.

O médico avaliou rapidamente a situação. Não havendo fragmentos a remover nem fraturas a reduzir, era pouco o que ele podia fazer pelo rei em termos físicos. Dizer que trataria da doença seria afirmar que o rei sobreviveria, e disso ele não tinha certeza. Se Tutancâmon morresse, o médico seria responsabilizado. Havia apenas duas alternativas de fato e, dada a importância do paciente, era mais seguro dizer que aquela era uma doença impossível de tratar. Melhor seria entregar aos deuses a sorte do rei.

A dificuldade enfrentada por esse sacerdote-médico não diferiu da situação dos médicos modernos que são chamados a tratar de pacientes famosos. No mundo inteiro, os médicos das salas de emergência já a observaram e deram-lhe o nome de "síndrome do paciente famoso". Confrontadas com um paciente célebre, as equipes médicas temem agir com presteza, fazer instintivamente o que foram treinadas para fazer. Os membros mais jovens das equipes cedem a vez aos mais velhos e ocorrem discussões antes que se tomem providências. É provável que Tutancâmon não tenha sido o primeiro governante a sofrer as conseqüências de sua posição elevada, e por certo não foi o último.

Abraham Lincoln talvez tenha morrido por causa de sua fama. Depois que o presidente foi baleado na cabeça, o jovem cirurgião que o atendeu no Teatro Ford fez tudo certo. Examinou a perfuração da entrada com o dedo, determinou que não havia um orifício de saída da bala e deixou o presidente repousar. Em seguida, chamou-se o cirurgião geral*, enquanto o presidente Lincoln era removido para uma hospedaria próxima. O cirurgião geral era um burocrata que há anos não tratava de nenhum paciente, mas assumiu prontamente o controle do tratamento de Lincoln. Introduziu uma sonda no orifício de entrada e a empurrou até quase os olhos de Lincoln. O cirurgião geral não sabia que a última palavra em medicina, ensinada nas universidades, dizia para não se usar a sonda — o cérebro é tão mole que não é possível dizer quando se está seguindo a trajetória da bala ou causando novas lesões. As reavaliações recentes do caso sugerem que Lincoln poderia ter sobrevivido com a bala alojada no cérebro. Ele foi vítima da síndrome do paciente famoso.

Assim, o sacerdote-médico voltou-se para Ankhesenâmon e proferiu exatamente as palavras que ela temia: "Essa é uma enfermidade que não se pode tratar." Enquanto Ankhesenâmon soluçava, o assistente foi instruído a limpar o sangue das narinas do rei. O faraó passou a respirar com mais facilidade, serenamente deitado em sua cama baixa. Chamar-se-iam curandeiros para socorrê-lo.

À tarde, os curandeiros haviam reunido os ingredientes para seu cataplasma: partes iguais de bagas de coriandro e de papoula, absinto, bagas de uma planta chamada *sames* e de zimbro. Misturados com mel, eles formaram uma pasta que foi espalhada sobre o ferimento e coberta

* Nos Estados Unidos, esse termo designa o mais alto cargo público da carreira médica, cujo ocupante dirige o Serviço de Saúde Pública, ou ainda o general ou almirante encarregado da chefia do departamento médico do exército, aeronáutica ou marinha. (N.T.)

com um pedaço de linho finamente tecido, que trazia desenhado o símbolo do Olho de Hórus. Hórus, o deus falcão, havia perdido um olho na batalha contra Set, mas fora magicamente regenerado por Thot, o deus da magia. As marcas que circundam o olho do falcão tornaram-se um sinal de cura.

Nos primeiros dias, houve otimismo. Tutancâmon recobrou brevemente a consciência e conseguiu se alimentar. Ankhesenâmon levou-lhe figos picados, misturados com ovos, porque os ovos tinham propriedades regenerativas. Os curandeiros puseram "farinha de ovo" — cascas de ovo moídas — no vinho de Tutancâmon, para que o crânio ferido se consolidasse perfeitamente, como uma casca de ovo.[2] Contudo, à medida que os dias se transformaram em semanas, o faraó, recobrando e tornando a perder a consciência, debilitou-se. Ficou com a visão embaçada e a dor em sua cabeça tornou-se quase insuportável, como se houvesse alguma coisa pressionando todas as partes do crânio. Para diminuir a dor, Ankhesenâmon levava-lhe quantidades cada vez maiores do vinho favorito do faraó, feito de uvas de seus próprios vinhedos. Quando o inverno chegou, Tutancâmon mergulhou na inconsciência final e tinha dificuldade para engolir até quantidades minúsculas de vinho, servidas por um canudo.

O pranto começou por Ankhesenâmon, que estava com Tutancâmon quando ele morreu, espalhou-se por entre as servas do palácio e cruzou o rio até chegar a Tebas, unindo ricos e pobres no choro ritual do luto que dizia a Osíris, deus dos mortos, que esperasse mais um nativo do Ocidente. Poucas horas depois do choque, Aye deu início aos preparativos para o enterro de Tutancâmon.

Este nosso relato da morte de Tutancâmon é ficcional, mas baseia-se em provas que sobreviveram por 3.300 anos desde sua morte. Estamos em condições ainda melhores de reconstituir seu funeral.

O túmulo que Tutancâmon vinha preparando para si, junto ao de seu avô, na escarpa ocidental do Vale dos Reis, estava muito longe de estar pronto quando o rei menino faleceu. Havia, entretanto, um túmulo quase pronto no vale principal, que nunca fora usado. Originalmente destinado a um particular — honraria pouco comum, mas não sem precedentes —, Aye resolveu apropriar-se desse pequeno túmulo para seu faraó. Os artistas começaram imediatamente a pintar cenas apropriadas nas paredes; não havia tempo para esculpi-las. Enquanto se aprontava o túmulo, os embalsamadores prepararam o corpo de Tutancâmon para a eternidade.

A mumificação era primordialmente um processo físico, mas cada etapa do embalsamamento era acompanhada por rituais religiosos. O passo mais importante era retirar toda a umidade do corpo, o mais depressa possível.

As bactérias precisam de umidade para destruir os tecidos; não havendo água, o corpo não se decompõe.

O cérebro e os órgãos internos são extremamente úmidos, de modo que, para evitar a putrefação, era preciso retirá-los logo após a morte. Quando o corpo de Tutancâmon foi levado aos embalsamadores reais, eles o depositaram sobre uma mesa de mumificação feita de alabastro, com uma inclinação que permitia que, enquanto era feito o trabalho no cadáver, os líquidos escoassem para uma bacia colocada embaixo dela. O cérebro foi retirado mediante a introdução de um arame longo pela narina, atravessando o osso etmóide até chegar ao crânio. Em seguida, o arame foi girado — usado como um batedor de creme — para reduzir o tecido cerebral a um estado semilíquido, passível de ser drenado pelas narinas quando o corpo fosse virado de cabeça para baixo. Os embalsamadores preservaram quase todas as partes do corpo, para que Tutancâmon estivesse completo ao ressuscitar no outro mundo. Entretanto, jogaram fora o cérebro, desconhecendo sua função. Os egípcios acreditavam que se pensava com o coração, e não com o cérebro, já que é o coração e não o cérebro que bate apressadamente quando uma pessoa se agita. Na Bíblia, quando o faraó se recusa obstinadamente a deixar partirem os israelitas, é-nos dito que "o coração do faraó endureceu".

Depois de retirado e jogado fora o cérebro de Tutancâmon, fez-se uma incisão na parte inferior esquerda de seu abdômen, para que fosse possível chegar aos órgãos internos. O estômago, fígado, intestinos e rins foram cuidadosamente retirados e colocados em vasilhas rasas. Mais tarde, os órgãos ressecados foram depositados em quatro esquifes de ouro em miniatura, à espera do dia em que o rei ressuscitasse no além. Apenas seu coração foi deixado no corpo, para que ele pudesse recordar e recitar os encantamentos mágicos que revivificariam seu cadáver.

Mesmo depois de retirados o cérebro e os órgãos internos, ainda restava uma umidade considerável nos tecidos moles do corpo. Para eliminá-la, os embalsamadores cobriram o corpo de Tutancâmon com natrão, um composto natural de carbonato de sódio, bicarbonato de sódio e cloreto de sódio — basicamente, soda cáustica e sal. Depois de o cadáver repousar durante 35 dias no natrão, quase toda a sua água fora extraída. Agora a múmia pesava menos de 23 quilos e estava pronta para ser enfaixada. A cada bandagem aplicada, um sacerdote, usando a máscara de Anúbis, o chacal, deus do embalsamamento, lia encantamentos mágicos que garantiriam a preservação e a ressurreição de Tutancâmon. Os sacerdotes puseram mais de 150 jóias e amuletos mágicos dentro das bandagens de linho, para assegurar a imortalidade do rei menino.

Enquanto os embalsamadores exerciam sua arte, os mestres artesãos de toda a região trabalhavam no preparo dos bens funerários do faraó. Havia relicários a esculpir e revestir de ouro, uma máscara e esquifes de ouro a moldar, móveis, roupas de cama e mesa, roupas de uso pessoal e jóias a reunir. A simples preparação das imagens dos *ushabtis* era uma tarefa de porte. Esperava-se que essas centenas de pequenas imagens de servos ressuscitassem magicamente e servissem Tutancâmon no mundo do além, cada uma delas sendo uma escultura individual de madeira ou pedra, talhada à imagem de Tutancâmon (fig. 19). As imagens tinham um formato mumiforme, à semelhança de Osíris, deus dos mortos. Como o Egito era uma sociedade agrária, o trabalho no além seria a lavoura, de modo que os ushabtis levavam nas mãos utensílios agrícolas. Tutancâmon tinha 413 ushabtis: 365 trabalhadores, um para cada dia do ano, 36 capatazes, um para cada turma de 10 trabalhadores, e mais 12 supervisores mensais.[3] Deve ter havido pânico nas oficinas do Egito, enquanto os artesãos trabalhavam noite adentro em equipes para preparar o enterro do faraó.

Maya, o tesoureiro, encomendou uma bela miniatura em madeira, que era uma escultura de Tutancâmon num carro fúnebre, segurando um báculo e um mangual minúsculos em ouro, para que os deuses soubessem que ele fora um grande rei. Na parte lateral da escultura, uma inscrição proclamava a dedicação de Maya a seu jovem faraó: "Feita pelo servo que é bom para seu senhor, fazendo o que ele ordena, que não permite que nada saia errado, e cujo rosto se alegra quando ele o faz com amor no coração, como algo benéfico para seu senhor."[4]

Em algum ponto da preparação dos bens funerários de Tutancâmon, o tempo se esgotou. Haviam-se passado setenta dias, o trabalho dos embalsamadores e todos os esquifes estavam concluídos, mas simplesmente não havia tempo para que se terminassem os outros objetos ritualísticos. Assim, abriu-se o túmulo de Smenkare, irmão de Tutancâmon, e os esquifes em miniatura que guardavam seus órgãos internos foram reutilizados para o faraó. Dentro de cada esquife, numa inscrição a ouro, há uma oração do Livro dos mortos, uma coletânea de cerca de 200 feitiços, encantamentos, orações e hinos. As preces que aparecem do lado de dentro referem-se a Tutancâmon, mas por baixo de seu cartucho há vestígios do nome de seu irmão, Smenkare.

Setenta dias depois da morte do faraó, o cortejo fúnebre reuniu-se na margem ocidental de Tebas para conduzir sua múmia à casa da eternidade. O corpo foi colocado numa plataforma deslizante e sobre ele se depositou um relicário de madeira enfeitado com guirlandas. De um lado a outro do topo do relicário, duas fileiras de najas de madeira, lindamente esculpidas e pintadas, erguiam-se para proteger Tutancâmon em sua jornada para o mundo dos mortos. A plataforma foi puxada por funcionários do palácio. Pentu e Usermont, os ministros do Alto e do Baixo Egito, usavam os trajes característicos de seus cargos e eram acompanhados por outras dez autoridades, todas com as faixas brancas do luto enroladas na cabeça. À medida que o cortejo avançava lentamente pelas terras áridas em direção ao Vale dos Reis, as mulheres choravam, rasgavam as roupas e jogavam areia na cabeça, nos gestos tradicionais do luto. Entre elas, mas sentindo-se muito só, estava Ankhesenâmon.

Quando os carregadores do esquife chegaram ao túmulo, o cortejo parou. Durante o processo de envolver a múmia em bandagens, a boca e o nariz de Tutancâmon tinham sido cobertos. Nesse momento, antes de entrar no túmulo para toda a eternidade, realizou-se uma cerimônia para abrir-lhe magicamente a boca, a fim de que o faraó pudesse respirar e dizer os encantamentos mágicos do Livro dos mortos. Os carregadores, juntamente com os sacerdotes e os membros do cortejo fúnebre, realizaram a cerimônia da abertura da boca para Tutancâmon.

Assemelhando-se mais a um mistério do que a um ritual religioso, a peça exigia uma dúzia de participantes.[5] O sacerdote oficiante segurou um papiro que descrevia como as coisas deveriam ocorrer. Um pequeno grupo de autoridades desempenhou o papel dos guardas de Hórus, que ajudariam Tutancâmon a ressuscitar como Osíris no outro mundo. A área em frente ao túmulo, onde se encenaria a peça, foi purificada com água de quatro cântaros diferentes, cada qual representando um dos cantos da Terra. Quatro queimadores de incenso foram acesos e vários deuses foram invocados. Realizou-se um abate ritual, comemorando a batalha em que Hórus vingara a morte de Osíris.

No mito, os conspiradores de Set, depois de esquartejarem o corpo de Osíris, tentaram fugir de Hórus, transformando-se em diversos animais, mas Hórus os apanhou e lhes cortou as cabeças. Assim, na cerimônia da abertura da boca, vários animais foram ritualmente sacrificados — dois touros (um pelo sul e um pelo norte), gazelas e patos. Quando o touro do sul foi abatido, uma de suas pernas foi cortada e, juntamente com o coração, oferecida à múmia. Por simpatia mágica, Tutancâmon transformou-se em Osíris. O abate sacrificial dos animais representou os conspiradores que tentaram destruir o corpo de Osíris, sem conseguir, e garantiu que o corpo de Tutancâmon ficaria a salvo de qualquer ataque dessa natureza. Os animais abatidos forneceriam alimento para a longa jornada do faraó.

O sumo sacerdote tocou a boca da múmia com a perna do touro e, em seguida, um ajudante aproximou-se com um instrumento ritualístico de formato semelhante ao de um enxó. Enquanto tocava a boca da múmia com esse instrumento, o sacerdote recitou:

> Tua boca foi fechada, mas consertei para ti a boca e os dentes. Abro para ti tua boca, abro para ti teus dois olhos. Abri tua boca com o instrumento de Anúbis, com o utensílio de ferro com que foram abertas as bocas dos deuses. Hórus, abre a boca! Hórus, abre a boca! Hórus abriu a boca dos mortos, como nos tempos de outrora abrira a boca de Osíris com o ferro, que veio de Set, com o instrumento de ferro com que abriu as bocas dos deuses. E abriu tua boca com ele. Os mortos caminharão e falarão, e o corpo dele estará na companhia grandiosa de todos os deuses, na Grande Morada do Ancião, em Anu, e de Hórus, o senhor da humanidade, ele receberá a coroa de *ureret*.[6]

Enquanto esse ritual era praticado, o corpo de Tutancâmon repousava dentro do relicário sobre a plataforma deslizante, de modo que, no lugar dele, usou-se uma estátua do faraó — uma das duas estátuas guardiãs em tamanho natural, quase da altura exata de Tutancâmon.

Na conclusão do ritual, o sacerdote ergueu o enxó e o encostou na boca de Tutancâmon, enunciando as palavras mágicas que dariam ao jovem rei a respiração na outra vida. "És jovem de novo, vives outra vez, és jovem de novo, vives outra vez, para sempre." Tutancâmon estava pronto para a imortalidade.

Os carregadores transportaram o corpo de Tutancâmon-Osíris — já então ele era um ocidental, como Osíris — e desceram os 13 degraus que levavam à tumba. Lá embaixo, viraram à direita em direção à câmara mortuária. À sua esquerda podiam avistar três leitos cerimoniais de 1,5 metro de altura, nos quais vários rituais tinham sido praticados para Tutancâmon durante os 70 dias da mumificação. Nos cantos da cabeceira de um dos leitos havia duas cabeças de hipopótamo lindamente esculpidas, revestidas de ouro; o segundo exibia a cabeça de uma vaca com um disco solar entre os chifres; e o terceiro mostrava cabeças de leão. Esses eram os deuses que determinariam se Tutancâmon poderia entrar no outro mundo. Enquanto transportavam lentamente a múmia para a câmara mortuária, os carregadores davam rápidas olhadelas para os lados, na tentativa de memorizar tudo — os tesouros fúnebres de um rei.

À espera deles na câmara mortuária estava um sarcófago retangular de pedra contendo três esquifes, um dentro do outro, como bonecas russas.

Suas tampas encontravam-se no chão. O faraó foi colocado na mais interna. Enquanto o sacerdote leitor recitava orações, derramaram-se ungüentos sobre o corpo, para perfumar o caminho de Tutancâmon para o além. Depois, a tampa do esquife mais interno foi colocada sobre o faraó, remetendo-o para as trevas, na última vez em que alguém veria seu rosto durante 33 séculos. A tampa da urna intermediária foi colocada em sua metade inferior e, por fim, a tampa da mais externa foi posta no lugar. Cada esquife trazia uma imagem do rei menino. Uma vez posicionada a última tampa, Ankhesenâmon depositou uma grinalda em miniatura — a Grinalda da Vitória — em torno do abutre e da naja esculpidos que protegiam a testa de seu marido. A grinalda minúscula comemorava a vitória do deus Osíris sobre seus inimigos. Enquanto era depositada em seu lugar, um sacerdote recitou:

> Teu pai Aton coloca esta bela grinalda da confirmação sobre tua testa. Vive, amado dos deuses, possas tu viver para sempre.[7]

Com isso, a pesada tampa de pedra do sarcófago foi deslizada até sua posição. O grupo entristecido de pessoas em luto subiu vagarosamente os degraus do túmulo em direção à ofuscante luz do sol. Tão logo eles saíram do túmulo, um grupo de trabalhadores correu para a câmara mortuária, a fim de montar os painéis dos três relicários superpostos em torno do sarcófago, enquanto um capataz os observava. Encerrado o seu trabalho, foram substituídos por pedreiros que ergueram uma parede de gesso, lacrando a câmara mortuária e separando-a do resto do túmulo. A estátua usada na cerimônia da abertura da boca e a outra escultura gêmea foram colocadas em frente à parede, guardando seu rei. Os últimos objetos do túmulo — bigas, arcas repletas de roupas, banquinhos de ébano para os pés — foram rapidamente levados para a antecâmara pelos servos, sob vigilância permanente, para que os tesouros do faraó não fossem roubados. Em seguida, a antecâmara foi lacrada pelos pedreiros, estampando-se no gesso úmido o selo da Necrópole Real — um chacal acima de nove prisioneiros amarrados, os nove inimigos tradicionais do Egito. Mesmo na morte, Tutancâmon era um vencedor.

O longo dia de Ankhesenâmon ainda não havia terminado. Uma última refeição ritual, em homenagem à vitória de Tutancâmon sobre a morte, tinha que ser servida à entrada do túmulo. Os participantes usavam peitorais coloridos, feitos de flores e contas costurados num colar de papiro (fig. 14). Normalmente, a refeição era comida pela família do morto, mas, nesse caso, Ankhesenâmon, a última parenta viva de Tutancâmon, teve a companhia das autoridades do palácio — Pentu, Usermont, Aye e sua esposa, Tey, e o general Horemheb. Os servos trouxeram um banquete composto de carneiros, quatro tipos diferentes de pato e três tipos diferentes de ganso, todos acompanhados de quantidades consideráveis de vinho, servido num elegante jarro de gargalo longo, pintado com pétalas azuis de lótus. Mas nenhum dos presentes estava pensando na refeição. Ponderavam sobre seu futuro. Quem poderia imaginar que dois dos convivas presentes se tornariam reis do Egito e que, em pouquíssimo tempo, uma das duas mulheres estaria morta?

Terminada a refeição, os servos quebraram ritualisticamente os pratos, as taças e a bela jarra de vinho, e colocaram os fragmentos, junto com os ossos das carnes e aves, em grandes potes de armazenagem. Em seguida, varreram a área e puseram as vassouras nos potes. Estes foram lacrados, carregados para uma cova escavada nas imediações e enterrados. Estava terminado o funeral.

Com efeito, temos os pratos quebrados, os peitorais e as vassouras da última refeição. Eles se encontram no Metropolitan Museum of Art de Nova York. Existe realmente um papiro cirúrgico que instrui os médicos sobre quem tratar e quem não tratar. Pintadas nas paredes do túmulo de Tutancâmon há cenas do cortejo fúnebre e da cerimônia da abertura da boca. Naturalmente, dispomos dos tesouros do túmulo de Tutancâmon, mas temos também radiografias de seu crânio.

Antes, porém, de chegarmos às provas desse assassinato, temos de entender o que levou Tutancâmon a esse momento. Devemos compreender a evolução da sociedade e da religião egípcias, bem como de seus faraós. O capítulo seguinte é um curso intensivo na história do Egito que possibilitou o assassinato de um faraó. Siga-o e você verá desenvolverem-se as forças que fizeram o Egito vergar-se até quebrar.

2. O Egito antes de Tutancâmon

A riqueza de um exército é seu líder.

— *Instrução de Ankhsheshonq*
c.300 a.C.

Dois mil anos antes do nascimento de Tutancâmon, foram acionadas três forças distintas que determinariam o curso da organização social do Egito e acabariam levando à morte do faraó. O Egito teria seu primeiro rei, criar-se-ia um exército nacional e uma classe sacerdotal se desenvolveria. Ao longo dos séculos, essas bases de poder se fortaleceram e enriqueceram; tornaram-se tão essenciais à sociedade egípcia que alterar qualquer delas poderia ser uma catástrofe. Assim, durante séculos e séculos, o Egito exibiu uma face aparentemente estática ao mundo antigo. Internamente, era uma máquina rica e bem azeitada, com cada um dos três poderes respaldando os outros. Tutancâmon teve a triste honra de estar vivo quando houve um esforço dramático e revolucionário para modificar simultaneamente todos os três. Para entender quão chocantemente diferente foi a época em que Tut cresceu, primeiro precisamos compreender como e por que o país havia gozado daquele período ímpar de estabilidade. Antes de começarmos a brincar de detetives, temos que fazer nosso dever de história.

O Egito antes da Monarquia

O conceito de faraó define de muitas maneiras nossa idéia do antigo Egito, mas é claro que o país nem sempre teve um rei. Voltemos os olhos para o Egito mais ou menos em 4000 a.C., quando o verdejante vale do Nilo era salpicado de pequenas aldeias que se estendiam por 1.600 quilômetros às margens do grande rio. Não temos registros escritos desse período, mas parecem ter havido duas entidades políticas independentes, Alto e Baixo Egito, cada uma governada por seu próprio chefe. Tudo indica que a vida ao longo do Nilo fosse segura e satisfatória, em parte porque o Egito era relativamente inacessível ao resto do mundo e, com isso, tinha poucos inimigos saqueadores a temer, e em parte porque o rio proporcionava abundância econômica.

A cada ano o Nilo transbordava de seu leito, depositando uma rica camada superficial de solo novo sobre as planícies que se estendiam por suas duas margens, o que permitia ao Egito produzir em profusão uma multiplicidade de produtos agrícolas. Outros países dependiam de chuvas imprevisíveis, que somente em algumas estações caíam em quantidade suficiente para irrigar os campos. Mesmo quando as chuvas se distribuíam perfeitamente ao longo do ano, em pouco tempo se esgotavam os nutrientes da terra, se ela fosse semeada mais de uma vez por ano. A grande sorte do Egito era ter um rio que renovava anualmente a camada superior do solo e fluía com volume suficiente para irrigar as plantações. Todos os anos, o Egito colhia uma safra variada, enquanto os outros países agradeciam aos deuses quando conseguiam produzir uma só. Não surpreende que Heródoto, o antigo viajante grego, tenha chamado o Egito de "Dádiva do Nilo".

A inundação anual causava assombro aos egípcios, que não sabiam explicar aquele volume enorme e repentino do rio, nem o fato de a cor das águas transmudar-se em vermelho e, depois, em verde. Era um fenômeno natural, é claro, mas devia representar, em mistério e pirotecnia, o equivalente a um espetáculo de mágica em Las Vegas. Hoje em dia, sabemos que as chuvas torrenciais da primavera na Etiópia, muito ao sul do Egito, desciam por um leito de granito e inundavam o Nilo. Com seu volume muito aumentado, o rio corria da África subsaariana para o norte, chegando ao Egito quase seis metros acima do seu nível normal. Assumia uma coloração vermelha por causa de toda a terra que se ia desprendendo e ficando em suspensão na água, mas, à medida que transbordava e essa terra sedimentava-se, ele assumia a cor do verde da vegetação flutuante. O espetáculo anual oferecido pelo Nilo só era superado pelo deslumbrante show cotidiano montado pelo sol. Todos os dias ele se levantava no leste, percorria um céu sem nuvens que mais parecia uma jóia e se punha numa bola de fogo colorida no oeste, constante e previsível como o Nilo.

É provável que a população do Vale do Nilo fosse inferior a um milhão de habitantes. Embora o Egito fosse um país de vastas dimensões, 95% da população viviam nos 5% de terra que margeavam o rio. O Nilo era o coração do país — até as estações do ano eram determinadas por ele. Nosso calendário de 365 dias vem dos egípcios, mas eles só contavam três estações:

(1) inundação, quando o Nilo transbordava e inundava a terra; (2) emersão, quando as águas baixavam; e (3) verão, a estação seca. Cada estação tinha quatro meses de 30 dias. No fim do ano, "cinco dias extras" eram somados para compor os 365 dias do ano. A inundação era a estação mais incomum do Egito, pois era uma época de descanso — os campos ficavam submersos e pouco se podia fazer no trabalho agrícola. Durante essas semanas, os arados e outros instrumentos eram consertados, discutiam-se as semeaduras vindouras e se faziam planos para o futuro. A emersão era a estação do plantio, e no verão se colhiam as safras.

A base da alimentação dos agricultores eram o pão e a cerveja, expressão que se tornou sinônima de "alimento" — nosso "feijão com arroz". Há uma oração fúnebre comum que começa dizendo: "Que o rei faça uma oferenda a Osíris, o Senhor do Ocidente. Possa ele dar pão e cerveja, gado, gansos e touros, e todas as coisas boas e puras de que vivem os deuses." A longa estação do plantio permitia que os egípcios produzissem uma variedade de safras, das quais as mais importantes eram o *emer* (trigo) e as cebolas. A carne ficava reservada à classe alta, mas os agricultores obtinham peixe no Nilo, sendo a perca seu favorito; mas, o que quer que os egípcios comessem, o acompanhamento eram sempre as cebolas. Ano após ano, as safras egípcias eram tranqüilizadoramente fartas, donde era inevitável que surgisse um sentimento de segurança ao longo das margens do Nilo — o sentimento de que a natureza e o mundo não trariam nenhuma surpresa apavorante.

Esse sentimento era estimulado ainda pelo isolamento geográfico entre o Egito e seus vizinhos. A oeste do país espalhavam-se quilômetros intermináveis de deserto. Para que os povos antigos os atravessassem, era preciso cavar poços e armazenar víveres; no cômputo geral, exigiam-se uma organização tremenda e um planejamento criterioso. Da Líbia, por exemplo, a viagem até o Egito tinha que cruzar mais de 640 quilômetros de áridas rochas sedimentares. Seis séculos depois de Tutancâmon, quando o poderoso rei persa Cambises mandou um exército de 20.000 homens atravessar esse ermo, eles desapareceram sem deixar vestígios.

O Egito é banhado pelo mar Vermelho a leste, respaldado por 160 quilômetros de areias inóspitas. (A propósito, o camelo, "o navio do deserto", só chegou ao Egito quando da ocupação romana, mais de mil anos depois de Tutancâmon.) Ao norte, centenas de quilômetros do Mediterrâneo formavam uma terceira barreira natural, ainda que fosse mais psicológica do que verdadeira. Os egípcios haviam desenvolvido sua habilidade naval nas águas tranqüilas do Nilo e se atinham a ser marinheiros de água doce, não se deixando tentar pelos atrativos e perigos do mar alto. O sul oferecia uma entrada para o Egito pelo rio, pois o Nilo se estendia muito além da fronteira meridional do país. Como a correnteza flui do sul para o norte e os ventos dominantes vão do norte para o sul, navegar em qualquer das duas direções era fácil. A caminho do norte, os navegantes flutuavam com a correnteza, usando os remos para manobrar; para as viagens ao sul, enfunavam as velas e seguiam o vento. Viajar de barco era fácil, exceto na fronteira meridional do país, onde as pedras imensas do rio formam uma catarata. Embora fosse possível atravessar essa barreira a caminho do sul, a navegação era muito difícil e trabalhosa. A tripulação tinha que retirar a embarcação do rio e arrastá-la até contornar as pedras, ou usar cordas para guiá-la pelas corredeiras. Não era uma viagem fácil.

Em séculos posteriores, os egípcios costumavam visitar outras terras e delas trazer riquezas, mas sempre lhes foi claro que eles viviam no paraíso, e que este existia naquele momento e lugar, e em nenhuma outra parte do mundo.

A Monarquia Chega ao Egito

Os antigos egípcios reverenciavam seu faraó não apenas como líder, mas como a encarnação do próprio país. Narmer, o primeiro faraó do Egito, no início do terceiro milênio a.C., criou uma nação a partir de dois Estados independentes. Desde então, os egípcios passaram a se referir a seu país como "As Duas Terras", cuja unificação permanente dependia inteiramente do faraó.

A Paleta de Narmer, um dos objetos mais significativos de toda a coleção de valor inestimável que há no Museu Egípcio do Cairo, retrata a vitória narmeriana que resultou na unificação do Egito, e celebra a importância desse feito.

Com quase 1 metro de altura e esculpida numa laje de pedra, a gigantesca Paleta de Narmer apresenta o primeiro faraó do Egito, o rei Narmer. Desde tempos imemoriais, os egípcios usavam pequenas paletas de ardósia para moer ingredientes de maquiagem para os olhos (um pouquinho de gordura e um punhado de malaquita pulverizada e pronto, você já tem sombra verde para as pálpebras). Para comemorar os eventos importantes, esculpiam-se grandes paletas cerimoniais.

De um dos lados da paleta o rei Narmer aparece usando a tradicional coroa branca do Alto Egito enquanto abate seu inimigo, presumivelmente o governante do norte, que ele segura pelos cabelos. O outro lado mostra-o andando num cortejo e usando a coroa vermelha do Baixo Egito (o norte). Já era então rei do norte e do sul, o primeiro rei da Primeira Dinastia. Essa unificação ocorreu por volta de 3200 a.C., quase 2.000 anos antes de Tutancâmon tornar-se rei do Alto e Baixo Egito; no entanto, quando o rei menino subiu ao trono, o conceito de realeza estava praticamente inalterado desde os tempos do rei Narmer. Nos 3.000 anos seguintes, o Egito seria governado por faraós dotados de poder absoluto, que eram aceitos como deuses na Terra e pessoalmente responsáveis pelo bem-estar do país. Cada faraó era papa, presidente, rei e comandante-em-chefe, tudo numa pessoa só.

Pouco depois de Narmer unificar os territórios do norte e do sul, terminou o isolamento do Egito: o país tornou-se uma força internacional agressiva, liderada pelo faraó. Os exércitos egípcios aventuraram-se a sair de suas fronteiras, à procura de terras por conquistar e ouro a reclamar.

A Ascensão dos Militares

Não existem registros militares dos primeiros séculos depois de Narmer, mas as origens do exército egípcio encontram-se nesse período.[1] Com um governo centralizado, sob o comando de um único rei, era inevitável a organização de um exército. Um fragmento de cerâmica com a inscrição do nome de Narmer, encontrado em Tell El-Mayshieh, no sul da Palestina, sugere que talvez ele até se tenha aventurado a sair do Egito com seu exército.[2] Não sabemos qual era o tamanho desses primeiros exércitos, mas as escavações demonstraram que suas armas principais eram a maça, a lança, a acha-d'armas e a adaga. No mundo antigo, a guerra era sobretudo um combate corpo a corpo, ficando os soldados cara a cara com o inimigo que matavam. Na organização militar de hoje, os generais tomam decisões à distância e elas são executadas pelos soldados no campo de batalha. Na guerra antiga, os generais ficavam na linha de frente, liderando pelo exemplo. Os militares não tardavam a se familiarizar intimamente com a morte.

O Egito podia sustentar um exército por causa do Nilo. Com a possibilidade de plantar mais alimentos do que uma família de agricultores era capaz de consumir, desenvolveu-se a especialização do trabalho entre os moradores do Vale do Nilo, tornando-se possível manter um exército profissional permanente. À medida que o exército se tornou mais ousado, suas expedições passaram a se afastar cada vez mais das fronteiras do Egito. Sete séculos depois de Narmer, o faraó Sneferu pôde gabar-se de haver subjugado as tribos de beduínos e transformado o Sinai num lugar seguro para seus mineradores de turquesas.

Com a monarquia vieram também o desejo e a possibilidade de concentrar a atenção nacional em imensos projetos, como os canais de irrigação. A escavação e dragagem de tais canais exigiam a organização de turmas de operários trabalhando por uma meta comum, o que só foi possível depois de instauradas a organização e a autoridade centrais. Os homens podiam ser coordenados para dragar e canalizar, levando as águas das enchentes para regiões cada vez mais interioranas. Isso criou mais terras aráveis, elevando ainda mais a produção agrícola.

A coordenação central também produziu, como um efeito colateral, os primórdios da astronomia. Era preciso prever a chegada das enchentes, para que houvesse o tempo necessário para renovar sistemas de canalização cada vez mais extensos. A escolha do momento era crucial. Preparando cedo demais os velhos canais, o sol quente do Egito em pouco tempo os transformaria em poeira levada pelo vento; preparando-os tarde demais, as enchentes chegariam antes que o sistema estivesse concluído. Felizmente, as inundações do Nilo eram bastante regulares, ocorrendo no mesmo período de cinco a dez dias todo ano. A necessidade de saber com antecedência quando chegaria esse momento do ano incitou os sacerdotes-astrônomos a observarem o céu para aprender a prever pelas estrelas a época desejada, num dos primeiros exemplos de astronomia séria na história. Também a matemática teve que ser aperfeiçoada, para medir com exatidão campos cujas fronteiras eram apagadas ano após ano pelo Nilo.

Tão fundamentais eram os faraós para a sociedade egípcia, que os antigos egípcios calculavam sua história não como uma sucessão de acontecimentos, mas como uma série de reinados de faraós durante os quais os acontecimentos se sucediam. Em vez de numerarem os anos consecutivamente — como o nosso 1999 segue-se a 1998 —, iniciava-se um novo calendário a cada vez que um novo rei era coroado, a começar pelo dia 1, ano 1 do reinado do rei X. Quando um rei morria, o seguinte iniciava outro calendário: dia 1 do ano 1 do rei Y. Isso tem-se revelado de grande ajuda para os egiptólogos modernos na determinação da duração do reinado de cada faraó. Mas mostra também que os antigos egípcios não viam nenhuma unidade, nem mesmo temporal, sem o seu faraó.

Além de depositarem toda a autoridade central exclusivamente no faraó, eles o viam como um deus necessário para sua segurança. A proteção do faraó é descrita num dos mais antigos mitos do Egito. A história conta que o deus Rá apareceu certa vez na Terra, sob forma humana, para governar como o faraó original. Durante seu reinado, o país floresceu como uma espécie de Éden, sem escassez, sofrimento ou doenças. Os súditos de Rá levavam uma vida tão despreocupada que, aos poucos, esqueceram-se de honrá-lo e respeitá-lo pelo paraíso que ele havia criado. Isso o enraiveceu, levando-o a criar um demônio sanguinário sob a forma da leoa Sekhmer, que ele soltou contra seus súditos negligentes, para lhes ensinar uma lição que não pudessem esquecer tão cedo. Quando a leoa matou brutalmente centenas de pessoas, os assustados sobreviventes voltaram a demonstrar respeito. Enlouquecida com todo aquele sangue, entretanto, Sekhmer continuou a matar, a despeito de Rá lhe ordenar que parasse. Rá convocou todos os deuses, para que concordassem num esquema para salvar a humanidade. Mandando alguns produzirem vastas quantidades de cerveja e outros buscarem tintura vermelha para colori-la, ele ordenou que a mistura fosse espalhada pelo chão. Ao chegar no dia seguinte para começar sua matança, Sekhmer viu a cerveja e, achando que era sangue, bebeu-a até cair em sono profundo, embriagada. E foi assim que Rá, o protótipo dos faraós, salvou a humanidade. Com o tempo, entretanto, ele foi ficando fraco e voltou para o mundo das trevas, mandando seu filho, Hórus, o falcão, governar em seu lugar.

Para seus súditos, o faraó era a encarnação de Hórus, e cada governante assumia o posto como um de seus nomes "O Hórus fulano de tal". Através de seu pai, Rá, o faraó preservava a raça humana, mas também tinha o poder de destruí-la. O recado era entendido por todos os súditos: somente obedecendo e honrando o faraó seriam mantidos afastados de males inimagináveis. Durante o tempo em que os egípcios acreditaram nisso, seria impossível imaginar alguém erguendo a mão contra um faraó.

A Era das Pirâmides

As pirâmides foram o testemunho supremo da importância que tinha o conceito de monarquia no antigo Egito. Quinhentos anos depois de Narmer unificar o país, o faraó era mais forte e poderoso do que qualquer outro governante na Terra. Tido como um deus vivo, exigia na eternidade um lugar de repouso que tinha que ser um monumento digno de um deus. Terminados os dias de um faraó na Terra, sua múmia era depositada em sua pirâmide, até o momento em que ele subisse ao céu. Construídas mais de 1.000 anos antes de Tutancâmon, as pirâmides refletiam o papel do monarca no Egito, um papel que Tutancâmon teria que assumir ainda menino.

Quando garoto, vi Charlton Heston na televisão e fiquei pensando naqueles escravos arrastando imensos blocos de pedra, enquanto um capataz cruel os açoitava impiedosamente. Também me perguntei por que todos aqueles escravos não pulavam em cima do capataz; com certeza lhe eram numericamente superiores. A resposta é que uma cena dessas nunca aconteceu. As pirâmides foram construídas por trabalhadores livres, pagos pelos faraós. Ao visitar o Egito, Menachem Begin, primeiro-ministro de Israel, mencionou que seus ancestrais haviam construído as pirâmides. Estava inteiramente errado. Não apenas elas não foram construídas por escravos, como tinham sido concluídas mais de mil anos antes de Moisés e os israelitas viverem no Egito. As pirâmides foram construídas no início da longa história do Egito; já eram antigas na época de Tutancâmon. Mesmo quando nação jovem, o Egito era muito seguro de si. Basta pensarmos em o que a construção das pirâmides implicou.

Há mais de setenta pirâmides no Egito e, para construir algo como a Grande Pirâmide de Gizé, foi preciso coordenar milhares de operários, em equipes que trabalharam durante 20 anos na estrutura. Os operários das pedreiras cortaram e moldaram 2,5 milhões de blocos de calcário, cada qual pesando em média 5 toneladas. Os transportadores carregaram os blocos pelo Nilo, desde a pedreira até Gizé. Ao serem desembarcados das balsas, os blocos foram puxados em esteiras sobre rolos por turmas de operários, até chegarem a sua posição final na pirâmide. Tudo isso foi feito sem o uso da roda, que afundaria na areia sob o peso da carga. Para construir a Grande Pirâmide, um novo bloco foi posto no lugar a cada três minutos, em média, dia e noite, durante 20 anos. Hoje em dia, é difícil imaginarmos um único projeto de construção de tamanho porte que prosseguisse por 20 anos. Somente uma sociedade de grande riqueza e estabilidade, governada por um monarca absoluto, seria capaz de sustentar um projeto dessa natureza. A palavra do faraó era lei; o que ele ordenasse era feito.

Com um rei divino e uma organização militar forte, estavam acionadas duas das três forças que levariam à morte de Tutancâmon. É chegado o momento de falarmos da terceira força, a religião. Nenhum outro povo jamais se concentrou tanto na religião nem teve tamanho interesse pela vida após a morte quanto os antigos egípcios. Também isso talvez resulte da geografia singular do país.

Durante os tempos pré-históricos, os egípcios eram sepultados em poços cavados na areia do deserto, pois as terras cultiváveis eram preciosas demais para serem usadas como cemitérios. Foi uma sorte, porque a umidade e o alto teor de minerais do solo teriam destruído os cadáveres. Por outro lado, os enterros simples no deserto, sem caixões para envolver os mortos, permitiam que a areia seca e quente desidratasse rapidamente os cadáveres. Sem umidade, as bactérias não atuam nos tecidos moles, de modo que os mortos do Egito foram naturalmente preservados.

Como essas sepulturas eram rasas, vez por outra a areia era levada pelo vento, deixando aparecer um cadáver que havia preservado sua carne e seus cabelos — um indivíduo ainda reconhecível. Se tais acontecimentos deram origem à idéia da vida eterna, ou se meramente reforçaram uma crença religiosa já existente na vida após a morte, é provável que nunca venhamos a saber; mas o que fica claro é que seus próprios olhos diziam aos antigos egípcios que um morto não desaparecia da vida por completo.

Pouco depois de Narmer, os sepultamentos egípcios tornaram-se mais complexos. As covas rasas transformaram-se em túmulos revestidos de tijolos; os corpos eram cobertos com peles de animais e depositados sobre esteiras tecidas. Com o passar do tempo, as estruturas de tijolos tornaram-se mais sofisticadas, dependendo da posição social e da riqueza do morto. As esteiras foram aumentando até cobrir todo o cadáver, como um tosco caixão. Mas essas práticas fúnebres primitivas ameaçaram o processo natural de conservação. Todas essas mudanças afastaram os cadáveres do processo natural de secagem na areia quente. Quanto maior o tempo de retenção dos líquidos corporais, mais se decompõem os tecidos moles. Ironicamente, os túmulos destinados a preservar os corpos levaram à sua destruição, obrigando os egípcios a conceber um meio de preservar artificialmente os mortos — a mumificação.

A religião egípcia exigia a mumificação. Ao contrário do que afirmam os ocultistas modernos, os antigos egípcios não acreditavam na reencarnação — na idéia de que a alma volta à Terra, após a morte da pessoa, para habitar um corpo diferente, e de que esse ciclo de nascimento, morte e renascimento se repete várias vezes. A mumificação não teria sido necessária se os egípcios fossem reencarnacionistas; se a alma do morto pudesse habitar um novo corpo, não precisaria do velho. Os antigos egípcios acreditavam na *ressurreição* — a crença em que as pessoas viviam uma vez só e em que seus corpos terrenos ressuscitariam e tornariam a andar no além. Tratava-se de uma crença que veio a dominar a sociedade egípcia por milhares de anos, permanecendo praticamente intacta durante séculos depois de Tutancâmon.

Para entender os detalhes da religião antiga e da crença na vida após a morte, é preciso compreender o mito mais antigo do Egito: a história de Ísis e Osíris. Ísis e Osíris eram, a um só tempo, irmãos e marido e mulher. Osíris levou a civilização ao Egito, introduzindo a agricultura e a criação de gado, e com isso livrando da miséria os primeiros habitantes do vale do Nilo. Depois, ele partiu do Egito para levar a civilização ao resto do mundo, deixando Ísis, a poderosa deusa da magia, encarregada de manter sob controle o irmão maléfico, Set.

Quando Osíris voltou, Set conseguiu, ardilosamente, obter as medidas exatas do corpo do irmão e construiu um esquife de madeira que o comportasse na medida exata. Durante um banquete, Set ofereceu o magnífico esquife de presente a quem coubesse nele, mas um conviva após outro tentou e não conseguiu. É claro que ele serviu para Osíris, mas, tão logo este se acomodou no esquife, Set fechou a tampa, derramou chumbo derretido sobre ela e atirou o caixão no Nilo, onde Osíris morreu. Em seguida, uma violenta tempestade carregou o esquife até Biblos, no Líbano, onde ele foi dar nos galhos de uma árvore. Com o tempo, a árvore cresceu até um tamanho extraordinário, envolvendo em seu tronco o esquife, e Osíris dentro dele. Durante a construção de seu palácio, o rei de Biblos mandou derrubar essa árvore para construir uma de suas pilastras.

Assim que Ísis soube do que acontecera com o marido (não me pergunte como, é uma história longa *demais*), ela se dispôs a recuperar seu corpo. Obtendo a ajuda da rainha de Biblos, conseguiu que a pilastra fosse aberta, para que pudesse resgatar o corpo e levá-lo de volta ao Egito para um enterro apropriado. Quando o corpo foi devolvido ao Egito, Set o descobriu, esquartejou-o em 14 pedaços e os espalhou pelo país inteiro. Ísis acabou recuperando todos os pedaços, exceto um, o falo, que fora atirado no Nilo e comido pelos peixes. Ela remontou o corpo do marido falecido e lhe moldou um falo artificial. Transformando-se num pássaro, voou sobre o corpo de Osíris e o trouxe de volta à vida, recitando palavras mágicas. E logo depois nasceu seu filho Hórus, o deus de cabeça de falcão. (Sim, trata-se do mesmo Hórus do mito de Rá; os egípcios não pareciam notar ou se importar com o fato de ele ter dois pais.)

Quase todas as crenças funerárias do Egito derivaram desse mito. A busca de todos os pedaços do corpo do marido, por parte de Ísis, bem como sua moldagem de um falo artificial, enfatizam a importância do corpo intacto. Ísis voou sobre um cadáver *completo*. Osíris conservou o mesmo corpo em que havia habitado quando vivo. Por último, e mais importante, ela proferiu as palavras certas e ele ressuscitou. Assim, a mumificação tornou-se essencial à imortalidade, devendo o corpo ser preservado para a vida após a morte e devendo-se praticar os rituais adequados. O esquife em que Osíris cabia com exatidão foi o precursor do caixão antropomorfo, com o formato do morto e destinado a lhe proteger o corpo.

Os mitos permitem discernir a natureza das sociedades, e o de Ísis e Osíris fala-nos não apenas da imortalidade, mas sugere também que existe justiça no mundo. No ato final da história, Hórus, o rei falcão, trava uma batalha feroz para vingar a morte do pai e derrota seu tio Set.

Não surpreende que o primeiro conceito de justiça do mundo tenha vindo do Egito. Para haver justiça, é preciso haver um sentimento de ordem, uma crença em que existem normas que regem o comportamento. Esse sentimento de ordem permeia todos os aspectos da sociedade egípcia. O egípcio acreditava que, ao morrer, seria convocado a comparecer ao Salão da Dupla Verdade, um tribunal presidido pelos deuses do Egito. Ali apresentaria suas alegações para ser aceito no mundo do além. Se julgado digno, seria declarado "de voz verdadeira". Num segundo julgamento, seu coração seria colocado num dos pratos de uma balança e, no outro, pôr-se-ia uma pluma, o símbolo hieroglífico da palavra egípcia *maat* — verdade, ordem divina. Se a balança se mantivesse em equilíbrio e seu coração fosse leve como a pluma, não sobrecarregado de malfeitos, ele poderia seguir para o mundo dos mortos. Se estivesse carregado de maldades, seria atirado para uma criatura com corpo de crocodilo e cabeça de hipopótamo, chamada "o devorador de corações". Uma vez que essa criatura comesse o coração de alguém, ele deixaria de existir. Quando os sistemas legais do Ocidente adotaram um símbolo de justiça, escolheram a balança dos egípcios. No mito de Osíris, Set, que representa o mal, impõe uma ameaça constante à ordem divina, pois não foi morto na batalha, mas meramente derrotado. Assim, o Egito tinha que se manter em vigilância constante: o mal proveniente de Set estava sempre à espreita, esperando para perturbar a *maat*, a ordem divina.

Em última instância, era responsabilidade do faraó estabelecer e manter a ordem divina na região e, uma vez por ano, o rei subia o Nilo em sua barcaça real e participava de uma espécie de mistério que assegurava que o bem triunfaria sobre o mal em toda a terra. A peça, baseada no mito de Osíris, é o mais antigo drama escrito do mundo. Gravada nos murais do Templo de Hórus, em Edfu, no sul do Egito, é chamada *O triunfo de Hórus*. O faraó desempenhava o papel do deus falcão.

O Clero

Com o crescimento do Egito, o faraó, ocupado com a administração de um governo cada vez maior, já não podia viajar a cada templo para fazer as oferendas necessárias e recitar as preces que agradavam os deuses, que eram muitos. Cada cidade tinha sua divindade padroeira — Sobek, o deus crocodilo; Thot, o deus com cabeça de íbis; Hórus, o deus falcão. Centenas de deuses egípcios, em templos a montante e a jusante do Nilo, concorriam uns com os outros pelo destaque na hierarquia.

Havia necessidade de alguém que pudesse representar o faraó nos santuários dos deuses, fazer oferendas e rezar as orações que garantiam ao sol uma viagem bem sucedida pela noite. Assim, no início da história egípcia, um grupo de homens foi escolhido para proferir as palavras e praticar os rituais no lugar do rei. Eram os sacerdotes do Egito. Eles desempenhavam uma importante função religiosa, mas não contribuíam para a economia do país. Eram um luxo e um sinal da prosperidade do Egito. Esses substitutos do faraó estabeleceram o padrão do clero por milhares de anos.

Como os sacerdotes agiam meramente como representantes do faraó, não era preciso que tivessem profundas convicções religiosas. Seu dever era cumprir uma tarefa, colocar as oferendas apropriadas no altar, proferir as orações adequadas da maneira prescrita, honrar e agradar o deus, para que este, por sua vez, abençoasse o Egito com a prosperidade. Não se exigia que os sacerdotes fossem devotos do deus a que serviam, e essa dispensa não era incomum no mundo antigo. No Antigo Testamento, pouco se diz sobre aquilo em que deviam acreditar os seguidores de Javé. Era preciso cumprir a lei, mas nenhum dos Dez Mandamentos diz no que se deve acreditar. Somente a partir do cristianismo é que passou a haver uma ênfase naquilo que se tem "no coração". Assim, ao pensarmos nos sacerdotes do Egito, não devemos pensar em servos puramente espirituais dos deuses. Tratava-se de homens capazes de ser implacáveis e de praticar o mal e, numa grande burocracia, eram inúmeras as oportunidades para isso.

O papel de sumo sacerdote de um templo costumava ser hereditário; temos autobiografias de sacerdotes que disseram haver ocupado o mesmo cargo de seus pais e avós — Profeta do deus Min, Primeiro Sacerdote de Amon etc. Com uma classe sacerdotal tão vasta, eram muitas as oportunidades de os homens competentes e ambiciosos chegarem ao topo. O sumo sacerdote de cada templo controlava os campos, os pomares e o gado do templo — era um cargo administrativo que levava a grande riqueza e poder pessoais. Com o cargo de sumo sacerdote vinham as terras, os servos, os presentes, as propinas e todos os adornos da nobreza. Abaixo do sumo sacerdote ficavam o segundo e terceiro profetas do deus e, abaixo destes, fileiras e castas intermináveis de sacerdotes, numa hierarquia que rivalizaria com a de qualquer empresa moderna.

Os diferentes ramos do clero eram furiosamente competitivos, cada qual reivindicando prioridade para seu deus e buscando a proteção especial do faraó, bem como as recompensas que ela traria. Em Mênfis, perto da moderna cidade do Cairo, o deus padroeiro, Ptah, criador do universo, foi proclamado o primeiro dentre todos os deuses. Mas toda cidade dizia que sua divindade padroeira era a principal. Promover o deus padroeiro não era simplesmente uma maneira de marcar pontos teológicos; era uma luta pela riqueza e pelo status, coisa que os sacerdotes do antigo Egito conheciam muito bem.

Era possível ter sucesso por mérito no sacerdócio e, muitas vezes, os escribas ascendiam na escala hierárquica até o cargo mais alto. Todo templo tinha sua hierarquia de sacerdotes, cada grupo desempenhando funções específicas e cada qual tendo privilégios especiais. Os escribas do templo mantinham registros criteriosos dos presentes dados ao templo pelo faraó e anotavam a produção de suas terras, além de fazerem o inventário dos depósitos — cereais, vinho, peças de linho e ouro. Copiavam peças sacras em rolos de papiro, para que os sacerdotes leitores que proferiam as orações dispusessem de cópias nítidas. Outros escribas eram bibliotecários dos templos, organizando os rolos de papiro para que fosse possível localizá-los e consultá-los com facilidade. Além dos textos religiosos, os templos guardavam textos de medicina para os sacerdotes-médicos e livros de interpretação de sonhos a serem consultados pelos que quisessem conhecer o significado de seus sonhos.

Os "estolistas" eram sacerdotes que cuidavam das estátuas dos deuses. Seguiam uma rotina precisa de devoção, para manter a boa vontade permanente das divindades. Todos os dias, na hora marcada, eles entravam no "santuário dos santuários" — o aposento mais sagrado do templo —, retiravam a estátua do deus de seu nicho e praticavam os rituais matutinos. O "deus" era untado com óleos aromáticos, aplacado com incenso, presenteado com as melhores iguarias, e em seguida envolto em puro linho branco e recolocado no santuário. Ao serem fechadas e trancadas as portas, entoavam-se orações e encantamentos.

Muitos dos sacerdotes em posições mais subalternas eram casados e tinham família e empregos fora do templo. Eram carpinteiros, professores e escribas que, a intervalos regulares, trabalhavam por 30 dias em seus templos, como uma espécie de guarda religiosa nacional, e depois retornavam à vida secular.

Quando os faraós dominavam terras estrangeiras e voltavam trazendo ouro e prisioneiros, doavam uma parte do tributo aos templos, para agradecer aos deuses por haverem-nos favorecido na batalha e para assegurar sua boa vontade permanente. Os cativos estrangeiros tornavam-se uma fonte considerável de mão-de-obra e cuidavam da manutenção dos templos, assim como das plantações e pomares pertencentes a estes. Era freqüente os faraós doarem grandes áreas de terra aos templos, para que o gado e a produção agrícola proporcionassem uma renda anual contínua. À medida que cada novo faraó tentava suplantar a generosidade de seu antecessor, os templos iam-se tornando incrivelmente ricos e os sacerdotes eram contados às centenas de milhares. Nos anos que antecederam de perto o nascimento de Tutancâmon, a classe sacerdotal do Egito havia adquirido as dimensões da maior burocracia que o mundo já conhecera — uma força poderosa, que só perdia para o faraó.

É interessante notar que, embora os faraós conquistassem terras estrangeiras, o Egito nunca se tornou um verdadeiro império. Seus deuses eram deuses somente do Egito, e o faraó era o rei do Alto e do Baixo Egito, e não do mundo. A vida às margens do Nilo era boa demais para que se quisesse viver noutro lugar — para colonizar e morar em terras estrangeiras. Caso se morresse em terras estranhas, longe dos embalsamadores egípcios, talvez o corpo não fosse mumificado e todas as chances de imortalidade se perderiam. Melhor morar no Egito. Assim, a cada ano, quando o faraó partia com o exército para dominar seus vizinhos, os soldados sempre retornavam ao Egito. Para os egípcios, o centro do universo era o Egito, e o centro do Egito era o faraó.

Boa parte de nossa compreensão do Egito na Antigüidade provém da crença dos antigos egípcios na vida após a morte. Como eles acreditavam que se podia literalmente levar a vida consigo, os túmulos eram repletos de peças de mobília, alimentos, roupas e até jogos para proporcionar diversão no outro mundo. Havia artigos de luxo, de serventia prática e de capricho. Era como se as pessoas fizessem as malas para viajar para um lugar que nunca haviam visitado e não tivessem certeza do que levar, com isso levando tudo. Os túmulos são janelas para a vida cotidiana do antigo Egito. Seu conteúdo não era cuidadosamente disposto, como em mini-apartamentos; os objetos eram empilhados e atravancados em qualquer pequeno espaço disponível. Sobre uma cama podiam ficar os objetos de toalete da dona da casa — seus perfumes e óleos favoritos, ainda acondicionados em delicados frascos de alabastro, e sua maquiagem dos olhos, em tubos finos de cerâmica. Ao lado deles podia haver pilhas de roupas de cama e mesa em linho delicado, roupas de uso pessoal e comida, pães e doces de toda sorte, além de jarros de vinho da safra favorita, lacrados por toda a eternidade, pesos de carne e patos assados — era o supra-sumo do piquenique. Foi assim que ficamos sabendo o que os egípcios comiam e bebiam nos banquetes, o que vestiam e que tipo de móveis tinham. Às vezes, as cenas pintadas nas paredes dos túmulos são igualmente reveladoras.

Todo antigo egípcio queria a imortalidade, e a oportunidade de consegui-la estava diretamente ligada a sua riqueza e posição social. O tipo de túmulo que se preparava para a vida após a morte dependia do que se pudesse pagar. Os túmulos lindamente pintados que vemos nos livros de arte foram preparados para a aristocracia do Egito. A nobreza investia tudo o que podia em suas tumbas e, às vezes, como um favor especial, o faraó concedia a um membro da corte uma localização de primeira. Para a maioria dos egípcios — os agricultores, artesãos e operários — não havia belos túmulos, repletos de móveis, alimentos e artigos de luxo. Chegada a sua hora, o plebeu era envolto num lençol, talvez retirado de sua própria cama, e depositado numa área de sepultamento em massa para os pobres. Ali, cercado por centenas de seus vizinhos mortos, aguardava a ressurreição. Como a maioria dos plebeus não sabia escrever, eles não deixavam nada escrito, nenhum registro de suas esperanças e preocupações, nenhuma história de sua vida. A maior parte do que sabemos sobre o antigo Egito vem da minoria de privilegiados.

A idéia de decorar as paredes dos túmulos com cenas da vida cotidiana baseava-se num princípio da antiga magia egípcia: quando se mostrava algo, isso acontecia no outro mundo. As paredes dos túmulos egípcios são recobertas de cenas dos mortos em banquetes, caçando, pescando e supervisionando os trabalhos da lavoura em suas terras. Quase sempre, a família inteira era retratada — mulher, filhos e animais de estimação —, para que o morto tivesse companhia no além. Quando olho para as pinturas murais de um túmulo egípcio, tenho a impressão de que eles achavam que o outro mundo seria exatamente como este, só que melhor, talvez com ar refrigerado. Nunca se vê um pobretão infeliz na parede de um túmulo. Eles podem estar trabalhando na lavoura, mas usam seus melhores mantos de linho.

Vez por outra, uma alta autoridade escrevia sua autobiografia na parede de seu túmulo, fazendo a crônica de suas realizações. Era comum os militares fazerem relatos vívidos de suas campanhas, os escribas listarem seus deveres no palácio, e os governadores relacionarem os territórios de sua jurisdição e os impostos que arrecadavam para o rei. Às vezes, o vizir, equivalente a um primeiro-ministro, listava suas responsabilidades oficiais. Cada túmulo era um mundo em miniatura, revelando a vida do morto. Preservados pelo clima seco do país, os túmulos compõem uma enciclopédia tridimensional do antigo Egito.

Como curadores da escrita, era freqüente os sacerdotes serem os guardiães dos registros, parte essencial de qualquer burocracia; e, à medida que o Egito foi crescendo, aumentaram também o número e a importância desses guardiães. Como as terras férteis às margens do Nilo produziam um excedente agrícola, o faraó arrecadava esse excesso (origem dos impostos) para pagar o exército e os sacerdotes. Quando os impostos eram recolhidos ao longo do Nilo, havia necessidade de contadores para calcular a safra produzida por cada lavrador e registrar a quantidade depositada nos celeiros do faraó. A pujante economia do Egito produzia um exército de burocratas, e tornar-se escriba era um caminho seguro para ascender na escala social.

Os textos antigos exortavam os jovens do Egito a aprenderem a escrever. "Não tereis que marchar com os exércitos, vossas vestes serão limpas, não tereis que arar os campos sob o calor do dia (...)". Quando se aprendia a escrever, estava-se no caminho do sucesso. Havia toda sorte de escribas. Alguns passavam os dias redigindo inventários nos depósitos dos templos e recebiam títulos como Escriba de Amon; outros escreviam textos religiosos e tinham títulos como Guardadores de Segredos. Quem demonstrava habilidade podia tornar-se um Escriba Real, ligado ao palácio, talvez respondendo à correspondência ou compondo inscrições a serem entalhadas nas paredes do templo.

Ao se tornar próspero, o Egito foi dividido em unidades administrativas chamadas nomos, que eram o equivalente quase exato de nossos estados. Havia 44 nomos, cada qual com um monarca ou governador e, abaixo dele, outras autoridades, prefeitos das cidades, supervisores das construções, supervisores dos escribas, supervisores dos estábulos. Todos esses funcionários eram escolhidos nas fileiras dos escribas. Não surpreende que os pais estivessem sempre instigando os filhos: "Seja um escriba". Essa era a classe média.

Havia livros que ensinavam a subir rapidamente na carreira: "Não te entregues ao consumo de cerveja, para não proferires más palavras." "Estuda os textos, coloca-os em teu coração, e tuas palavras serão eficazes." "Atém-te a tua posição, seja ela alta ou baixa; não fica bem apertar o passo; anda de acordo com tua posição." Era praticamente um curso para os antigos egípcios.

O que possibilitava tudo isso era a população crescente de lavradores. Não havia bocas esfaimadas. Todo recém-chegado podia ser alimentado e continuava a haver um excedente. Era possível sustentar indústrias de artigos de luxo. Contratavam-se artistas para decorar os murais dos túmulos, joalheiros e artesãos eram pagos por suas criações, e tudo era dádiva do Nilo.

Quando Tutancâmon chegou ao poder, fazia séculos que as três grandes forças da sociedade egípcia — a monarquia, as forças armadas e a religião — estavam instaladas, e se tornavam mais fortes, mais exigentes e independentes. O faraó não podia manter a Ordem Divina sem os sacerdotes e os militares. Os sacerdotes eram ávidos de doações do faraó e do butim trazido pelos militares. Estes, já fortes em si mesmos, continuavam a rogar a proteção dos deuses para campanhas bem sucedidas, e era boa política contar com o apoio dos sacerdotes. Havia entre eles um equilíbrio delicado, pois cada uma das três instituições havia se tornado tão forte que era quase impossível de conter. Mas a idéia da monarquia divina continuou central nisso tudo e o Egito sem um faraó era impensável.

A monarquia foi a base da civilização em todo o mundo antigo. Toda grande nação tinha um líder sem o qual haveria o caos, mas somente o Egito via seu rei como uma divindade — o faraó era filho de Rá, o deus sol. Outras nações eram conduzidas por simples mortais; no Egito, um deus estava no comando.

Dos cerca de 170 faraós cujos reinados foram registrados, a maioria seguiu e sustentou o papel tradicional da monarquia. Eles chefiaram o exército, construíram monumentos e fizeram oferendas aos deuses. Sob a orientação do faraó, a ordem divina prevaleceu e o Egito prosperou, mas a linha sucessória de Narmer a Tutancâmon não deixou de ter rupturas.

Há uma tendência a se considerar a história do Egito como perfeitamente contínua, mas houve épocas em que o tecido egípcio se rompeu. O importante a frisar é que, quando esses raros eventos ocorreram, a sociedade estava tão bem organizada que pôde recuperar-se mais uma vez. Talvez tenha havido breves períodos de caos, mas a infra-estrutura continuava presente, a terra ainda produzia, os sacerdotes ainda possuíam riqueza, o conceito de monarquia mantinha-se inalterado e os militares permaneciam nos bastidores. Por exemplo, as pirâmides foram construídas durante o período do Antigo Império (2686-2181 a.C.), mas, por volta de 2200 a.C., o Egito caíra na anarquia e estava encerrada a era da construção de pirâmides. Não sabemos ao certo por que a sociedade egípcia desmoronou: os registros são escassos. Uma das teorias é que o último faraó do Antigo Império viveu demais. Pepi II tornou-se faraó quando menino e reinou por mais de 90 anos, o monarca de reinado mais longo em toda a história do mundo. Ao contrário da Inglaterra moderna, onde o monarca é uma figura simbólica, o faraó do Egito efetivamente conduzia o exército nas batalhas. À medida que foi ficando cada vez mais idoso, Pepi talvez tenha-se tornado incapaz de governar, o exército não se sustentou e o Egito enfraqueceu. Foi derrubado por sua maior força, um governo central forte, construído em torno de seu rei como monarca absoluto. Quando o faraó era fraco, o Egito sofria. Tutancâmon aprenderia essa lição em primeira mão.

Durante mais de um século, depois de Pepi, o Egito ficou sem um verdadeiro rei, enquanto os governadores locais lutavam pela supremacia. Mas nem mesmo nesse período de fraqueza o país foi invadido. Suas barreiras naturais de areia e água resistiram. Finalmente, um governante local, à semelhança do rei Narmer, unificou a nação e o país ganhou seu faraó. Como um navio que se reaprumasse depois de emborcar, o Egito voltou exatamente à mesma posição que tanto lhe conviera antes. Com um único monarca absoluto, liderando militares e um clero sólidos, a ordem divina restabeleceu-se na região. Mas ainda estamos a oito séculos do reinado de Tutancâmon e, até aqui, falamos apenas em termos de "forças políticas", "monarquia" e "clero". Seria uma supersimplificação ver o Egito apenas como um vasto sistema mecânico, totalmente determinado pelas leis da física. Foram também as personalidades que o tornaram grandioso. É hora de conhecermos a família de Tutancâmon.

3. Os Ancestrais de Tutancâmon
A gloriosa XVIII Dinastia

Respeita os nobres, defende teu povo.
Fortalece tuas fronteiras, tuas patrulhas de fronteira.
Convém trabalhar pelo futuro,
Respeita-se a vida dos previdentes.

— *Rei Khety Nebkaure*
c.2150 a.C.

O Egito acreditava que o topo era seu lugar de direito no mundo, dominando seus vizinhos. Sua história pode ser vista, de fato, como uma sucessão de vitórias; era a ordem natural das coisas. Para manter a supremacia, o faraó conduzia repetidamente o exército para fora do Egito, destroçava algum país estrangeiro e voltava para casa, trazendo tudo o que houvesse de valor e não estivesse fixado à terra. Esperava-se que a nação subjugada enviasse um "tributo" anual, caso contrário o faraó voltaria. Hoje em dia, encaramos isso como uma agressão não-provocada, o que ela era, mas era também o estilo de vida no mundo antigo. Nenhum faraó jamais se gabou de que "não houve batalhas em meu reinado".

As invasões anuais eram necessárias porque os egípcios nunca fundavam colônias. Dominavam um território estrangeiro e pronto, voltavam para casa e esperavam pelo tributo anual. Mas, com o exército distante, lá no Egito, não havia grande incentivo para que os países estrangeiros pagassem os tributos, de modo que o faraó tornava a marchar com seu exército, repetindo o ciclo. A guerra era a ordem natural das coisas no Egito.

Tutmés I, um dos primeiros faraós da dinastia de Tutancâmon, é mais conhecido por suas façanhas militares, mas foi importante também por ter sido a razão pela qual os faraós do Novo Império estão enterrados no Vale dos Reis, e não em pirâmides. Uma inscrição autobiográfica no túmulo de seu mestre de obras, Ineni, descreve como foi construída a primeira tumba:

> Inspecionei a escavação do túmulo escarpado de sua majestade, sozinho, sem ninguém ver, ninguém ouvir. (...) Foi uma obra de meu coração, minha virtude foi a sabedoria; nenhuma ordem me foi dada por anciães. Serei louvado por minha sabedoria na posteridade, pelos que imitarão o que fiz.[1]

O sigilo era realmente crucial para que o corpo de Tutmés fosse protegido. Logo depois do colapso do Antigo Império, as pirâmides de Gizé foram pilhadas por saqueadores de túmulos e todos os corpos foram destruídos. Quando o governo enfim se estabilizou, os faraós do Médio Império retomaram a construção das pirâmides, mas a mão-de-obra reduzida e os recursos mais escassos resultaram na construção dos interiores com tijolos de barro, tendo apenas um fino revestimento de pedra a lhes cobrir a superfície externa. Essas pirâmides também foram saqueadas, de modo que o túmulo secreto de Tutmés, escavado na escarpa de um vale deserto, pretendia burlar a esperteza dos saqueadores de tumbas. Oito gerações depois, Tutancâmon iria juntar-se a seu augusto ancestral nesse local que ficou conhecido como o Vale dos Reis. Essas gerações incluíram alguns dos maiores monarcas de todos os tempos no Egito.

Os ancestrais de Tutancâmon, reis da XVIII Dinastia, elevaram o conceito do faraó guerreiro a alturas nunca vistas. O faraó Tutmés criou um exército de milhares de soldados de carreira, bem treinados e bem armados. Era totalmente diferente da pequena tropa organizada por Narmer e tinha uma vantagem que esse antigo faraó não poderia ter imaginado — a biga.

Dois cavalos puxavam esses carros de guerra, que levavam dois soldados, um cocheiro e um arqueiro. As bigas eram construídas com madeira importada — rodas de olmo, para lhe dar flexibilidade, e carroceria de freixo, por sua resistência. O piso era tecido com tiras de couro e coberto por uma aba de couro que funcionava como amortecedor, proporcionando uma plataforma relativamente estável para que o arqueiro pudesse disparar suas flechas. Era uma carroceria leve com um grande motor.

As bigas eram apoiadas pela infantaria. Cada soldado levava um escudo de couro, uma lança, uma acha-d'armas e uma adaga. A infantaria marchava 24 quilômetros por dia. Quando Tutmés terminou suas campanhas, o Egito dominava os mais de 1.100 quilômetros que o separavam do rio Eufrates. Às margens do Eufrates, Tutmés ergueu uma estela — uma enorme pedra de topo arredondado, semelhante a uma lápide gigantesca, que servia de grande quadro de avisos no Egito antigo. Quando se queria anunciar alguma coisa, entalhava-se o anúncio numa estela, e Tutmés proclamou que aquele era o território setentrional do Egito.

O único rebento de Tutmés e sua rainha a sobreviver foi a princesa Hatshepsut. Não existe nenhuma palavra que designe "rainha" no egípcio antigo; a expressão que traduzimos por "rainha" é, na verdade, "a grande esposa do rei". Se Hatshepsut fosse um filho varão, a coroa real lhe seria diretamente transmitida, mas era menina, e isso constituía um problema. Nem sempre fica claro como era feita a escolha do sucessor ao trono. Não era simples como na Inglaterra, onde as leis da primogenitura decretavam que o trono fosse transmitido ao filho mais velho do rei, especificando-se normas contingentes para todas as outras possibilidades. No Egito, o faraó tinha várias esposas e também podia casar-se com suas irmãs, de modo que a linha sucessória dos filhos seria bastante complexa. De modo geral, a regra conhecida como "teoria da herdeira" abrangia a maioria dos casos: quem se casasse com a filha primogênita e mais real tornar-se-ia o faraó.

Quando Tutmés morreu, seu filho Tutmés II, nascido de uma esposa secundária, casou-se com sua meio irmã Hatshepsut, a primogênita do faraó e de sua grande esposa. O casamento com Hatshepsut estabeleceu o direito de Tutmés II ao trono. O casal teve um reinado tranqüilo e bem sucedido, que durou 20 anos. Ao morrer, Tutmés II deixou dois filhos: uma filha com Hatshepsut e um filho caçula, Tutmés III, com uma esposa secundária. Hatshepsut governou como regente do menino por cerca de sete anos. E então, de repente, deu-se um dos mais incríveis acontecimentos da longa história do Egito: Hatshepsut trocou seu título real de "rainha" por "rei" e mandou que seu retrato fosse pintado com todas as insígnias masculinas da realeza, inclusive a barba. Nunca se vira nada semelhante no antigo e conservador Egito. Ao usar uma barba postiça e o saiote real do faraó, Hatshepsut estava tentando manter-se dentro das fronteiras tradicionais da monarquia egípcia — era um rei que, por acaso, vinha a ser mulher. A única razão de ela haver conseguido levar isso a cabo foi que era uma boa administradora, e seu reinado trouxe prosperidade a toda a região. O fato de haver optado por ser representada como rei criou vários desafios para os artistas e escribas de sua corte. Dever-se-ia fazer referência ao faraó como "o rei" ou "a rainha"? (Eles optaram pelas duas alternativas.)

Quando Hatshepsut morreu, no décimo dia do sexto mês do vigésimo segundo ano de seu reinado (fevereiro de 1482 a.C.), Tutmés III tornou-se o único monarca do Egito e, por suas vitórias, transformou-se no maior líder militar que o país já conhecera. Nos 16 anos que se seguiram à morte de Hatshepsut, Tutmés III liderou 14 campanhas militares no norte do país, o que levou os egiptólogos a lhe darem a alcunha de "Napoleão do Egito".

No trigésimo terceiro ano de seu reinado, Tutmés abriu caminho combatendo até o rio Eufrates, derrotou o rei de Mitani e ergueu sua própria estela ao lado da de seu avô, e mais uma do outro lado do rio.

Uma geração após a morte de Hatshepsut, Tutmés mandou apagar o nome da rainha de todos os seus monumentos, numa tentativa oficial de eliminar qualquer vestígio dela da história do Egito. Era revolucionário demais admitir que um rei do Egito fora uma mulher. Esse apagamento do nome e da memória de um faraó estabeleceu um sombrio precedente. Cem anos depois, um expurgo similar varreria todo o país. Dessa vez, o alvo seria Tutancâmon.

Quanto Tutmés III morreu, após 54 anos de reinado, o Egito era a potência militar que todos temiam no Oriente Médio. Ele foi tetravô de Tutancâmon. Os demais faraós entre Tutmés III e Tutancâmon mantiveram a grandiosa tradição de seus ancestrais. Elevaram a XVIII Dinastia acima de todas as eras anteriores e posteriores da gloriosa história do Egito.

E agora começam a surgir os ancestrais diretos de Tutancâmon. Vinte e cinco anos antes de seu nascimento, o Egito era governado por seu avô enérgico e decidido, Amenófis III, homem cuja probidade e força ressoariam com forte eco na vida dos faraós subseqüentes. Seguro de seu direito ao trono, pois seu pai o nomeara publicamente seu sucessor, Amenófis pôde casar-se com uma plebéia: sua mulher não tinha que ter sangue real puro para estabelecer o direito dele ao trono. Para celebrar seu casamento com a sra. Teye, ele lhe enviou o equivalente egípcio de um telegrama — uma pedra esculpida em forma de escaravelho (um besouro), símbolo de boa sorte. Na base do escaravelho havia uma inscrição:

> ... viva Teye, a grande esposa do rei
> O nome de seu pai é Yuya
> O nome de sua mãe é Tuya
> Ela é esposa de um poderoso rei.

Quem lesse as entrelinhas entenderia o recado: Teye é plebéia, mas é melhor vocês a aceitarem como minha esposa. Tudo indica que foi um casamento bem sucedido. As estátuas do rei mostram Teye a seu lado, representada quase do mesmo tamanho — uma grande honraria para sua rainha. A realeza era sempre idealizada nas representações, mas os retratos de Teye freqüentemente transmitem uma certa idéia da pessoa original. A cabeça da rainha Teye que se encontra no Museu de Berlim, lindamente esculpida, é a de uma mulher madura de belas feições regulares, uma mulher forte que sempre conseguia o que queria.

Teye deu seis filhos ao rei — quatro meninas e dois meninos. As princesas receberam títulos importantes. Uma das filhas, Sit-Amon, era chamada "a esposa do rei", o que sugeriu a alguns egiptólogos que ela teria desposado o pai. Era freqüente as irmãs casarem com seus meio-irmãos, mas raramente um faraó se casava com as próprias filhas. O filho mais velho, que recebeu o nome de seu ancestral Tutmés, foi preparado para o trono recebendo o importante cargo de sumo sacerdote de Mênfis, uma das duas capitais do Egito (junto com Tebas). Foi uma manobra habilidosa por parte de Amenófis III. Era sempre boa política honrar os deuses do Egito, e ele passou a ter um membro leal da família dentro da poderosa classe sacerdotal. O filho mais novo recebeu o nome do pai, Amenófis, mas não foi mencionado em nenhuma inscrição real, não aparece em nenhuma estátua e seu nome só figura num cântaro de vinho quebrado. Tal foi o começo pouco auspicioso do pai de Tutancâmon, um príncipe que parecia não ter futuro. Examinaremos essa figura enigmática mais de perto no próximo capítulo.

O reinado de Amenófis III foi o máximo que o Egito, ou praticamente qualquer outro país, se aproximou do paraíso. Em nenhuma outra época os ungüentos e óleos preciosos fluíram com mais abundância, a turquesa, o lápis-lazúli e o ouro adornaram mais colares, ou o cedro rico e aromático foi usado em mais portas de templos. A comida era farta e havia paz. Graças aos predecessores de Amenófis, o Egito já então tinha um firme controle sobre a área que ia do norte da Síria à Quinta Catarata do Nilo (o centro do Sudão). As forças militares raramente precisavam demonstrar seu poderio na luta, tal a firmeza com que todas as invasões anteriores haviam ensinado aos vencidos uma lição. Um fluxo contínuo de ouro vindo da Núbia (Sudão) e do deserto ocidental mantinha forte a economia do Egito, o que levou um rei estrangeiro a observar, em sua correspondência com Amenófis III: "O ouro é como poeira em vosso país, basta apanhá-lo."[2] De Kush, no sul, vinham presas de elefante, peles de girafa e ébano para o mobiliário dos palácios. Do Afeganistão vinha o lápis-lazúli, que era esculpido sob a forma de amuletos dos deuses e usado como incrustação na fabricação de jóias. Àquela altura, mercadores estrangeiros faziam com regularidade a travessia do Mediterrâneo. De Creta vinham vasos exóticos para uso nos palácios; Chipre contribuía com lingotes de cobre. Amenófis favorecera os deuses e os deuses haviam favorecido o Egito. Havia bons negócios por toda parte.

Amenófis e a rainha Teye levavam uma vida cosmopolita, integrando com êxito as duas metades do país. Viajavam com freqüência entre Mênfis e Tebas. Mênfis, a capital do norte, situava-se onde o Nilo começa a se ramificar no leque de seu delta a caminho do Mediterrâneo. Era o centro administrativo do Egito, onde o rei residia para controlar o país; lá ficavam o arquivo nacional e milhares de burocratas. Pouco resta de Mênfis em nossos dias, por causa de um lençol freático que se elevou no local. Uma estátua colossal aqui e uma coluna maciça ali evocam o que deve ter sido, em certa época, a capital mais movimentada do mundo. Lamentavelmente, os prédios de escritórios que compunham a cidade foram construídos com tijolos secados ao sol, que o tempo e a elevação do nível da água retransformaram na argila de onde tinham saído. O palácio teve a mesma sorte. Todos os documentos preciosos dos arquivos desintegraram-se e apodreceram, como foi acontecer com o papiro molhado. Templos gloriosos afundaram no solo úmido até desaparecer.

A barca real levava umas três semanas para fazer a viagem de 640 quilômetros de Mênfis a Tebas, ao sul, navegando contra a correnteza. Tratava-se de uma enorme embarcação de madeira, provavelmente com uns 60 metros de comprimento, construída para proporcionar conforto nas viagens fluviais. No trajeto, Amenófis parava para praticar rituais nos templos, em eventos a serem lembrados por gerações de sacerdotes, que recordariam com prazer seu breve contato com um deus vivo.

Se Mênfis era como Washington, repleta de registros oficiais e preocupada com os negócios, Tebas era como Paris, opulenta, glamourosa e atraente. Era uma cidade de prédios construídos para a glorificação dos deuses, e não de edifícios funcionais de escritórios. A cada conquista militar, os ancestrais de Amenófis haviam acumulado grande parte do produto de sua pilhagem nos templos de Tebas, em sinal de gratidão por seu sucesso. Os cofres transbordavam de ouro, os depósitos eram repletos de peças intermináveis de linho branco — o tecido sacerdotal — e a produção agrícola chegava em fluxos intermináveis, vindo de milhares de acres de terras cultiváveis doadas. Os sacerdotes eram ricos e caminhavam para a independência — suas terras eram boas para o gado e produziam trigo, vegetais, tudo de que eles precisavam, e ainda um excedente a ser vendido.

Assim, quando a barca real enfim aportava em Tebas, Amenófis e Teye eram recebidos por um clero pujante e próspero. Homero deu à cidade o nome de "Tebas dos 100 Portões", por causa do número incontável de imensos pilonos que formavam a entrada de um templo após outro. E, de fato, Tebas tinha templos para muitos deuses, mas a razão da importância da cidade era sua divindade padroeira, Amon, "o oculto". A esse deus os egípcios atribuíam a ressurreição de seu país, depois da anarquia e da dominação estrangeira que se haviam seguido ao Antigo Império. Na época de Amenófis, quase 1.000 anos de faraós haviam adotado Amon como seu padroeiro especial e solicitado donativos para sustentá-lo, tornando Tebas mais esplêndida a cada doação. Amon havia obscurecido até o antigo deus Rá, ao incorporar esse deus antes proeminente num de seus títulos, Amon-Rá. Representado como um homem com uma coroa alta, encimada por duas plumas de avestruz, Amon era casado com a deusa Mut. Com seu filho Khons, eles formavam a trindade, a sagrada família de Tebas.

O próprio nome Amenófis significava "Amon está satisfeito". E ele tratou de superar todos os outros faraós para garantir a satisfação contínua do deus. Talvez instigado pelos sacerdotes, o avô de Tutancâmon embarcou no mais maciço projeto de construção que já havia homenageado o deus padroeiro de Tebas e a si mesmo. Também parece ter tido algumas sinceras crenças próprias. Afinal, deu a seu filho mais velho o nome de Tutmés, "Thot nasceu", em homenagem a Thot, o deus da escrita. Seu segundo filho recebeu um nome que homenageava Amon, como o próprio Amenófis, e a filha mais velha também teve o nome escolhido em homenagem a esse deus.

O faraó iniciou sua homenagem a Amon pelo grande templo de Karnak, a maior estrutura religiosa construída até hoje. Na verdade, não se tratava de uma simples catedral, mas de um conjunto de templos e santuários que se espalhavam por acres de terra, sem nenhuma ordem particular. Como um emaranhado, ele simplesmente foi crescendo ao longo dos séculos, à medida que cada faraó dedicava seu monumento particular aos deuses. Quando Amenófis iniciou seu acréscimo ao Grande Templo de Amon em Karnak, os pilonos de Tutmés I e sua filha Hatshepsut ainda estavam de pé. As pessoas ainda se maravilhavam com os obeliscos de Tutmés, os primeiros a serem erigidos no Templo de Karnak.

Primeiro, Amenófis construiu um par de grandiosos pilonos na entrada (o Terceiro Pilono), em frente a todas as outras construções de Karnak, para que esses portais — os maiores e mais magníficos — fossem os primeiros a ser vistos por qualquer pessoa. Suas cornijas foram pintadas de cores vivas e adornadas de festões com pingentes coloridos que caíam de uma altura de 18 metros; electro brilhante (uma liga de ouro e prata) cobria as pilastras. A imponente estrutura foi dedicada a Amon.

A quase 2,5 quilômetros de Karnak, no centro de Tebas, ficava outro templo de grande importância. Uma vez por ano, sacerdotes de cabeça raspada carregavam a pesada estátua de ouro de Amon para uma barca divina especial, enquanto outros levavam a estátua da esposa do deus, Mut, para sua barcaça, formando um comboio que navegava até esse templo. Usando seus melhores mantos brancos, os sacerdotes uniam-se a importantes dignitários, adornados de prata e ouro, para seguir as embarcações numa procissão denominada o "Belo Festival do Harém", o mais festivo e mais importante feriado de Tebas. A celebração recriava o casamento dos dois deuses e a bênção conjugal que se seguiu. Era realizada no "Harém do Sul", um pequeno templo que só era usado uma vez por ano. Amenófis ordenou que, em lugar do antigo templo, seus arquitetos erguessem um substituto mais imponente, de belas proporções. Eles produziram uma colunata com sete pares de colunas majestosas que levavam a um pátio aberto. Dois lados desse pátio eram margeados por uma fileira dupla de colunas feitas de brotos de papiro, encimadas por uma laje de pedra, o que criava um local ensombrecido ao lado de um pátio aberto, anunciado por uma floresta de colunas. Adiante do pátio, no outro extremo do templo, construiu-se um santuário duplo — o santuário dos santuários — para abrigar as estátuas de ouro de Amon e Mut. Amenófis superou a si mesmo nesse tributo ao grande deus. Foi o maior templo jamais construído por um único faraó.

Amenófis interessou-se tanto por esses projetos que construiu um palácio do outro lado do rio, onde ainda havia terras disponíveis, para poder morar com conforto num local suficientemente próximo para supervisionar a construção. Apenas algumas paredes desse palácio sobreviveram até nossos dias, visto que tais construções eram feitas para durar apenas o tempo de vida de um faraó, sendo erguidas com tijolos de barro impermanentes. Mas restou o bastante para mostrar o esplendor dessa obra. Os pisos eram pintados em cores vivas com cenas da natureza, e as paredes, com orlas decorativas coloridas. Em vez de um único prédio espaçoso, tratava-se de um conjunto com um prédio separado para o rei e sua corte, outro para a rainha e a dela, outro para funcionar como cozinha e outros mais para abrigar a guarda palaciana. Além disso, havia um amplo auditório ou salão de festas, onde Amenófis celebrava os jubileus especiais que comemoravam seu longo reinado. A vida devia ser sibarítica nesse lugar. Ao que parece, a despeito da proximidade do Nilo, Amenófis construiu um lago artificial atrás do palácio, grande o bastante para que a rainha Teye pudesse navegar em sua barca.

Com o passar do tempo, a personalidade de Amenófis misturou-se cada vez mais com a glória da cidade. Ele mandou fazer um par das maiores estátuas que se esculpiram dele, majestosamente sentado, com 21 metros de altura, para que elas abrissem o caminho para um novo templo dedicado a sua memória. Nada desse templo chegou até nós, mas as maciças estátuas sentadas de Amenófis ainda voltam eternamente o olhar para Tebas. São os famosos colossos de Memnon, que deslumbravam os visitantes da Antigüidade. A febre ímpar de construções de Amenófis deve ter agitado a cidade num frenesi sem precedentes. Ele proporcionou trabalho regular a milhares de trabalhadores, que extraíam, cortavam, montavam e transportavam toneladas de pedra. Centenas de artistas esculpiam e pintavam cenas em templos novos e reluzentes, assim como no luxuoso palácio. A riqueza fluiu para Tebas como em nenhuma época anterior. Surgiu em torno da cidade uma magia que cativou o coração dos poetas. "Ela é chamada 'A Cidade'", diz em seu louvor um hino do final do Novo Império; "todas as outras lhe ficam à sombra, para se engrandecer através dela."[3]

Em pouco tempo, as margens do Nilo foram dominadas por uma arquitetura magnífica, expondo uma rica fachada que encobria um interior não tão perfeito assim. As casas e lojas dos comuns mortais espalhavam-se confusamente atrás dos templos, formando um labirinto de ruelas estreitas, sujas e sinuosas. Era uma cidade barulhenta, repleta do som de cavalos, de patos e porcos criados em cercados, e de pessoas atarefadas com o trabalho e a sobrevivência. Embora residissem na maior cidade do Egito, as pessoas comuns continuavam a levar uma vida difícil. Nuvens de poeira pairavam sobre suas casas, devido ao corte e polimento contínuos das pedras para tantas construções. Odores sumamente acres emanavam de todos os animais e da aglomeração humana, e as moscas, piolhos e pulgas estavam por toda parte.

Apesar de sua fachada de esplendor e energia, ou talvez por causa dela, Tebas começou a se questionar. Muita gente das classes mais altas acreditava que os sacerdotes de Amon haviam se tornado excessivamente ricos, materialistas e poderosos. Embora o rei e os nobres da cidade continuassem a render homenagens a Amon, alguns dos fiéis, com o correr do tempo, aumentaram seu interesse por outros cultos. Amenófis abriu caminho para isso, ao adotar o novo título de "Brilhante disco solar de toda a terra". Na corte, popularizou-se a idéia de contemplar a natureza do disco solar, Aton, com um interesse que não se restringiu apenas ao rei, pois a rainha Teye deu a seu barco o nome de *Os Raios de Aton*. As pessoas de posição mais elevada estavam começando a pensar na religião, em vez de apenas seguir os antigos rituais. Isso afetou profundamente as idéias do ignorado segundo filho de Amenófis, que em pouco tempo subiria ao trono.

Para seu lugar de repouso derradeiro, Amenófis escolheu uma ravina isolada a oeste do Vale dos Reis, que até então nunca fora usada. Por que preferiu não ser enterrado junto a seus augustos ancestrais da XVIII Dinastia, jamais saberemos. Amenófis III tinha idéias próprias.

E então, a tragédia abateu-se sobre o já idoso rei e sua esposa — seu filho primogênito, Tutmés, o sumo sacerdote de Ptah, morreu. Esse fora o filho preparado para suceder o pai. A tristeza do casal deve ter sido intensa, agravada pelo fato de que todos os projetos futuros de Amenófis para o

Egito, depois que ele mesmo se fosse, morreram com esse rapaz. E veio então a questão efetiva de quem sucederia o faraó. Havia o segundo filho, que recebera o nome de Amenófis em homenagem ao pai, mas é provável que houvesse uma razão para ele raramente ser mencionado. Talvez sofresse de alguma doença muito estranha. Decerto havia outros candidatos rivais ao trono, talvez filhos do faraó com esposas secundárias, algumas das quais eram princesas de países estrangeiros, mas somente um era filho de Teye. A rainha deve ter feito manobras hábeis em favor dele, porque, apesar de todos os seus problemas, o rapaz tornou-se herdeiro, e mais que isso. No que parece ter sido um gesto surpreendente, o idoso rei nomeou seu filho mais novo, Amenófis, como co-regente, o que equivale a dizer que os dois governariam juntos. Não poderia haver controvérsias quanto a quem governaria o Egito quando o rei morresse. A pergunta que fica é por que Amenófis III, o rei enérgico e poderoso, concordou em compartilhar seu poder.

A resposta talvez se encontre na múmia de Amenófis II, que foi descoberta em 1898, em circunstâncias estranhas, por um egiptólogo muito nervoso. Victor Loret, um francês, trabalhou por um breve período como chefe do Serviço de Antigüidades do Egito. Tenso e inadequado para seu alto posto administrativo, Loret conseguiu se desentender tanto com as autoridades egípcias quanto com as européias e, por conseguinte, durou apenas dois anos no cargo. Mal teve tempo de realizar a primeira escavação sistemática no Vale dos Reis, descobrindo as tumbas saqueadas de Tutmés I e Tutmés III, o Napoleão do Egito. E descobriu também o túmulo de Amenófis II, onde estava a resposta para nossa pergunta.

Também esse túmulo fora saqueado. Fragmentos de cerâmica azul e objetos fúnebres de madeira, exibindo o nome de Amenófis II, entulhavam a galeria de entrada quando Loret o descobriu. Entrando de gatinhas na passagem, Loret chegou a uma cavidade quadrada, ou "poço", destinada a colher a água da chuva, para que a câmara mortuária se mantivesse seca durante os raros temporais que ocorriam no Vale dos Reis. Colocando uma escada de través sobre o poço, Loret passou para uma antecâmara de pilastras quadradas e viu urnas funerárias quebradas, maquetes daquilo de que o faraó precisaria no outro mundo, imagens do rei esculpidas em ouro e estátuas quebradas de *ushabtis*, os servos que deveriam voltar à vida no além e executar qualquer tarefa necessária. A noite já ia alta, Loret estava cansado e, contando apenas com sua vela para iluminar o cenário, começou a se deixar levar pela imaginação. Em seguida, a luz da vela incidiu sobre algo para o qual ele não estava preparado:

> Segui adiante (entre duas colunas) com minha vela e, horrenda visão, lá estava um corpo na urna, todo enegrecido e pavoroso, com o rosto num esgar voltado na minha direção e olhando para mim, com os longos cabelos castanhos em tufos esparsos em volta da cabeça. Nem por um momento imaginei que se tratasse apenas de uma múmia desenfaixada. As pernas e braços pareciam vergados. Um buraco deixara o esterno à mostra e havia uma abertura no crânio. Seria uma vítima de um sacrifício humano? Seria um ladrão assassinado por seus cúmplices, numa partilha sangrenta do produto do roubo, ou morto por soldados, ou pela polícia, que teriam interrompido a pilhagem do túmulo?[4]

O que Loret estava vendo era a múmia de um príncipe, remexida tão pouco tempo depois do sepultamento que os óleos e resinas usados no embalsamamento ainda se achavam em estado líquido. Os ladrões tinham posto o corpo numa das urnas, onde os óleos se haviam solidificado, grudando a múmia a ela. Recobrando a calma, Loret continuou a descer e acabou chegando a uma câmara mortuária que continha um sarcófago de pedra sem a tampa. Ao examinar a cobertura, viu um esquife com uma grinalda de flores na parte superior e uma coroa na parte debaixo. Havia descoberto a múmia de Amenófis II.

Mas a longa noite de Loret ainda não havia terminado. Ao examinar as quatro câmaras laterais adjacentes à câmara mortuária, encontrou estátuas do faraó, vasos para os sete óleos sagrados de que o rei precisaria, carne e frutas para alimentá-lo no outro mundo, e maquetes de barcos de madeira para sua viagem ao mundo das trevas. Foi numa dessas câmaras laterais que Loret levou o susto seguinte:

> Passamos para os aposentos à direita. No primeiro em que entramos, deparamos com uma visão incomumente estranha: três corpos jaziam lado a lado, ao fundo do canto esquerdo, com os pés apontando para a porta. A metade direita do aposento estava repleta de pequenos esquifes com tampas mumiformes e estátuas funerárias de madeira betuminada (pintada com resinas). Eram as estátuas contidas nos esquifes que os ladrões haviam aberto e rejeitado, depois de uma busca vã de tesouros.
>
> Aproximamo-nos dos cadáveres. O primeiro parecia ser de uma mulher. Um véu espesso cobria sua testa e seu olho esquerdo. Seu braço quebrado tinha sido recolocado ao lado do corpo, com a mão voltada para cima. Um tecido esfarrapado e rasgado mal

lhe cobria o cadáver. Uma abundante cabeleira negra e encaracolada espalhava-se pelo piso de calcário em ambos os lados de sua cabeça. O rosto estava admiravelmente conservado e tinha uma gravidade nobre e majestosa.

A segunda múmia, a do meio, era de um jovem de uns 15 anos. Estava nu, com as mãos unidas sobre o abdômen. A princípio, a cabeça pareceu totalmente calva, mas, examinando melhor, vimos que tinha sido raspada, exceto por uma área na têmpora direita, de onde nascia um trança magnífica de cabelos negros. Esse era o penteado dos príncipes reais (conhecido como cacho de Hórus). Pensei imediatamente no príncipe real Webensenu, o até então desconhecido filho de Amenófis II, cuja estátua funerária eu vira no grande saguão e de cuja urna eu depois encontraria fragmentos. O rosto do jovem príncipe era risonho e travesso, em nada evocando a idéia da morte.

O último cadáver, mais perto da parede, parecia ser de um homem. Tinha a cabeça raspada, mas havia uma peruca no chão, não muito longe dele. O rosto dessa pessoa exibia algo de horrendo e engraçado ao mesmo tempo. A boca estava obliquamente repuxada de um dos lados até quase o meio da bochecha, com um chumaço de linho cujas duas pontas pendiam dos cantos dos lábios. Os olhos semicerrados tinham uma expressão estranha; ele poderia ter morrido sufocado por uma mordaça, mas parecia um gatinho brincalhão com um pedaço de pano. A morte, que respeitara a beleza severa da mulher e a graça endiabrada do menino, transformara em escárnio o rosto do homem e se divertia com ele.

Esses três cadáveres, como o da urna, tinham um grande buraco perfurando o crânio, e todos tinham o peito aberto.[5] O estado das três múmias da câmara lateral e da que estava na urna fora causado por metódicos saqueadores de túmulos. À procura de jóias, eles haviam cortado primeiro as bandagens que envolviam a cabeça, rasgando rapidamente a camada externa de linho; depois, haviam rasgado o peito, à procura de mais jóias, danificando os cadáveres reais.

Loret não fazia idéia da identidade das quatro múmias e, com certeza, seu julgamento estava confuso naquela noite. A terceira múmia da câmara lateral, que ele descreveu como de um homem, era claramente a de uma mulher jovem. Até hoje não se sabe ao certo a identidade da maioria desses corpos. Uma identificação foi feita quase um século depois, e exigiu a tecnologia moderna e uma descoberta no túmulo de Tutancâmon, porém falaremos mais disso depois. As quatro múmias que tanto abalaram Loret não foram as únicas que ele encontrou naquela noite. Uma das câmaras laterais fora lacrada com blocos de calcário, deixando apenas uma pequena abertura perto do teto. Loret escalou até o topo e, com sua vela bruxuleante, mal conseguiu divisar nove esquifes, cuidadosamente dispostos — seis contra a parede e três em frente a eles. Foi tudo o que conseguiu ver, percebendo que primeiro seria preciso derrubar a parede para que os esquifes pudessem ser estudados. Antes, no entanto, era preciso limpar o túmulo.

Loret fez um mapa da tumba, superpondo-lhe uma grade para assinalar as posições de mais de 2.000 objetos. Só depois disso é que finalmente pôde examinar as nove urnas atrás da parede. Havia descoberto as múmias de oito reis do Egito e de uma mulher não identificada. Essas múmias tinham sido resgatadas de seus túmulos saqueados por um rei da XXI Dinastia, a fim de protegê-las de novas profanações. Escrita nas bandagens da múmia de Seti II estava a triste história de como se dera a congregação dos reis no túmulo de Amenófis II. No sexto dia do quarto mês do inverno, no décimo segundo ano do reinado de Pinedjem I, o rei havia recolhido os cadáveres reais saqueados, tornado a envolvê-los em bandagens e os colocado no túmulo de Amenófis II para protegê-los, e lá eles permaneceram até a descoberta de Loret.[6] Entre as múmias estava o avô de Tutancâmon, Amenófis III.

A múmia de Amenófis III, juntamente com as demais, foi levada de navio para a cidade do Cairo, onde permaneceu até ser desenfaixada, em 23 de setembro de 1905.[7] A múmia do pai nos deu a dica da razão por que o filho, Amenófis IV, havia se tornado co-faraó a seu lado. O rei estava gordo e com a saúde muito precária ao morrer.

Quando examinei essa múmia no Museu Egípcio do Cairo, ficou claro que Amenófis deve ter padecido de grandes dores no fim da vida. Tinha abscessos terríveis nos dentes incisivos direitos inferiores e no canino superior direito. Pude perceber que ele perdera os incisivos algum tempo antes de morrer, já que os alvéolos tinham-se enchido de novas formações ósseas. As doenças dentárias eram comuns no antigo Egito, tanto entre os reis quanto entre os plebeus, não porque eles comessem açúcar em demasia, como acontece hoje, mas em função de seu pão de todo dia. Todos os grãos do antigo Egito eram moídos na pedra, o que significa que, juntamente com o pão, comia-se uma quantidade considerável de areia e pó de pedra. Passar anos comendo o pão egípcio desgastava os dentes, expondo-os às cáries. E, por mais hábeis que fossem os médicos egípcios, eles não praticavam a odontologia.

Com a grave deterioração dos dentes, Amenófis III devia sentir dores constantes. É possível que fosse sedado com vinho, ou até com a nova droga mágica da XVIII Dinastia, importada de Chipre — o ópio. Os médicos cipriotas colhiam a seiva que escorria das incisões feitas na cápsula da papoula e, em seguida, secavam essa massa pegajosa para aplicá-la com facilidade. Aplicada diretamente sobre um ferimento ou um dente, é possível que ela tivesse o mesmo efeito de uma injeção dos dias atuais.[8] Amenófis deve ter tido dificuldade de desempenhar as funções de Estado enquanto sua saúde se deteriorava, e é possível até que fosse sedado a tal ponto que não tivesse condições de tomar decisões. Nessas circunstâncias, seria fácil para a resoluta rainha Teye convencer o marido a compartilhar com o filho, Amenófis IV, deveres que lhe eram muito difíceis em sua situação de sofrimento. Como co-regente, ficava assegurado o trono do filho na morte do velho rei.

Quando o jovem rei finalmente subiu ao poder, depois da morte do pai, uma das primeiras mudanças que parece ter feito foi aprovar uma nova técnica para a mumificação do pai. Os embalsamadores injetaram resina de árvores e sais sob a pele dos braços, pernas e pescoço, para inflá-los e dar ao corpo uma aparência mais viva. Foi uma pequena ruptura com a tradição, mas que antecipou as mudanças drásticas que estavam por vir.

A Inscrição na Parede: O que nos Dizem os Templos

As paredes dos templos são uma fonte crucial de informações para os egiptólogos. Elas proporcionavam aos faraós imensas superfícies para que se gabassem de seus feitos, e, por serem de pedra, sobreviveram até nossos dias. Quando um rei queria divulgar a quantidade de terras que havia dedicado ao templo, isso era entalhado na parede. Quando um faraó voltava de uma campanha militar vitoriosa, o triunfo era registrado com todos os detalhes, para que todos vissem e se deslumbrassem com a bravura de seu faraó. Havia cenas gloriosas do faraó partindo para a batalha em sua biga de guerra, matando o inimigo a flechadas e voltando vitorioso, com cativos amarrados. Invariavelmente, num canto do quadro aparecem os escribas, contando pilhas de mãos humanas cortadas — o método egípcio de calcular o número de inimigos mortos. Na verdade, duas versões da história eram entalhadas nas paredes, uma em palavras e outra em imagens. Quando Napoleão invadiu o Egito, em 1798, a escrita hieroglífica ainda não fora decifrada, de modo que não lhe foi possível ler as inscrições. Como muitas das cenas eram de batalhas, os soldados presumiram que os templos tinham sido palácios. Não podiam imaginar que se colocassem cenas tão violentas num local de culto. Mas, para o egípcio antigo, tudo isso estava ligado. Conquistar territórios estrangeiros era parte da ordem divina, algo auxiliado pelos deuses. Toda guerra era uma guerra santa. Se os soldados de Napoleão tivessem podido ler as inscrições, teriam percebido que se tratava de templos e lido as datas das batalhas, o número de mortos e até o nome dos cavalos do rei.

Quem sabe ler as paredes de um templo aprende muito sobre a história egípcia. As pinturas murais nos túmulos dos nobres e os objetos funerários encontrados em seu interior deram-nos ricos detalhes sobre a vida cotidiana do povo. É nos templos, entretanto, que encontramos a história política oficial do Egito; contudo, uma vez que a maioria dos registros oficiais e templos da capital do norte, Mênfis, afundou na lama, os registros de que dispomos fornecem a orientação partidária apenas do sul do país.

Tebas raramente enfrentava chuvas ou altos teores de umidade, de modo que os templos e túmulos foram bem preservados, e os papiros ali abrigados ainda são legíveis. Durante o reinado de Amenófis III e seus ancestrais da XVIII Dinastia, as informações vindas de Tebas são ricas em detalhes. Temos os templos de Amenófis e sua tumba, mas os registros se interrompem de repente, por ocasião da morte do rei.

Os primeiros indícios de o que aconteceu após a morte de Amenófis vieram do interior das paredes do Templo de Karnak. Na passagem do século XIX para o XX, algumas das grandes pilastras de Karnak haviam caído, seus imensos portais estavam desmoronando e era necessária uma grande restauração. Em 1926, o egiptólogo francês Henri Chevrier começou a reconstruir o segundo pilono de Karnak (construído pelo faraó Horemheb). O pilono em ruínas teve que ser completamente desmontado, sendo cada bloco de pedra numerado para sua remontagem, como num imenso projeto de montagem de um Lego. Mas, à medida que as pedras foram sendo removidas, Chevrier descobriu, dentro do pilono, blocos da misteriosa época imediatamente seguinte ao reinado de Amenófis III.

Os *talatat* de Amarna

Os blocos encontrados no Templo de Karnak ficaram conhecidos como *talatat*, da palavra árabe *talata*, que significa "três", porque tinham três palmos de largura. Esses blocos recém-descobertos eram decorados com os cartuchos (formas ovaladas circundando nomes reais) de Amenófis IV. Provinham de um portão de entrada de Karnak, construído por Amenófis

III pouco antes de morrer e concluído por Amenófis IV após a morte do pai. Uma imagem começou a emergir: Amenófis IV havia governado por algum tempo com o pai e, quando da morte do velho rei, era como se o filho houvesse concluído o pilono do pai no estilo egípcio costumeiro.

À medida que se descobriram novos *talatat*, notou-se que, a rigor, eles tinham dois estilos diferentes de decoração. Alguns eram tradicionais, outros vinham de um templo construído por Amenófis IV — e nestes o trabalho artístico se modificava. Ele, sua mulher e filhos apareciam como figuras grotescas e deformadas. Havia cenas do faraó adorando o disco solar, com seus longos raios terminando em mãos que seguravam um *ankh*, o símbolo da vida, e o entregavam ao faraó. Nunca se tinham visto cenas como essas. Os escavadores perceberam que Amenófis construíra um templo para o disco solar, Aton, no Templo de Karnak, que era o equivalente ao Vaticano no antigo Egito. Um deus anteriormente obscuro recebera destaque no interior da igreja nacional. À medida que se descobriram mais e mais blocos, ficou claro que aquilo era mais do que um novo estilo artístico: era uma completa revolução religiosa. Em muitos blocos, o rosto do rei e o da rainha tinham sido danificados a golpes de picareta e as mãos nas extremidades do disco solar de Aton tinham sido esfaqueadas. Amenófis IV podia ter iniciado uma nova religião, mas estava claro que em algum momento ela fora rejeitada.

A reconstrução dos *talatat*

Ao longo dos anos, mais de 40.000 blocos foram encontrados e guardados em grandes depósitos, até o dia em que fosse possível dar-lhes algum sentido. Faltavam blocos demais para que se reconstruíssem os templos de onde eles tinham saído, mas, em 1965, Ray Winfield Smith, um negociante norte-americano, concebeu um plano para recriar no papel o que não podia ser remontado em pedra.[9]

Sua idéia foi fotografar cada um dos *talatat* não apenas os do Egito, mas até os blocos de pedra que, no correr dos anos, haviam chegado aos museus e coleções particulares do mundo inteiro. Todos os blocos foram fotografados na mesma escala, criando as peças de um gigantesco quebra-cabeça. Em seguida, com a ajuda de um computador, os templos puderam ser reconstruídos no papel.

Alimentou-se o computador com uma descrição pormenorizada de cada bloco, listando todos os aspectos significativos. Se uma peça tinha a cabeça de um faraó quebrada na altura do pescoço, isso era registrado, para que o computador pudesse vasculhar os milhares de *talatat* à procura de blocos que exibissem a cabeça de um rei começando no meio do pescoço. Quando o computador identificava blocos como possíveis junções, as fotos eram localizadas e encaixadas, para ver se combinavam. Conforme o projeto, que teve seis anos de duração, avançava, ficou claro que os *talatat* vinham não de um mas de vários templos diferentes, construídos por Amenófis nos primeiros anos de seu reinado.

Chevrier também encontrou estátuas colossais de Amenófis IV que uma dia tinham estado em frente a seu templo, chamadas *Gem-Pa-Aten* — "Aton foi encontrado". Uma dessas estátuas, a escultura de um nu, mostra o rei quase como um hermafrodita, com quadris largos e seios, mas sem genitália. Só nos resta imaginar o que pensariam as pessoas de Tebas dessas estátuas de seu rei. Não há um único registro contemporâneo de como se sentia o homem da rua em relação a seu novo faraó.

Provavelmente, a princípio, deve ter havido uma aceitação geral; afinal, o novo rei sepultou seu pai, o reverenciado Amenófis III, concluiu o portal do pai em Karnak e, em seguida, começou a construir seu próprio templo, como era esperado. É possível até que as representações inusitadas da família real tenham sido suportadas em silêncio, mas deve ter havido falatório nas ruas quando às estátuas bizarras do rei vieram somar-se representações ainda mais estranhas de Amenófis IV no interior do templo.

A principal decoração do templo era uma cena do festival de Sed, tradicionalmente celebrado depois que um faraó governava por 30 anos.[10] Amenófis IV celebrou seu festival Sed apenas uns quatro anos depois de se tornar faraó. Num festival Sed tradicional, como fizera Narmer séculos antes, o faraó usava a coroa branca do Alto Egito e a coroa vermelha do Baixo Egito, para afirmar seu domínio sobre as Duas Terras. Demonstrava sua força e vigor participando de uma corrida e atirando flechas. Depois, visitava os santuários que abrigavam as estátuas dos deuses das diferentes localidades reunidas para o festival. Mas o Sed de Amenófis não teve nada de comum. Não houve estátuas de Amon, Osíris, Ptah, Ísis e os outros deuses. Todos os santuários exibiam estátuas de Amenófis IV. Todos os deuses conhecidos do Egito tinham sido banidos de uma só vez!

Então na casa dos seus 20 anos, Amenófis IV casou-se com Nefertiti. Pouco se sabe sobre as origens da moça antes do casamento, mas sua simples aparência fez dela uma mulher notável. Nefertiti era a grande esposa do rei e a rainha que viria a ser lembrada até o século XXI como um ícone da feminilidade e da beleza, além de um símbolo do Egito. A reputação de Nefertiti como mulher de grande beleza baseou-se sobretudo numa estátua, o famoso "busto de Nefertiti", que hoje se encontra num museu de Berlim. Suas feições regulares, o pescoço longo e gracioso e os olhos grandes e amendoados são clássicos. Desconfio que se trate de uma imagem exata da rainha.

Mas não foi assim que ela foi retratada nos novos templos de Aquenaton em Karnak. Nefertiti, Aquenaton e as duas filhas do casal aparecem deformados, com quadris largos e cabeças alongadas. O mais peculiar de todos é o próprio Aquenaton, que aparece com uma mandíbula protuberante, pescoço fino, braços muito magros, seios fartos, abdômen caído e coxas grossas; as pessoas do Egito nunca tinha visto nada semelhante — nem tampouco os egiptólogos.

No quinto ano de seu reinado, Amenófis IV mudou seu nome para Aquenaton, "é benéfico a Aton", nome pelo qual o mundo o conhece atualmente. Falaremos da importância de sua mudança de nome mais adiante, neste capítulo. Aquenaton (Amenófis IV) é o faraó mais discutido da egiptologia, e invariavelmente a discussão se volta para sua aparência. Alguns investigadores crêem que ele teria sido normal, e que as distorções físicas seriam meramente uma convenção artística, retratando o faraó como masculino e feminino — ele era tudo. Outros estão convencidos de que ele tinha deformidades grosseiras e de que se tornou uma convenção artística retratar os membros da família real com as mesmas deformidades do rei (mais ou menos como na situação da Espanha do século XVII, quando o rei de Castela ceceava e todos os membros da corte fingiam cecear).

Os primeiros investigadores a buscar a causa da deformidade fizeram um diagnóstico médico. Sugeriu-se que Aquenaton teria sofrido da síndrome de Froelich, uma disfunção da glândula pituitária que provoca sintomas equiparáveis aos traços físicos incomuns dos retratos do faraó. Mas toda a família real aparecia com essas mesmas formas físicas inusitadas. Todas as princesas foram retratadas com a cabeça alongada e, muitas vezes, mal se consegue distinguir Nefertiti de Aquenaton. Teriam todos os membros da família real sofrido da síndrome de Froelich? Certamente não.

Um dos problemas da explicação pautada na síndrome de Froelich é que ela sempre provoca uma atrofia dos órgãos genitais e esterilidade nos homens. Aquenaton e Nefertiti acabaram tendo seis filhas. Contudo, os sintomas da síndrome de Froelich assemelham-se tão claramente à aparência de Aquenaton, que alguns egiptólogos acreditam que ele não teria sido o pai das meninas. Mas, se as seis princesas não eram suas filhas, por que teriam suas características físicas incomuns?

Sempre tive a convicção de que deve ter havido algum problema físico com Aquenaton, mas não seria a síndrome de Froelich, por causa de todas as filhas. Recentemente, formulou-se uma sugestão que parece muito mais provável — a síndrome de Marfan. Essa doença foi originalmente diagnosticada em 1896 por Antoine Marfan, um pediatra francês que vinha examinando uma menina de cinco anos de dedos e artelhos longos e finos e com a coluna recurvada. À medida que esses sintomas foram sendo reconhecidos por outros médicos, observou-se que eles eram freqüentemente acompanhados por problemas oculares, rostos alongados e costelas deformadas. Como esses vários sintomas tendem a acompanhar uns aos outros, eles constituem uma "síndrome". Muitos dos aspectos da síndrome de Marfan podem ser vistos em Aquenaton e nos membros da família real. Por exemplo, os olhos estreitos e oblíquos das estátuas colossais do faraó (fig. 1) poderiam facilmente ser resultado da síndrome de Marfan. Cerca de metade dos portadores dessa síndrome têm o cristalino deslocado — descentrado —, o que lhes dá uma aparência incomum.[11]

Aquenaton e toda a família real aparecem com dedos e artelhos extremamente longos e finos, braços esquálidos e a caixa torácica estreita — exatamente os sintomas da síndrome de Marfan. Mas, poderiam todos ter tido a mesma doença? Seria ela contagiosa?

Embora essa síndrome tenha sido identificada no século XIX, foi somente em meados do século XX que se compreendeu que sua causa é genética. A doença resulta de um gene mutante que controla o desenvolvimento dos tecidos conjuntivos do corpo. Todos os sintomas associados à síndrome de Marfan são causados por um defeito na fibrilina, uma proteína que responde pela união de nossos músculos e ossos.[12] Apesar de não ser contagiosa, a síndrome é geneticamente transmissível. Nosso corpo tem cerca de 50.000 a 150.000 genes diferentes, compondo a unidade básica da hereditariedade. Os genes costumam existir em pares, cada um deles sendo proveniente de um dos pais, e constituem a causa da síndrome de Marfan. Quando o DNA do corpo promove uma mutação do gene que controla a fibrilina, a pessoa passa a ser a primeira portadora da síndrome na família. E também pode herdá-lo de um genitor que tenha esse gene.

Das muitas estátuas dos pais de Aquenaton, Amenófis III e a rainha Teye, nenhuma exibe qualquer sinal da síndrome de Marfan. Aquenaton parece ter sido o primeiro membro da família a exibir um dos aspectos característicos da síndrome, de modo que é provável que sua doença tenha decorrido de um gene mutante. Cerca de 25% dos portadores de Marfan adquirem a síndrome através de uma mutação genética.

Trata-se de um traço dominante, o que significa que basta que um dos pais seja afetado para que os filhos herdem o gene defeituoso. Cada filho de um genitor com síndrome de Marfan tem uma probabilidade de 50% de herdar o gene da doença. Portanto, cada uma das seis filhas de Aquenaton tinha 50% de chance de que o gene lhe fosse transmitido. Isso talvez explique a aparência das princesas de Amarna: dedos longos (o termo médico é *aracnodactilia* — "dedos de aranha") e braços e pernas finos. Algumas das filhas talvez tenham herdado o gene, o que explicaria a curiosa imagem da família real.

Se de fato Aquenaton sofria da síndrome de Marfan, resta ainda uma pergunta: por que ele permitiu que os escultores da corte retratassem suas características físicas? Durante mais de 1.000 anos, os faraós tinham sido retratados como jovens, musculosos e perfeitos, fosse qual fosse sua aparência. Aquenaton poderia ter ficado com o estilo artístico tradicional e se deixado retratar esguio e musculoso como seus ancestrais. Optou por não fazê-lo, e toda a família real o acompanhou. Por quê?

Creio que a resposta é de caráter psicológico. Mas, como confirmar uma teoria psicológica sobre alguém que morreu há 3.000 anos? Achei que, se conversasse com pessoas com a síndrome de Marfan, eu poderia verificar como isso afetava suas vidas. Como se sentiam, ao crescerem diferentes? Sentir-se-iam excluídas? Seriam evitadas? Um colega geneticista[13] que trabalha com a síndrome de Marfan sugeriu que eu conversasse com um grupo nova-iorquino de portadores dessa síndrome. Telefonei para a coordenadora do grupo, Julie Kurnitz, para saber se eu poderia comparecer a uma reunião deles e testar minha teoria. Eu faria uma breve palestra com slides sobre Aquenaton e solicitaria as reações do grupo.

Quase todas as pessoas que compareceram à reunião eram mulheres, muitas das quais seriam indistinguíveis em qualquer grupo; suas características físicas não eram extremadas. Mas algumas poderiam ter sido irmãs de Aquenaton. Julie tem as feições clássicas dos portadores da síndrome: é alta, tem o queixo alongado, olhos rasgados, braços, dedos e artelhos longos e finos, e feições incomuns, mas não anormais. A rigor, Julie é uma mulher bonita. Antes mesmo de conversar com o grupo, revi minha opinião sobre Aquenaton: ele não era uma anomalia. Pode-se ser diferente sem parecer anormal. Nenhuma das mulheres do grupo tinha traços físicos chocantes.

Julie apresentou-me ao grupo e comecei a falar de Aquenaton e a mostrar os slides. Depois do segundo, comecei a ouvir uma porção de "És!" e "Uaus!". Enquanto eu continuava a exibir slides das mãos e pés alongados da família real, houve ainda mais exclamações — "Dedos de Marfan!". Eles haviam encontrado um parente no antigo Egito. Depois de minha palestra, perguntei se alguma das mulheres fora tratada de maneira diferente enquanto crescia, se fora excluída ou evitada. E, nesse caso, como havia reagido. Uma mulher contou que, quando menina, sempre lhe diziam para ficar atrás, escondendo as mãos compridas, quando se tiravam fotos da família. Outra moça, de cabelos curtos e óculos de aro de arame, contou uma história semelhante e deu o esclarecimento que eu esperava. Disse que havia se rebelado e que fazia todo o possível para acentuar sua aparência, usando capas longas e roupas estranhas e maquiagem bizarra. Quem sabe o que teria feito se fosse um faraó do Egito? O grupo entendeu Aquenaton, parecendo-lhe perfeitamente razoável que ele mandasse esculpir estátuas colossais para se fazer valer e se afirmar. Isso seria uma grande catarse, depois de ter sido evitado e ignorado por tanto tempo.

O grupo compunha-se de pessoas maravilhosamente abertas, ansiosas por compartilhar sua experiência. Quando ficou patente que eu era fã de Aquenaton, eles tiraram os sapatos e compararam seus pés com as imagens que eu tinha dos pés do rei. Julie tentou esticar seus dedos extremamente longos na posição das mãos das imagens de Amarna, com as pontas ligeiramente viradas para cima. Foi uma experiência muito tocante conhecer esse grupo, e, no final, eles pediram cópias dos slides que eu havia exibido. Aquenaton se transformará num modelo de poster para a Associação Marfan, em seu esforço de estender a mão para outros portadores da doença. Ele nunca soube o que o tornava diferente.

A Mudança para Aquetaton-Amarna

Se estava reagindo a sua infância solitária, Aquenaton o fez a todo vapor. Colocou uma proclamação na parede do templo, declarando sua rejeição aos deuses do Egito, afirmando que os antigos deuses haviam deixado de existir e que um único novo deus fora acolhido. Nas fases iniciais da mudança, o novo deus assumiu a forma do tradicional rei sol, Rá-Harakthy — "Rá, o Hórus do Horizonte" —, aparecendo como um homem com cabeça de falcão, usando o saiote real. Essa versão apareceu inicialmente no portão sul de Karnak, que foi concluído por Aquenaton. Mas a forma Rá-Harakthy do rei não durou muito. No terceiro ano do reinado de Aquenaton, o deus de cabeça de falcão foi substituído por um disco, Aton. O disco solar era um símbolo antigo no Egito — a palavra "aton" significa "disco" — e aparecera pela primeira vez mil anos antes, durante o Antigo Império. O deus sol é um tema central da religião egípcia. A palavra correspondente a sol era *rá*, a mesma que designava o deus sol, embora as duas não fossem grafadas da mesma maneira nos hieroglifos. O papel do deus sol mudou ao longo dos séculos, aumentando ou diminuindo de importância. Rá era o padroeiro da cidade setentrional de Heliópolis — literalmente, "cidade do sol". Embora Amon, Mut e Khons fossem os deuses padroeiros de Tebas, o interesse pelo culto do sol vinha crescendo. Amenófis

III, por exemplo, era chamado "o Rei Sol". Apesar disso, Aton, um aspecto do sol, era um deus menor. Mas Aquenaton modificou isso. As inscrições encontradas nos blocos de Karnak mostraram que, no quinto ano de seu reinado, Amenófis IV trocou seu nome por Aquenaton, "é benéfico para Aton".

Os nomes tinham uma importância especial no antigo Egito. Muitas vezes, as crianças egípcias recebiam dois prenomes no nascimento — um que só era conhecido pela mãe e outro para uso público. O nome "verdadeiro" era o que só a mãe conhecia, para que, se alguém tentasse fazer um feitiço usando o nome comumente conhecido, ele não funcionasse. Ísis, a deusa da magia, era chamada "a que sabe todos os nomes" — ninguém escapava à sua magia. A mudança do nome de Aquenaton não foi um simples capricho de adolescente, mas uma declaração sobre o que estava por vir.

Mais ou menos na mesma época em que mudou de nome, Aquenaton anunciou que mudaria sua capital de Tebas para um local remoto no Médio Egito. Foi lá, numa cidade isolada, que nasceu Tutancâmon. A revolução de Aquenaton evoluíra ao longo de um período de quatro ou cinco anos, o que parece um instante na história egípcia, mas era tempo suficiente para que as tensões crescessem. Os estranhos retratos do rei e seus familiares não incomodavam ninguém; até a elevação do novo deus Aton a um lugar de destaque em Tebas talvez fosse aceitável para alguns; mas quando Aquenaton declarou que Aton era o único deus do Egito, desenhou-se uma frente de batalha. Isso significava que as doações reais de ouro, linho, vinho, cereais, gado, escravos e terras não mais enriqueceriam os templos de Amon, Mut, Khons e todos os outros reis ao longo das margens do Nilo. Aquenaton era um deus contra os deuses.

Se o clero de Amon fosse fraco e sem apoio, os templos ter-se-iam fechado, talvez acabando por ser substituídos por sacerdotes da nova religião. Mas o poderoso clero de Tebas tinha suas próprias terras, sua própria renda, e não precisava da proteção de Aquenaton para sobreviver. Os sacerdotes devem ter ficado furiosos. O faraó havia decretado que seus deuses eram falsos, retirara o apoio aos templos e os estava abandonando. A tensão entre a corte de Aquenaton e as dezenas de milhares de sacerdotes deve ter sido incrível. A válvula de escape foi a decisão de Aquenaton de sair de Tebas. Mas quem ficaria e quem o acompanharia?

Como terá ficado Tebas na época da grande mudança? As pessoas mais velhas provavelmente se apegaram a seus deuses e disseram: "Ele que vá embora..." Tebas era próspera e a vida era boa para a classe alta, que não tinha nenhum desejo de deixar o conforto de seus lares. Autoridades como Ramósis, prefeito de Tebas, ficaram para trás. Seu dilema se reflete nas paredes de seu túmulo, no Vale dos Nobres, perto de Tebas. Ramósis havia concluído dois murais de seu túmulo, que o mostravam com sua bela esposa e familiares no estilo artístico tradicional. Todos aparecem em seus mais belos trajes, todos os cachos da peruca do rei estão no lugar certo, todos são perfeitos — exatamente como ele queria ser por toda a eternidade. Mas então Aquenaton mudou o estilo artístico. Apanhado em meio a essa mudança e ansioso por ser politicamente correto, Ramósis concluiu a decoração de seu túmulo no novo estilo, mostrando Aquenaton com o corpo disforme pregando a seus seguidores, e exibindo o rei e Nefertiti em sua Janela das Aparições, falando aos súditos. Ramósis também teve o cuidado de se mostrar usando colares de ouro, sua recompensa por se haver passado para o novo deus — ou teria sido um suborno para parecer que o fazia? Ramósis morreu antes que seu túmulo fosse concluído. O cortejo fúnebre que o sepultou foi rapidamente pintado na parede. Ramósis tinha um pé na antiga religião e outro na nova. Que terá pensado que lhe aconteceria no outro mundo?

Essa foi a primeira revolução religiosa na história escrita, e deve ter sido uma época exultante para os seguidores de Aton. Talvez alguns tivessem sido destratados pelos sacerdotes, ou estivessem insatisfeitos com sua vida, ou simplesmente quisessem participar da grande aventura. Quando penso na mudança de Aquenaton para Amarna, isso me faz lembrar as comunidades hippies da década de 1960. Seus membros raramente eram realizadores de grandes feitos na sociedade, sendo comumente aqueles que não haviam encontrado para si um nicho adequado. Insatisfeitos com a sociedade, estavam "pulando fora", na esperança de uma vida melhor. O que há de surpreendente no "culto" de Aquenaton é que seu líder era o rei do Egito. Todos estavam pulando fora com o faraó!

Portanto, quando Aquenaton deixou Tebas para dar início à sua comunidade utópica, não creio que muitos dos membros da ordem estabelecida tebana o tenham acompanhado. Seria preciso abrirem mão de muita coisa. Os nomes dos nobres de Amarna não são os que se conhecem em Tebas. As embarcações que navegaram repletas para a distante cidade devem ter sido como os pioneiros que seguiram para a América. Não eram a aristocracia, mas gente simples na esperança de uma vida melhor. Seriam necessárias centenas de artesãos para construir uma cidade inteira; é provável que eles tenham recebido incentivos para acompanhar o rei em sua busca sagrada.

Não há registros de como transcorreu a viagem. As viagens de navio costumavam ficar reservadas à classe alta, enquanto os pobres andavam em lombo de burro. Mas, como seu líder era o faraó, talvez todos tenham ido de barco. Navegando para o norte com a correnteza do Nilo, a viagem de quase 250 quilômetros deve ter levado uma semana, e o comboio de embarcações devia estar fervilhando de expectativa em relação à esplêndida nova cidade, presidida por um deus único. Deve ter havido um sentimento alegre de otimismo. A vida há de ser boa. Não há como evitar, nosso líder é o faraó.

4. Amarna – A Cidade Sagrada

> Sou o filho que te serve, que exalta teu nome;
> Teu poder e tua força estão em meu coração.
> És o Aton vivo cuja imagem permanece.
>
> — *Aquenaton,*
> *c.1340 a.C.*

Quando Aquenaton e seus peregrinos desembarcaram no local de sua nova cidade, foram recebidos apenas pelo deserto árido. O nome moderno do lugar é Tell-el-Amarna, ou Amarna, abreviadamente, dado em função da tribo de beduínos que ali habitava quando chegaram os escavadores, séculos depois. Ninguém morava lá quando Aquenaton escolheu esse lugar para construir uma nova capital. Ele havia escolhido um território virgem, não conspurcado por santuários e templos de outros deuses, como fez Joseph Smith ao conduzir os mórmons para o desconhecido deserto de Utah. Provavelmente, alguns milhares de pessoas empolgadas fizeram o êxodo inicial, montando tendas e abrigos temporários para ver uma cidade erguer-se diante de seus olhos. A logística de sua organização e alimentação deve ter sido complexa. A cidade de tendas devia ser coordenada como um acampamento militar, com um intendente encarregado dos suprimentos. Não poderia haver plantio de imediato, pois não havia campos nem canais de irrigação; felizmente, os peixes e aves eram abundantes. Eles devem ter construído primeiro uma cervejaria e uma padaria, para produzir os dois componentes básicos da dieta egípcia. E estas devem ter sido posicionadas lado a lado, pois ambas dependiam do mesmo ingrediente vital — a levedura.

Os operários foram os verdadeiros heróis da nova cidade. Enquanto os pedreiros soltavam blocos de rocha das pedreiras com cinzéis de bronze e macetes de madeira, os oleiros produziam os milhões de tijolos necessários para construir uma cidade inteira. Fazer tijolos era simples. A lama do Nilo era colocada num molde retangular de madeira; em seguida, retirava-se o molde para deixar o futuro tijolo secar ao sol escaldante do Egito. Artistas e artesãos trabalhavam freneticamente para decorar as novas residências e prédios do governo, enquanto as pilhas de tijolos erguiam-se cada vez mais alto. É provável que tenham mandado dizer aos amigos de Tebas que fossem juntar-se a eles, pois havia trabalho em abundância. Não havia tempo a perder. Ladrilhos e apliques de cerâmica de cores vivas, em forma de rosetas e flores, precisavam assar nos fornos das olarias para dar destaque aos murais pintados nas paredes.

Os dois materiais de construção essenciais no antigo Egito estavam à mão em Amarna: pedra e lama do Nilo. Os templos do antigo Egito eram construídos de blocos de pedra, porque tinham que durar por toda a eternidade. As casas, no entanto, mesmo os palácios reais, eram construídos com uma base de tijolos que depois eram revestidos de argamassa e pintados. Devia haver uma névoa constante sobre a cidade, proveniente da poeira e da areia agitadas por toda aquela construção, à medida que os blocos de pedra eram cortados e arrastados das pedreiras até o local dos templos. Viver num canteiro de obras, no entanto, devia fascinar as crianças da cidade, que assistiam boquiabertas à materialização de um novo templo. Quando as paredes atingiam mais ou menos 1,80 metro, era preciso instalar rampas de tijolos para que os blocos de pedra pudessem ser içados em plataformas deslizantes. Cinco ou seis grandes construções ergueram-se simultaneamente, proporcionando uma agitação constante. Nos primórdios de Amarna, é provável que todas as crianças sonhassem ser arquitetos quando crescessem. É curioso que, apesar de toda a atividade de construção em Amarna e no restante do Egito, nunca se tenha descoberto um único papiro arquitetônico. Não há registros escritos que nos digam como construir uma pirâmide, projetar um templo ou sequer levantar um muro. Talvez um dia eles tenham existido e todos tenham perecido, mas não acredito. Desconfio que essas informações eram um segredo de ofício, passado de pai arquiteto para filho. Dispomos de muitos papiros literários e religiosos, mas não há nenhum sobre qualquer profissão ou ofício.

O projeto da cidade foi ditado pela geografia, composta pelo Nilo a oeste e por rochedos escarpados a leste. O espaço para a grande cidade ficava entre essas fronteiras, numa meia-lua de aproximadamente 5 quilômetros de largura por 13 de comprimento. Uma "Estrada Real" cortava toda a extensão da cidade, de norte a sul. Com mais de 38 metros de largura, talvez tenha sido a maior via de transporte do mundo antigo. Originalmente projetada para grandes desfiles de carruagem da família real, acabou servindo como via pública por onde os administradores iam em lombo de burro de suas casas nos subúrbios para seus locais de trabalho no centro da cidade.

Correndo de leste para oeste, dois leitos secos de rio, nos quais nada se construiu por medo de enchentes repentinas, dividiam a cidade em três partes: o centro e os bairros residenciais do norte e do sul. A cidade completa dispersava-se para todos os lados, com seus 27 quilômetros de norte a sul, abrangendo os subúrbios de ambas as extremidades, cada qual com suas oficinas, templos e residências tinindo de novos. Para além do bairro do norte, construiu-se uma aldeia para abrigar os trabalhadores, aglomerados em casas minúsculas. As propriedades dos ricos e famosos de Amarna eram mansões que seguiam projetos similares: um grande saguão de entrada, sustentado por esguias colunas de madeira, pintadas em cores vivas com motivos de lótus, levava a uma ampla sala de estar, dominada por quatro colunas maciças. Os quartos, banheiros e aposentos de hóspedes saíam dessa sala comunitária. Atrás da casa principal ficavam as acomodações dos criados, os celeiros, os depósitos, as cozinhas e os estábulos. Todas essas casas grandiosas foram construídas rápida e simultaneamente — um antigo condomínio fechado de classe alta.

A área central da cidade, chamada Ilha Exaltada nos Jubileus, era o coração administrativo da nova capital. Ali, o ministério de relações exteriores arquivava a correspondência entre Aquenaton e os governantes da Ásia, num prédio conhecido como Local dos Despachos do Faraó. Além disso, Aquenaton guardava toda a correspondência antiga do reinado de seu pai: cartas e acordos de comércio entre Amenófis III e seus emissários estrangeiros. Alguém tivera a idéia de levar os arquivos na mudança. Perto da Casa dos Arquivos ficava a chefatura de polícia, com dormitórios, campos de treinamento e estábulos para os carros de polícia da época — as bigas. Mesmo numa cidade teocrática, havia ladrões a capturar, brigas conjugais a resolver e, tão logo foram construídos, túmulos de grande riqueza a proteger. Perto dali ficava a universidade, conhecida como *Per-ankh*, a "casa da vida", onde eram educados os futuros sacerdotes. Mas lecionava-se um novo currículo, provavelmente concebido pelo próprio Aquenaton. Os jovens sacerdotes em formação já não eram solicitados a recitar o mito de Ísis e Osíris ou a entoar o "Hino a Rá" até os aprenderem de cor, porque todos esses deuses tinham deixado de existir. Uma nova liturgia de orações e hinos foi escrita por Aquenaton, que, ao que parece, não apenas forneceu as revelações da nova religião, como também compôs seu hinário.

Que época excitante deve ter sido essa para os iniciados de Aton! Tratava-se de teologia radical. Nenhum país jamais reduzira seu panteão a uma divindade única e onipotente. Isso era um conceito atordoante e poderoso, cujos detalhes teriam que ser desenvolvidos. Eles esperavam fazê-lo com seu líder, o faraó, e depois mudariam o mundo. Os estudantes eram supervisionados por Meri-Rá, o sumo sacerdote de Aton. Como seu nome significava "amado por Rá", talvez ele fosse um pequeno sacerdote de Tebas que desviara sua fidelidade para a nova teologia de Aquenaton logo em seus primórdios, e que o acompanhara a Amarna com a primeira leva de peregrinos.

Dominando o centro da cidade ficava a residência real, talvez a maior do mundo antigo até essa época. Era um imenso labirinto complexo, espalhado em todas as direções, composto de salões de audiência, pátios a céu aberto, aposentos particulares, quartos de crianças, cozinhas e enormes depósitos. Tendo à frente três jardins suspensos de plantas exóticas, o palácio dava para o Nilo, para tirar proveito de sua brisa fresca. O conjunto arquitetônico distribuía-se pelos dois lados da estrada principal, o que era muito incomum, e contava com uma passarela suspensa — uma inovação na arquitetura — para ligar as alas leste e oeste. Essa passagem elevada tornou-se o traço mais notável do palácio e da cidade. Era chamada Janela das Aparições, pois era ali que Aquenaton e Nefertiti apareciam, freqüentemente acompanhados pelas princesas, para conceder audiências aos dignitários reunidos na estrada embaixo.[1] Também dessa "janela" eles entregavam golas de aros de ouro maciço como recompensas aos fiéis. A religião tinha lá seus atrativos fortes, mas algumas onças de ouro deviam ampliá-los consideravelmente.

Um templo particular próximo ao palácio, o Castelo de Aton, proporcionava um santuário onde a família real realizava seus cultos privados e era rejuvenescida pelos raios de Aton. Para os cidadãos comuns, logo se ergueu a grande faixa de um templo urbano cuja área desafiava até as dimensões ímpares de Karnak. Com quase 200 metros de comprimento por 50 de largura, nunca se vira nada semelhante. Os templos egípcios, em sua maioria, eram lugares escuros e misteriosos, encimados por lajes de pedra que deixavam apenas pequenas frestas por onde os feixes de luz incidiam sobre um interior sombrio. Os templos tradicionais pareciam nossas construções de beira de estrada — um aposento simplesmente levava a outro, em linha reta. Primeiro havia um pátio descoberto, uma grande área onde as pessoas comuns podiam render suas homenagens aos deuses. Uma rampa nos fundos desse pátio levava a uma segunda área, mais isolada e coberta por um telhado. Esse segundo aposento era reservado à nobreza. Continuando a entrar no templo, os cômodos tornavam-se cada vez menores e mais íntimos, à medida que o piso se elevava e o teto baixava, criando o clima de um espaço sagrado especial. A terceira divisão, o "santuário dos santuários", era o recinto exclusivo dos sacerdotes que cuidavam dos deuses.

Nele ficavam os oráculos, estátuas de culto usadas para prever o futuro e obter orientação divina. Normalmente, elas permaneciam em seus santuários de pedra, embora em dias especiais de festa fossem transportadas pela cidade em santuários portáteis de madeira folheada a ouro, que faziam lembrar as barcas sagradas do faraó.

Aquenaton acabou com tudo isso ao projetar suas novas catedrais. Como não havia estátuas de Aton e todos os antigos deuses tinham sido banidos, juntamente com seus ídolos, não havia necessidade de um "santuário dos santuários". Uma vez que o disco solar era o alvo de toda a adoração, as galerias escuras e até o telhado seriam inteiramente despropositados. O novo templo de Aton foi projetado para ser uma construção a céu aberto, cheia de luz e sol. Compunha-se essencialmente de um muro retangular que contornava o perímetro e delimitava um pátio aberto, do tamanho de dois campos de futebol. Do lado de dentro não havia nada além de espaço e fileiras de altares de oferendas, um para cada dia do ano, onde todos os dias Aton recebia oferendas de alimentos. Os outros templos de Aquenaton eram apenas ligeiras variações desse projeto. Alguns eram menores, mais parecidos com um quiosque, mas todos eram claros, arejados e abertos para o céu. Penso em Aquenaton e seus seguidores como os adoradores do sol californianos, sempre bronzeados.

Os novos templos, no entanto, preservaram um aspecto arquitetônico dos templos tebanos, provavelmente porque seria drástico demais omiti-lo. Pilonos maciços na entrada, semelhantes aos encontrados nos templos de Karnak e Luxor, separavam os recintos externos da parte interna do templo. De postes montados sobre a face dos pilonos pendiam longas bandeirolas, que esvoaçavam à brisa para simbolizar o sopro da vida.

Todo esse conhecimento de Amarna provém de uma série de escavadores extraordinários, que ficaram intrigados com os enigmas da cidade perdida. John Gardiner Wilkinson, um dos primeiros egiptólogos britânicos, filho de um pastor, freqüentou Oxford mas abandonou a universidade antes de se formar, optando por uma carreira no exército. Quando sediado na Itália, ouviu falar das tentativas dos egiptólogos de decifrar hieroglifos. Animado, rumou diretamente para o Egito, onde passou 12 anos. Como todos os pioneiros da egiptologia, Wilkinson era autodidata, mas sua breve experiência militar preparou-o para o regime espartano que se tornaria sua vida. Depois de fixar residência em Tebas, primeiro catalogou os túmulos do Vale dos Reis. Foi uma providência simples. Com uma lata de tinta numa das mãos e um pincel na outra, ele numerou todos. E seus números continuam lá até hoje.

Wilkinson viajou para Amarna em 1824. Encontrou restos de templos, palácios, túmulos, casas e estradas largas, tudo o que se esperaria numa cidade antiga, mas havia algo de estranho. O trabalho artístico — as pinturas das paredes, os entalhes e as esculturas — diferia de tudo o que ele já vira no Egito. Como as imagens dos blocos encontrados em Karnak um século depois, o rei e a rainha tinham sido retratados como disformes. O rei tinha quadris largos e seios evidentes, numa figura quase feminina. O corpo da rainha tinha quadris igualmente largos e seios visíveis, embora isso não fosse notável numa mulher. Mas seu pescoço era incrivelmente longo e os braços eram finos e frágeis. As pinturas das princesas mostravam alongamentos na parte posterior da cabeça. Acompanhando essas imagens, havia um disco solar cujos raios brilhavam sobre a família real, cada qual terminando em forma de mão segurando um *ankh*, o símbolo da vida, ou um cetro, símbolo do poder. Quem era aquela gente singular? Wilkinson não sabia dizer; seus nomes tinham sido apagados.

Wilkinson não soube decifrar os hieroglifos dos marcos de fronteira que definiam os limites da cidade, mas foi o primeiro a observar o que, mais tarde, forneceria uma pista crucial sobre o destino de Amarna. A cidade não fora meramente abandonada: fora destroçada.[2] Os palácios, templos e casas tinham sido arrasados, ficando no nível do chão, de modo que praticamente tudo o que restava eram as fundações e alguns blocos dispersos de pedra. Só os túmulos se mantinham intactos, porque tinham sido escavados em rochedos e não podiam ser desmantelados. A decoração de seus murais, tempos depois, forneceria indícios sobre o cataclismo de Amarna. Seguiram-se décadas de especulação, mas a primeira escavação formal do lugar só veio a ocorrer meio século depois.

A Missão Arqueológica Francesa iniciou as escavações em Amarna em 1883, na tentativa de desvendar os enigmas dos familiares reais disformes, de sua arte curiosa e da destruição de sua cidade. Algo sem precedentes acontecera ali. O sítio era diferente de qualquer outro investigado até então. A maioria das escavações concentrava-se em construções isoladas, como o Templo de Luxor, ou conjuntos arquitetônicos, como Karnak, mas aquela era uma cidade inteira, ainda que dela não restasse grande coisa. Tudo o que os franceses conseguiam ver eram montes de entulho que se estendiam por quilômetros na areia. Não se sabia ao certo por onde começar. Como a cidade fora intencionalmente desmantelada, tratava-se de uma escavação difícil e havia pouca esperança de se encontrarem tesouros para levar para casa.

Mesmo assim, a escavação continuou, descobrindo as fundações de palácios, templos e casas na areia. Eles descobriram os subúrbios e a estrada larga que cortava a cidade. A leste, onde os rochedos se erguiam subitamente da planície, eles examinaram os túmulos escavados na rocha — um grupo ao norte e outro ao sul. Eram as tumbas da nobreza e das altas autoridades da cidade. Em cada uma delas, o rei e a rainha de aparência inusitada e o disco solar tinham sido entalhados em quase todas as paredes. Os franceses demoraram a divulgar seus resultados, de modo que, em 1890, Flinders Petrie, um arqueólogo britânico, ávido por respostas às perguntas suscitadas por esse sítio singular, iniciou suas próprias escavações.

Numa época repleta de egiptólogos pitorescos e aventureiros, Petrie superou a todos. Com sua longa barba branca e suas roupas maltrapilhas, parecia o Moisés encenado por Charlton Heston numa produção de Cecil B. DeMille. Petrie não dava a mínima importância a andar 26 quilômetros até a cidade, para buscar o pagamento semanal de sua equipe, e perfazer a pé o caminho de volta para o acampamento.

Já nos primeiros tempos da escavação havia um mercado agitado de antigüidades. Um dos problemas de todas as escavações iniciais era o furto de pequenos objetos pelos trabalhadores que os encontravam ao escavar. Se um operário descobrisse um fragmento de jóia e o escondesse em sua roupa, poderia vendê-lo por mais do que seu salário mensal. Petrie instituiu o sistema de pagar a seus trabalhadores um preço justo pelos objetos que eles encontrassem, caso estes fossem entregues, de modo que foi o único escavador que conseguiu formar um quadro razoavelmente completo das descobertas de seu sítio. Mesmo assim, o furto por pessoas de fora continuou a ser um problema. Tipos suspeitos rondavam as imediações dos sítios de escavação para ver o que conseguiriam pilhar, protegidos pelas sombras da noite. Isso não perturbou Petrie, que registrou seu encontro com um ladrão:

> Um tal de Quibell agüentou firme enquanto eu o esmurrava. Jurou que procuraria o cônsul; disse que eu tinha quebrado sua perna; deixei-o afastar-se de gatinhas por um trecho e, de repente, soltando um grande grito, parti no encalço dele, que saiu correndo como uma lebre.[3]

Eram os tempos do oeste selvagem da egiptologia.

Petrie ficou intrigado com aquele novo estilo artístico. Durante mil anos, os reis do Egito tinham sido retratados como jovens vigorosos, de músculos fortes e prontos a entrar em combate. O faraó era sempre vitorioso. Mas em Amarna não havia cenas de batalha, nenhum faraó castigando os tradicionais inimigos do Egito. E, o que era ainda mais surpreendente, não havia cenas do faraó fazendo oferendas aos deuses — a rigor, nem havia deuses reconhecíveis.

Em vez disso, Petrie encontrou cenas do faraó com a família nas quais o rei aninhava afetuosamente as filhas no colo, cenas de ternura em que o faraó beijava uma filha ou sua mulher, e cenas do faraó e sua rainha adorando o sol, em vez de qualquer deus egípcio reconhecível. Nunca aparecera nada semelhante a essas pinturas em 2.000 anos de arte egípcia.

Era um desvio incrível de séculos de arte egípcia tradicional, nos quais não apenas o tema retratado, mas até as proporções das imagens e seus tamanhos relativos, eram cuidadosamente regulados. Quando os artistas começavam a decorar um túmulo ou um templo, a primeira coisa que faziam era traçar uma grade vermelha na parede, para guiar as proporções dois quadrados para a cabeça, quatro quadrados para os ombros etc. Quase reduziam a decoração mural a uma pintura feita através de números. Em se tratando de Aquenaton, todas as antigas regras de proporção tinham sido abandonadas. Muitas vezes, a rainha aparecia com a mesma altura do faraó, suas filhas eram desenhadas na mesma escala, e até os plebeus pareciam pouco mais baixos do que seu rei. Petrie achou completamente absorvente a arte de Amarna, um sopro de ar puro artístico.

Quanto mais era revelado sobre a família misteriosa, com a continuação das escavações, mais Petrie se enamorava. Era como se aquele faraó — cujo nome acabou por revelar-se Aquenaton — tivesse sido um visionário religioso! Após séculos de adoração de uma multidão de divindades, o faraó banira todas as outras em favor de um deus único — o disco solar, Aton. Havia introduzido o monoteísmo no Egito. "Viver na verdade", o lema adotado por Aquenaton, parecia ser o ponto crucial da revolução. Aquenaton devia ter tido alguma deformidade física, mas, fiel a seu lema, havia permitido ou, talvez, insistido em ser realisticamente retratado. Essa idéia se transpusera para a escolha dos temas, donde as cenas íntimas de família.

No conjunto, era uma arte encantadora. Em 1891, Petrie desencavou lindos pisos pintados do que um dia fora o palácio. Pássaros voando sobre pântanos, com animais saltitando lá embaixo, ainda reluziam em suas vibrantes cores originais. O próprio Petrie copiou mais de 70 metros quadrados de pinturas de piso para serem publicadas. O piso era tão espetacular que o arqueólogo construiu uma passarela de madeira para os visitantes, para que eles pudessem perambular pelas pinturas sem lhes causar nenhum dano. Preocupado com a possibilidade de que os carpinteiros locais arranhassem os pisos, arrastando sobre eles seu material de trabalho, encarregou-se pessoalmente de toda a carpintaria. Anos depois de Petrie haver encerrado suas escavações, os turistas continuavam a chegar em bandos para ver as pinturas maravilhosas. Infelizmente, como não havia passarelas saindo do rio, era freqüente os visitantes atravessarem os campos de um lavrador e danificarem suas plantações. Uma noite, o lavrador arrebentou os pisos em pedaços.

Petrie era um homem religioso, que viu os primórdios de sua própria fé no monoteísmo de Aquenaton. Como muitos dos primeiros egiptólogos de origem semelhante, ele fora ao Egito porque o país fazia parte da Terra Santa, o local do Êxodo, para encontrar uma confirmação da Bíblia. Mesmo assim, afora o aspecto religioso, ele não ficou muito longe da verdade. Aquenaton foi o primeiro indivíduo cujas idéias abstratas surtiram um efeito profundo em sua sociedade, o primeiro homem na história escrita a falar de um deus único. Nas palavras de Petrie:

> Nenhum rei do Egito, nem de qualquer outra parte do mundo, sustentou com tanta franqueza sua honestidade de expressão. Em todos os sentidos, portanto, Aquenaton se destaca como tendo sido, talvez, o pensador mais original a viver no Egito e um dos maiores idealistas do mundo. Nenhum homem parece ter dado um passo maior que o dele em direção a um novo ponto de vista (...).[4]

Petrie não tinha instrução formal na tradução de hieroglifos, de modo que não conseguia entender completamente o material das inscrições que encontrava; apesar disso, percebeu a importância dos marcos de fronteira para a cidade e teve esperança de dar algum sentido a suas inscrições. Atribuindo uma letra a cada estela, começou a copiar assiduamente suas inscrições, inclusive de uma das estelas mais inacessíveis, que precisava ser examinada com o uso de um telescópio![5] Mais tarde, quando seus desenhos foram traduzidos por outros, as 14 lajes de pedra que Aquenaton mandara erigir para delimitar a área de sua nova cidade contaram uma história surpreendente.

As estelas, todas entalhadas num período de quatro anos, exibiam duas versões da mesma declaração. Aquenaton afirmava que o próprio Aton o levara àquele lugar, e que lhe ordenara erguer construções sobre o ponto em que Aton se manifestara pela primeira vez, onde o mundo havia passado a existir. O faraó fora orientado por uma visão mística a construir uma nova cidade numa região inculta. Deu à cidade o nome de Aquetaton — o Horizonte de Aton. E garantiu a cada leitor de sua estela que

> Sua Majestade apareceu em sua grande carruagem de electro, como Aton ao subir no horizonte de sua cidade. (...) Ora, foi Aton, meu pai, quem me aconselhou a respeito de Aquetaton.

> Nenhuma autoridade jamais me aconselhou a respeito dela, nem pessoas da terra inteira orientaram-me quanto a (...) criar Aquetaton neste lugar deserto.[6]

É possível que, fitando o horizonte, Aquenaton tivesse visto uma linha de montanhas rompida apenas por um uede (vale), e percebido que a paisagem descrevia a forma do hieroglifo correspondente ao horizonte, 𓈌. Talvez aquele fosse o sinal de Aton para ele. Quando estive em Amarna, alguns anos atrás, levantei-me cedo, um dia, e de minha janela fui ver o sol nascer num desfiladeiro das montanhas do outro lado do Nilo, exatamente como no hieroglifo. Não pude deixar de pensar que "Aquenaton realmente teve uma visão".

Depois de descrever os prédios que ele construiria para seu "pai", Aton, a estela se encerra com um juramento notável:

> Quanto ao marco meridional que fica sobre as montanhas orientais de Aquetaton, (...) jamais o ultrapassarei em direção ao sul, por toda a eternidade (...). Quanto ao marco intermediário que fica sobre as montanhas orientais de Aquetaton (...), jamais o ultrapassarei em direção ao leste, por toda a eternidade (...).[7]

Aquenaton jurou nunca sair da cidade. Eu me pergunto se alguém percebeu, na época, o efeito que o juramento do faraó teria no Egito. Se o rei permanecesse para sempre naquela cidade, não poderia desempenhar os papéis tradicionais de um faraó. Não poderia conduzir o exército contra os inimigos do Egito, nem atentar para qualquer assunto de Estado que lhe exigisse viajar para fora dessa cidade singular. Isso significava que a administração do país havia passado do rei para os funcionários públicos. A renúncia ao poder real deixou os membros mais ambiciosos da corte disputando entre si para apanhar os pedaços. Aquenaton tampouco teria a oportunidade de se ligar aos sacerdotes ofendidos, mas ainda poderosos, de Tebas e Mênfis. O rei havia ascendido a um trono que proporcionava um poder absoluto, e depois tomara a decisão de rechaçar qualquer responsabilidade! Aquenaton não estava apenas mudando a religião, estava mudando o papel do faraó. No Egito tradicionalista, essa era uma revolução tão espantosa quanto seu banimento da antiga religião. A idéia de monarquia de Aquenaton parece ter sido a de orientar seu povo apenas na vida espiritual.

Um dia, Aquenaton reuniu seus seguidores num ofício religioso, no local em que ficava uma das estelas demarcadoras das fronteiras, e se dirigiu à assembléia numa espécie de "Sermão da Montanha":

> Ao grande e vivo Aton (...), ordenador da vida, vigorosamente vivo, meu Pai (...), meu muro de milhões de côvados, meu lembrete da Eternidade, minha testemunha do que é eterno, que Se proclama com Suas duas mãos, a quem nenhum artesão concebeu, que se cria no nascente e no poente a cada dia, sem cessar (...). Ele enche a terra com Seus raios e faz com que todos vivam (...).[8]

Essa declaração contém uma frase importante: "a quem nenhum artesão concebeu". A implicação é sutil, mas clara: Aton, o verdadeiro deus, era intangível e abstrato. Esse anúncio marcou o fim de todas as estátuas do culto — a mitologia e o simbolismo haviam acabado. Os artesãos não mais esculpiriam imagens dos deuses. Já não haveria uma imagem conhecida em que os fiéis pudessem concentrar-se, nem haveria Livros dos Mortos, com suas ilustrações dos habitantes da viagem para o mundo das trevas. O novo deus era tão esquivo quanto os raios do sol.

A passagem de deuses visuais para um conceito abstrato talvez tenha sido a mudança mais fundamental instituída por Aquenaton. Os antigos egípcios eram avançados e sofisticados em muitas áreas, mas não eram pensadores abstratos. Não deixaram nenhum escrito filosófico, como os que viriam dos gregos 1.000 anos depois. A matemática egípcia era a melhor do mundo antigo, mas não era abstrata. Eles haviam desenvolvido um pouco de geometria, porque precisavam tornar a fazer o levantamento das linhas de fronteira agrícolas, que eram varridas a cada ano quando o Nilo inundava os campos, mas não indagavam sobre a natureza do espaço. Todos os seus pensamentos eram voltados para necessidades específicas e concretas. Aquenaton, ao que parece, pensava de maneira completamente nova para os egípcios. Ao guiar seus seguidores para Amarna, levou-os numa viagem mental maior do que qualquer deles poderia imaginar.

Aquenaton, o sonhador

A explicação mais completa da teologia da nova religião vem de um hino entalhado nas paredes de vários túmulos de Amarna. A versão mais requintada foi gravada na parede ocidental do túmulo de Aye, um cortesão favorito de Aquenaton. Tudo indica que o próprio faraó o tenha composto. Apesar de escrito séculos antes do Antigo Testamento, o hino tem um tom semelhante. Na verdade, os estudiosos encontraram semelhanças com o Salmo 104.

Esplêndido te elevas nas terras claras do céu,
Ó Aton vivo, criador da vida!
Quando alvoreces na terra clara do leste,
Enches a terra inteira com tua beleza.
És belo, grande, radioso,
Erguendo-te alto sobre toda terra;
Teus raios abraçam as terras
Até o limite de tudo o que fizeste.
Soberano Rá, alcanças seus limites,
E os curvas (ante os) filhos a quem amas;
Ainda que estejas longe, teus raios estão sobre a terra,
Embora te vejam, teus passos não são vistos...

Quão inúmeros são teus feitos,
Conquanto se furtem à visão,
Ó Deus Único, comparado a quem não há nenhum!
Fizeste a terra como querias, apenas tu,
Todos os povos, rebanhos e manadas:
Tudo o que na terra anda sobre pernas,
Tudo o que nos céus voa sobre asas,
As terras de Khor e de Kush,
A terra do Egito.
Puseste cada homem em seu lugar
E lhes supres as necessidades;
Todos têm seu alimento,
E têm contados os seus dias de vida.
Diferem suas línguas na fala,
Assim como o seu caráter;
Suas peles são distintas,
Pois distinguiste os povos...

Estás em meu coração,
Não há outro que te conheça,
Somente teu filho, Nefer-khepru-re (Aquenaton), o Único de Rá
A quem ensinaste teu caminho e teu poder (...).[9]

A poesia mostra o melhor de Aquenaton. O "Hino a Aton" é uma das grandes realizações intelectuais do mundo antigo. Ao afirmar com tanta concisão a doutrina teológica essencial, esse hino deve ter sido uma grande inspiração para seus seguidores. Somente um deus — Aton — é responsável pela criação do mundo, e esse deus criou os povos de todas as nações, não apenas os egípcios. Naturalmente, se Aton era o deus de todos os povos, os egípcios já não eram superiores. Ao abraçar todos os povos do mundo, Aquenaton solapou a justificativa de todas as campanhas militares anteriores de seu país. O mundo já não girava em torno do Egito; girava em torno do sol.

O "Hino a Aton" revela Aquenaton como um homem sensível, um poeta inspirado, enquanto seu discurso nas estelas das fronteiras mostra um visionário, um místico. As medidas políticas instituídas e as mudanças realizadas durante seu reinado foram tão radicais em seu humanismo e tão divergentes da tradição, que só poderiam ter sido introduzidas pelo próprio faraó. Nas paredes de templos e túmulos descobrimos um homem dedicado a sua família. Em sua cidade observamos o planejamento ousado de uma mente criativa. Em sua arte discernimos seu amor pela beleza, sua crença em "viver na verdade".

Nefertiti, cujo nome significa "é chegada a bela", é sempre mostrada a seu lado, fazendo oferendas cotidianas a Aton. Os dois estão juntos em todas as funções oficiais, dando as mãos afetuosamente em público e abraçados em sua carruagem ao se dirigirem para o templo. O rei se refere a Nefertiti como "Doçura do Amor", "no som de cuja voz deleita-se o rei". Todas as estelas de fronteira incluem um longo preâmbulo que enaltece as virtudes de sua amada rainha:

> E a Herdeira, Grandiosa no Palácio, de Bela Face, Adornada com as Plumas Duplas, Senhora da Felicidade, abençoada com a Boa Vontade, aquela a cuja voz rejubila-se o Rei, a Esposa Principal do Rei, sua amada, a Senhora das Duas Terras, Neferne-ferua-ten-Nefertiti (Bondosa como a beleza de Aton, a Bela Mulher que Vem), possa ela viver para todo o sempre.[10]

Dedicado a suas filhas pequenas, Aquenaton é muitas vezes retratado segurando uma ou mais delas no colo, beijando-as ternamente. Defensor dos valores da família, ele emerge das ruínas de Amarna como um homem de quem podemos gostar, atencioso e desvelado. É compreensível que Petrie tenha-se afeiçoado a esse homem.

É tentador olhar apenas para esse lado de Aquenaton, o homem que pregava o amor e a paz, mas havia um outro lado mais obscuro. Aquenaton era também um elitista intolerante. Um segundo exame da arte de Amarna revela que Aton só brilhava sobre Aquenaton e a família real, não sobre o povo egípcio. O homem comum nunca aparece recebendo os raios de Aton e os símbolos da vida e do poder. Aton era o deus pessoal de Aquenaton; todos os demais tinham que se arranjar com a luz secundária que resplendia do faraó.

O exame dos registros encontrados em Amarna mostra que o rei também era inábil e não se interessava pelo governo do país. O Egito que ele herdou do pai, Amenófis III, estava em sua idade áurea, no auge de seu poder. Os impostos arrecadados em seus territórios estrangeiros fluíam todos os anos para o país, mas, depois que Aquenaton subiu ao poder, ninguém mais cuidou dos negócios. A receita só entrava enquanto o Egito tinha um exército forte para impor o recolhimento dos tributos. Aquenaton, sem vontade ou capacidade de cuidar das questões de governo, entregou efetivamente a administração do país a seus auxiliares. Sem um rei forte no comando, a arrecadação de impostos e os lucrativos acordos de comércio do Egito foram cessando. O exército não recebia apoio suficiente. Enquanto Aquenaton contemplava Aton, as questões de Estado foram-se desintegrando, por negligência. Ele era o filho *hippie* de um homem abastado (Amenófis III), que tinha herdado mas desprezava os negócios da família.

Sob o controle desinteressado de Aquenaton, o poder do Egito no Oriente Próximo declinou rapidamente. Donald Redford, o egiptólogo que dedicou mais de um quarto de século a desenterrar os monumentos dispersos de Aquenaton, crê que suas descobertas revelam "uma das características mais desagradáveis do estilo de vida que Aquenaton tinha por modelo: a preguiça requintada"[11]. À medida que o Egito foi perdendo sua posição dominante no Oriente Próximo, os moradores de Amarna, embora isolados, devem ter sentido que nem tudo corria bem no país. O novo deus, o abstrato Aton, não provera o país e seu povo de tantos bens quanto os antigos deuses do Egito. No final, Aquenaton apelou para recompensas generosas para manter a lealdade dos fiéis a sua causa. Algumas cenas entalhadas nas paredes do túmulo mostram Aquenaton, Nefertiti e as princesas na Janela das Aparições,[12] enquanto os cidadãos de Amarna, reunidos na rua embaixo, estendem as mãos para receber colares de ouro entregues pela família real. No fim do reinado de Aquenaton, a distribuição de colares de ouro talvez fosse pouco mais do que uma propina para manter a fidelidade do povo.

Com o controle a lhe escapar das mãos, num ímpeto de fanatismo, Aquenaton enviou trabalhadores a todo o Egito para retirar o nome de Amon, o deus principal de Tebas, de todo e qualquer monumento em que aparecesse. Até os três hieroglifos que significam "Amon" no nome de seu pai (Amenófis) foram apagados.

Aquenaton morreu no décimo sétimo ano de seu reinado, levando consigo sua visão de um novo mundo. Seu corpo nunca foi encontrado; nenhuma inscrição nos diz o que provocou sua morte. Sabemos apenas que um reinado que se iniciara pregando a paz e a beleza terminou num regime de intolerância.

5. Os Pais de Tutancâmon

Deus atacará o rebelde pelo bem do templo,
E ele será prostrado pelo que fez (...)
Não encontrará clemência no dia da aflição.

— *Rei Khety Nebkaure*
c.2150 a.C.

Imediatamente após a morte de Aquenaton, despacharam-se mensageiros para levar a notícia por toda a nação. Eles foram a Tebas, no sul, e a Mênfis, no norte. Normalmente, esse tipo de anúncio faria toda a nação enlutar-se, por tristeza e preocupação, pois demonstraria a vitória de Set sobre Osíris, uma perturbação da ordem divina. A morte de Aquenaton deve ter sido diferente, provocando uma multiplicidade de emoções nos diversos segmentos da sociedade. A ordem divina já fora profundamente perturbada pelo próprio faraó, num reinado marcado por anos e anos de confusão. Pelo menos em particular, deve ter havido grande júbilo entre os sacerdotes de Amon em Tebas; suas preces tinham sido atendidas e o faraó que mandara apagar o nome de seu deus havia experimentado a vingança de Amon. Em Mênfis, os sacerdotes esperavam pelo dia em que novamente poderiam cultuar Ptah, o criador do mundo, como tinham feito durante séculos.

Também os militares devem ter se alegrado. Nada lhes era mais sofrido do que meramente assistir ao lento desgaste da dominação egípcia. Fazia décadas desde que haviam realizado sua última campanha anual para arrancar tributos dos territórios. Primeiro, Amenófis III concentrara todos os 35 anos de seu reinado na construção de Tebas, buscando a imortalidade mais nos templos do que nas batalhas ditadas pela tradição. Fora difícil suportar 35 anos de desfiles, mas, pelo menos, as derrotas fragorosas impostas aos Estados avassalados ao Egito os haviam intimidado tanto que eles permaneceram leais. Eram os últimos 15 anos que tinham cortado o coração coletivo do exército. Um por um, os tributários estrangeiros do Egito haviam caído sob a dominação dos odiados hititas ou dos mitanis, igualmente desprezados, depois que as cartas lamuriosas dos embaixadores que pleiteavam exércitos egípcios haviam caído nos ouvidos moucos do faraó. Os soldados devem ter-se regozijado mais do que todos ao receber a notícia da morte de Aquenaton — agora, sua carreira poderia recomeçar.

Os cidadãos de Amarna devem ter ficado agitados, repletos de incerteza e medo. Qual e onde seria seu lugar num novo universo? Sua religião, que era a única razão de ser de Amarna, fora a visão de um homem só. Morto o profeta, quem tomaria seu lugar? Que aconteceria com sua cidade e seu povo? Essas perguntas logo seriam respondidas, mas primeiro havia um funeral a preparar.

Tradicionalmente, eram necessários 70 dias para mumificar um faraó e realizar todos os outros rituais concomitantes, mas, como tudo o mais em sua religião, Aquenaton havia modificado o conceito de vida após a morte. A antiga crença em que o outro mundo seria uma continuação deste, só que melhor, era materialista e mundana demais para o faraó que dera ao mundo seu primeiro deus abstrato. Aquenaton acreditava que a vida no além seria uma existência de sombras — o morto, ou pelo menos seu espírito, permaneceria em seu túmulo e acordaria a cada manhã, quando Aton despontasse no horizonte. Pelos fragmentos quebrados que os escavadores encontraram em seu túmulo, sabemos que Aquenaton foi sepultado com estátuas de *ushabtis*. Esses tradicionais servos do reino dos mortos, no caso dele, não seguravam ferramentas agrícolas para trabalhar nos campos elísios, mas sim *ankhs*, o símbolo da vida.[1] Não sabemos que outros novos rituais ou preces terão enaltecido o espírito de Aquenaton, mas creio que o sumo sacerdote, Meri-Rá, deve ao menos ter recitado o "Hino a Aton".

O trabalho no túmulo de Aquenaton fora iniciado por ocasião de sua mudança para Amarna e continuara até a época de sua morte. O local ermo que ele havia escolhido para seu repouso eterno ficava a uns 10 quilômetros da cidade. Na primeira vez que viajei por essa paisagem ameaçadora, perguntei a mim mesmo: por que aqui? A única maneira de chegar ao túmulo é através de um vale salpicado de pedras enormes, obstáculos naturais ao transporte de homens e suprimentos. Lá chegando, entretanto, entendi por que Aquenaton sentira atração pelo lugar. Ele traz a nítida sensação do Vale dos Reis, em Tebas. Rochedos semelhantes de calcário erguem-se sobre o solo do vale. O projeto do túmulo é parecido com os do vale tebano onde Aquenaton vira seu pai, Amenófis III, ser levado para o descanso eterno. É possível que, ainda sofrendo com a rejeição infantil, Aquenaton estivesse buscando a aceitação do pai no final.

O túmulo real começava por uma passagem descendente de quase oito metros de comprimento, escavada no solo do vale. Ao fundo e à direita, um corredor plano levava a um conjunto inacabado de seis aposentos. Mais adiante, a descida continuava por outros oito metros, até um segundo conjunto de aposentos também à direita. Num deles retomaremos a trilha de Tutancâmon. A galeria terminava num aposento cavernoso, que continha o sarcófago de Aquenaton. A reconstituição dos fragmentos encontrados pelos escavadores mostrou que Aquenaton havia abandonado a tradição até no formato de seu sarcófago: escolheu uma simples caixa retangular de granito, enquanto a maioria de seus ancestrais fora sepultada em esquifes de pedra moldados como cartuchos, o sinal da realeza. Tradicionalmente, esculpiam-se em cada um dos cantos imagens de deusas cujos braços estendidos protegiam o rei. As deusas foram banidas do sarcófago de Aquenaton, em favor de quatro imagens de sua amada Nefertiti.[2]

Enquanto o corpo do faraó era preparado para o sepultamento (não temos nenhum registro disso, de modo que não se sabe como e nem sequer se os corpos eram mumificados nos moldes da nova religião), um assunto ainda mais premente teve que ser resolvido. O país não podia esperar 70 dias por um líder; era preciso coroar um novo faraó. Havia poucas opções. Tanto quanto podemos determinar pelas inscrições nas pedras quebradas de Amarna, a família de Aquenaton fora seriamente reduzida. Nefertiti morrera vários anos antes dele. Outro membro obscuro da casa real que havia chegado à idade adulta era um rapaz chamado Smenkare. Talvez fosse irmão de Tutancâmon, mas não é mencionado quando criança nem figura ao lado dos outros filhos reais, embora apareça rapidamente como co-regente, ao lado de Aquenaton, no finzinho de seu reinado. Mas Smenkare morrera após menos de dois anos compartilhando o trono e deixara Aquenaton sozinho até sua morte.

Das seis filhas que tiveram Aquenaton e Nefertiti, Ankhesenpaaten é a única de quem ouvimos falar depois da morte do pai. É possível que uma outra tenha sobrevivido, mas não há provas sólidas. Não só a mortalidade neonatal se aproximava de 50% da taxa de natalidade nos tempos antigos, como a mortalidade infantil também era elevada. No mínimo quatro filhas haviam morrido; é bem possível que Ankhesenpaaten tenha sido o único membro sobrevivente da família com sangue real puro. A única outra criança com algum sangue real era um menino chamado Tutanc*aton*, que mais tarde alteraria a parte final de seu nome para *amon*. Creio que era filho de Aquenaton. Embora muitos egiptólogos concordem quanto a esse ponto, muitos outros discordam. É hora de tentarmos saber quem era ele.

Quando Petrie começou a escavar o palácio de Amarna, uma das primeiras coisas que procurou foram os montes de entulho, fonte de informações abundantes sobre a vida palaciana. Os objetos reais — vasos, pratos, lamparinas, potes de cosméticos — costumavam trazer a inscrição do nome de seus donos e, quando se quebravam, eram jogados fora na pilha do lixo real. Petrie sabia o valor da triagem criteriosa desses dejetos e pôs alguns de seus escavadores nessa tarefa. Centenas de objetos com a inscrição dos nomes da família real foram encontrados, inclusive alguns com o nome de Tutanc*aton*. Ficou claro para Petrie que esse misterioso Tutancaton, que na época era uma figura obscura para os egiptólogos, tinha alguma ligação com a revolução religiosa de Amarna.

Felizmente, na época de Tutancâmon, era moda na corte usar anéis de cerâmica com o nome deste ou daquele membro da família real. Esses brilhantes anéis de cerâmica azul, provavelmente mimos da realeza, eram frágeis e se quebravam com facilidade. No lixo real Petrie encontrou dezenas deles, com os nomes de Aquenaton, de sua rainha Nefertiti, das seis princesas e de Tutancaton. Estava claro que ele fora membro da família real, mas quem seriam seus pais, e por que ele nunca era mostrado ao lado das princesas? Uma pergunta talvez responda à outra, portanto, comecemos pelo pai de Tutancâmon.

Se os templos e palácios de Amarna ainda estivessem de pé, as cenas de suas paredes poderiam fornecer os detalhes que faltam sobre a linhagem de Tutancâmon. Deveria haver milhares de blocos de pedra que um dia teriam formado os grandes templos, todos com inscrições gravadas, e por certo nem todos teriam sido reduzidos a pó. Onde estavam? Petrie não parece haver se indagado a esse respeito. Anos depois de sua saída de Amarna, uma expedição alemã que trabalhava na margem do rio oposta à cidade fantasma descobriu que os blocos de pedra tinham sido levados de balsa para a outra margem do Nilo, para serem reutilizados em outros templos de uma cidade posterior, chamada Hermópolis. Estes trouxeram as primeiras pistas verdadeiras sobre os pais de Tutancâmon.

Quando a expedição alemã traduziu os blocos de Hermópolis, como mais tarde ficaram conhecidos, ela encontrou a inscrição "Filho do rei, de seu corpo, seu amado Tutancaton". Outros objetos exibiam o nome de Tutanc*aton* num cartucho que indicava que esse Tutanc*aton*-âmon fora rei. As pedras de Hermópolis mostraram com certeza que esse rei fora também filho de outro rei, mas qual?

Quem foram os pais de Tutancâmon é uma questão que tem sido debatida pelos egiptólogos desde que a pedra de Hermópolis foi encontrada. Alguns acreditam que ele seria filho de Amenófis III e sua rainha

Teye. Nunca julguei crível essa teoria, em função da simples aritmética. Por outras fontes de que falarei mais adiante, sabemos o ano em que Tutancâmon morreu, e pelo exame criterioso de sua múmia, sabemos que tinha uns 19 anos na época da morte. Contando para trás a partir do falecimento, concluímos que ele nasceu em meados dos 17 anos do reinado de Aquenaton. A rainha Teye casara-se com Amenófis, pai de Aquenaton, no início de seu reinado de 38 anos. Mesmo que tivesse 15 anos na época, teria estado na casa dos 50 quando Tutancâmon nasceu, e é quase certo que houvesse passado da idade de procriar. Além disso, Amenófis e Teye nunca mencionam um filho chamado Tutancaton ao discutirem seus outros filhos varões. Os registros mostram que eles tiveram seis filhos, quatro meninas e dois meninos. Sabemos os nomes de todos. Por último, Tutancaton é um nome de Amarna, associado a Aton, e não ao deus Amon ou a outros deuses tradicionais em cuja homenagem Amenófis III deu nome a seus filhos.

O melhor candidato a pai de Tutancâmon é o próprio Aquenaton. O problema, entretanto, é que Tutancâmon nunca aparece ao lado do resto da família. As paredes do túmulo de Amarna mostram Aquenaton, Nefertiti e seis filhas, sempre — e nunca um filho. Se Tutancâmon era realmente filho de Aquenaton, por que não é mostrado com o resto da família? Há duas boas respostas. A primeira é que os príncipes reais da XVIII Dinastia raramente aparecem em monumentos, só as princesas. Ninguém sabe por quê. Talvez os faraós temessem que as imagens dos filhos viessem a estabelecer as credenciais monárquicas de um concorrente, antes que o pai estivesse disposto a desistir do trono. Seja qual for a lógica por trás disso, a omissão dos filhos varões nas cenas da família real, nessa dinastia, de modo algum indicava que esses filhos não existissem.

Uma segunda razão, mais convincente, veio à luz na década de 1960, quando se constatou que potes de cosméticos guardados no Metropolitan Museum of Art, em Nova York, traziam o nome e os títulos de uma rainha da Amarna antes desconhecida, chamada Kiya.[3] O pote do Metropolitan fora comprado de Howard Carter em 1920, antes de ele descobrir o túmulo de Tutancâmon, numa época em que vendia antigüidades para complementar seu orçamento. A inscrição, entalhada na pedra branca e repleta de pigmento azul, indicava o título de Kiya: "Esposa e grande amada do rei do Alto e Baixo Egito que vive na verdade (Aquenaton), bela filha de Aton vivo, que há de viver para todo o sempre, Kiya." O vaso do Museu Britânico traz uma inscrição quase idêntica.[4] Quando os egiptólogos tomaram conhecimento de que Aquenaton tivera uma segunda mulher, começaram a procurar outros vestígios dela.

Em pouco tempo, encontraram-se pedras dos templos desmontados de Amarna trazendo o nome de Kiya (fig. 2). Embora ela não fosse chamada de "grande esposa do rei" — essa era Nefertiti —, Kiya foi a esposa secundária do faraó, o que ainda era uma pessoa importante na corte. As pedras recuperadas dos templos desmantelados de Aquenaton contêm cenas de Kiya na presença do faraó, fazendo oferendas ao disco solar. Outras a mostram cultuando Aton num templo construído especialmente para ela. Mas Kiya nunca está presente em cena alguma com a Grande Esposa, Nefertiti. É possível que elas tenham compartilhado o marido, mas decerto não tiveram o mesmo destaque.[5]

Muitas das pedras com cenas de Kiya vieram da parte da cidade conhecida como Maru-Aton, onde um dia ficou seu templo, chamado pára-sol. Esse "templo", na verdade, era um grande parque cercado por quiosques de pedra, provavelmente mais próximo de um jardim para meditação do que de um lugar formal de culto.[6] O pára-sol de Kiya era um local de beleza, com um grande lago central e pisos decorados com cenas da natureza — pântanos, aves aquáticas, plantas e animais, tudo o que Aton proporcionava. O quiosque, revestido de cerâmica colorida e pedras, mostrava Kiya fazendo oferendas cotidianas ao deus.

O nome de Kiya deixou de aparecer nos monumentos por volta do nono ano do reinado de Aquenaton, justamente em torno da época em que Tutancâmon nasceu, o que sugere a possibilidade de que ela tenha morrido ao dar à luz o futuro rei do Egito. Pouco depois de sua morte, seu nome foi apagado de seu templo do pára-sol e substituído pelo da princesa mais velha de Amarna. Se Kiya foi de fato a mãe de Tutancâmon, isso explicaria por que o jovem príncipe não aparecia nas cenas oficiais da família real. Os filhos do rei com uma esposa secundária ocupavam uma posição inferior à dos filhos da Grande Esposa. Tutancâmon não seria exibido ao lado de suas meio-irmãs mais elevadas.

Tudo isso era uma simples teoria abstrata, até que se descobriu uma certa confirmação de que Aquenaton fora o pai de Tutancâmon em seu túmulo isolado de Amarna. Desde a era das pirâmides, os túmulos dos reis raramente estavam prontos na época de seu sepultamento. Creio que havia uma idéia de que seria de mau agouro concluir um túmulo antes que o rei morresse, e em geral não havia tempo suficiente para terminá-lo no intervalo entre a morte e o sepultamento. Assim, o túmulo de Aquenaton estava incompleto, mas a decoração das paredes fora concluída em diversos aposentos. As cenas não se assemelhavam a nada que já se houvesse encontrado no túmulo de um faraó. Dadas as suas crenças religiosas, não se tratava de cenas de deuses acolhendo o faraó no outro mundo. A tradição fora substituída por vislumbres da intimidade e momentos de ternura da vida particular do faraó. Há muito tempo os egiptólogos sabiam[7] que um dos murais mostrava uma cena tocante de Aquenaton e Nefertiti chorando a morte de sua segunda filha, Meketaton. O enigma estava em que, na verdade, havia duas dessas cenas no túmulo, com uma semelhança extraordinária, uma na sala Alfa e outra na sala Gama. Ambas mostravam uma mulher morta num leito, Aquenaton e Nefertiti em atitudes de luto, e um bebê nos braços de uma babá. A maioria dos especialistas supunha que ambas registravam a morte de Meketaton no parto. Mas por que haveria duas cenas do mesmo acontecimento? Na década de 1970, o professor Geoffrey Martin, do University College de Londres, ao fazer um levantamento preciso de tudo o que restava nas paredes do túmulo, encontrou a confirmação de que Aquenaton fora o pai de Tutancâmon.

Martin notou que, embora as duas cenas de luto fossem parecidas, apenas uma (na sala Gama) indicava o nome da morta como Meketaton, filha de Aquenaton e Nefertiti. A outra cena, na sala Alfa, não identificava a mãe nem seu bebê. Certamente seria possível que duas mulheres diferentes, ambas mortas no parto, fossem separadamente pranteadas. Na cena da mãe sem nome na sala Alfa, Aquenaton e Nefertiti inclinam-se sobre a mãe recém-falecida, enquanto, atrás deles, uma mulher (uma babá?) segura um bebê recém-nascido. O mais importante é que a babá e a criança aparecem à sombra de um abano segurado por um servo, o que indica um bebê da realeza. Martin fez a sugestão plausível de que a cena da sala Alfa mostra o nascimento de Tutancâmon, e de que a mãe é provavelmente Kiya, a esposa secundária de Aquenaton.[8]

Juntando os pedaços, a história fica assim: alguém deu à luz um bebê real (donde o servo segurando o abano real). Kiya, uma esposa secundária, recebeu honrarias especiais, como sua própria capela, o que sugere que teria feito algo que a elevava acima do papel de uma esposa do harém. Ocorre que essa posição elevada não durou (ela morreu de parto); sua capela foi rededicada a outra pessoa. Dar uma filha ao faraó não animaria um pai que já tinha outras seis. Já a possibilidade de um filho varão, sim, e isso justificaria um retrato no túmulo do rei, se viesse a acontecer, especialmente se ele não tivesse nenhum filho com a primeira mulher. Portanto, com toda a probabilidade, Kiya, a esposa secundária de Aquenaton, deu-lhe um filho varão. Sabemos (pelos blocos de Hermópolis) que Tutancâmon era filho de um rei, provavelmente não Amenófis III e sua esposa já madura. A conclusão é tênue, mas creio ser correta. Tutancâmon era filho de Kiya e Aquenaton. Isso explicaria por que ele nunca foi mostrado ao lado das princesas. Havia nascido de uma esposa menor, embora honrada, do faraó.

Pelo simples fato de Tutancâmon não aparecer nos retratos oficiais da família, não devemos supor que fosse desprezado ou ignorado. A menos e até que surgisse outra pessoa, Tutancâmon estava apenas um passo atrás do herdeiro necessário, Smenkare. Podemos presumir que desfrutasse de todos os privilégios e da atenção adequados a um membro da família real, e a alguém que um dia poderia vir a ser o faraó.

Agora estamos em condições de reconstituir como deve ter sido a vida do jovem Tutancâmon em Amarna. Nascido em meio à maior revolução religiosa que o Egito já conhecera, Tutancâmon iniciou sua vida numa família animada e enérgica, no auge de suas forças, tomada pelo otimismo e pela animação de um novo movimento, mas distante do resto do Egito e de seus deuses tradicionais. Quando menino, ele não devia entender as idéias pregadas por seu pai, mas teria sentido que esse pai, o rei, era um líder importante.

Tutancâmon cresceu no berçário real, junto com as seis princesas que eram suas meio-irmãs, todas mais velhas que ele, com exceção de uma. O herdeiro necessário, Smenkare, provavelmente era um irmão ou meio-irmão mais velho, com mais de dez anos de diferença, e talvez já fosse independente. Tutancâmon começou a aprender a ler e escrever por volta dos quatro anos. Aprender a ler hieroglifos é mais difícil do que se pode supor. Não se trata apenas de uma escrita ideográfica. Quando se vê o hieroglifo de uma coruja ou de um pé, a inscrição não está falando de pássaros e pés. A coruja representa o som do M, e o pé, o som do B; muitos hieroglifos são tão fonéticos quanto nosso alfabeto. Tutancâmon aprendeu 25 letras do alfabeto egípcio e, em seguida, começou a estudar as centenas de outros hieroglifos que são ideográficos — imagens das palavras ou da idéia que representam.

Horas e horas seriam dedicadas a escrever corretamente os hieroglifos com uma brocha de junco, que o aluno mastigava até que sua ponta se achatasse e ficasse macia como um pincel. A paleta de escrever era um bloco retangular de madeira ou pedra, com cavidades para encaixar cubos de tinta vermelha e preta e uma ranhura funda para guardar as brochas de junco. A paleta de Tutancâmon, posteriormente encontrada em seu túmulo, fora entalhada em marfim e trazia seu nome gravado. Quando ia escrever, ele mergulhava seu pincel numa pequena tigela com água, encostava-o na tinta sólida e, para se exercitar, desenhava seus hieroglifos em pedaços quebrados de cerâmica e, mais tarde, em papiro. Os hieroglifos correspondentes a "escrever" mostram os utensílios com que Tutancâmon aprendeu esta atividade: 𓏞 — a paleta, a tigelinha e o pincel de junco. Tutancâmon se exercitava copiando textos dos sábios das gerações anteriores. Tradicionalmente, os favoritos eram máximas que aprimorassem a mente e a arte de escrever: "Que teu nome se faça ouvir, enquanto tua boca mantém o silêncio", "Relata o que observares, não o que ouvires." Desconfio que, ao ficar mais velho, Tutancâmon recebeu preces a Aton para copiar.

A vida não era só estudo para ele. Tutancâmon deve ter nadado junto às margens do Nilo com suas irmãs e os filhos dos membros da corte, junto com um séquito de guardas reais e babás encarregados de ficar atentos aos crocodilos. Um poema de amor muito apreciado na época de Tutancâmon lamentava: "Minha amada está numa das margens do rio, eu na outra, e há um crocodilo no banco de areia." Tutancâmon aprendeu a caçar patos com um arco pequeno, feito especialmente para os braços curtos de um menino, e é provável que se deleitasse em se esconder entre os juncos para esperar por seu alvo, freqüentemente ajudado por uma das irmãs. Foi um esporte que apreciou durante a vida inteira. O jovem príncipe tinhas poucas preocupações. Seu irmão mais velho seria rei, de modo que Tutancâmon não tinha a responsabilidade nem precisava do treinamento para ser o oficiante nas funções de Estado e nos cultos religiosos.

Por volta dos oito anos, é provável que Tutancâmon tenha aprendido a dirigir uma biga. Um cocheiro experiente devia acompanhá-lo, para controlar os dois corcéis saltitantes, até que o menino tivesse força suficiente para segurar as rédeas sozinho. O professor faria o jovem príncipe praticar durante semanas, até dominar a arte delicada de guiar em terrenos acidentados e arenosos. O aprendizado de Tutancâmon na biga não almejava prepará-lo para futuras batalhas — seu pai não tinha nenhum interesse nos assuntos militares. Servia para que ele pudesse exibir uma imagem viril ao guiar pela estrada real nos desfiles da família.

Houve algumas coisas que Tutancâmon perdeu. Seu pai havia jurado nunca deixar a cidade, donde é improvável que tenha dado permissão a Tutancâmon para fazer uma viagem ao delta, 400 quilômetros ao norte de Amarna, onde se praticava a melhor caça a patos e outras aves, em moitas de papiro tão densas que duas pessoas separadas por uma distância de 3 metros não conseguiriam ver uma à outra. Lá, os caçadores pegavam 20 aves de uma só vez em suas redes. Tutancâmon deve ter ouvido conversas no palácio sobre essas caçadas fabulosas, mas não podia participar delas. Também deve ter ouvido histórias sobre Tebas, a grande cidade com templos ainda maiores que os de Amarna, onde seu avô havia governado e seu pai havia crescido. Mas também não podia visitá-la. Era lá que moravam os sacerdotes de Amon, e fazia pouco tempo que seu pai mandara os servos rasparem o nome de Amon de todos os templos, até do topo do obelisco da rainha Hatshepsut — embora ele fosse tão alto que, sem entusiasmo, os trabalhadores o deixaram de lado, imaginando que ninguém leria a inscrição mesmo.

Quando chegou aos oito ou nove anos, Tutancâmon deve ter intuído que havia problemas na corte de seu pai. O ministério das relações exteriores vinha recebendo cartas de terras distantes, muito além das fronteiras do Egito, em pequenas tábuas de argila, duras feito pedra. As tabuinhas, cujo tamanho ia de 6,5 a 9 centímetros de largura por 6,5 a 23 centímetros de comprimento, eram cobertas por uma grafia cuneiforme, muito diferente dos hieroglifos que ele estava aprendendo a escrever. Eram escritas em acadiano, a língua internacional da época. Muitas das cartas tinham sido enviadas ao Egito por reis de outros países — Biblos (Líbano), Ugarit (Síria), Assíria (Iraque) e Hati (Turquia). Outras tinham sido remetidas por vassalos que solicitavam favores ao faraó. Muitas manifestavam perplexidade — por que o rei não respondia a suas solicitações?

Por exemplo, uma sucessão de cartas de um príncipe leal de Biblos, chamado Rib-Addi, que era o homem de Aquenaton no Líbano, veio repleta de apelos desesperados. Ele escreveu nada menos de 64 cartas. Rib-Addi é conhecido por cartas anteriores ao pai de Aquenaton, em tempos mais favoráveis, que revelam um homem com bom tino comercial, capaz de conduzir as questões de Estado com dignidade e orgulho. Durante o reinado de Aquenaton, a posição de Rib-Addi em Biblos se enfraqueceu; o fiel príncipe escreveu repetidamente a Aquenaton, falando-lhe de suas dificuldades e rogando que o faraó enviasse suas tropas.

> Quem é Abdi-Assuta, o servo, o cão, para tomar as terras do rei para si?
>
> ... Portanto, envia-me 50 parelhas de cavalos e 200 homens de infantaria, para que eu possa permanecer em Sigata (...).[9]

Não sendo enviados os soldados, ele escreveu ao general egípcio Amanappa:

> A Amanappa, meu pai, assim (diz) Rib-Adda, teu filho:
> Aos pés de meu pai me prostro (...)
> Por que te contiveste e não falaste
> com o rei, teu senhor, para que possas
> avançar com os arqueiros (...)?
> Portanto, transmite esta palavra ao rei, teu senhor (...)
> Para que ele me mande ajuda o mais depressa possível.[10]

Quando nem mesmo esse apelo deplorável foi respondido, Rib-Addi tornou a escrever a Aquenaton:

> Rib-Addi falou a (seu) senhor, o rei das terras,
> O grande rei, o rei das batalhas (...)
> Aos pés de meu senhor, meu sol,
> mais sete vezes me prostro.
> Saiba o rei, o senhor, que tudo vai bem com Gubla,
> A fiel criada do rei, desde o tempo de seus pais.
> Mas, vede, agora Abdi-Asirti tomou Sigata para si
> e disse ao povo de Amnia: "Matai vossos príncipes. Então
> sereis como nós e tereis descanso."
> E eles agiram conforme suas palavras,
> e se tornaram o Povo de Gaza.
> E agora, vede,
> Abdi-Asirti escreveu aos guerreiros:
> "Reuni-vos na casa de Nimit e cairemos sobre Gubla ..."
> Fizeram, portanto, uma conspiração entre si,
> e tenho assim grande temor de que homem algum venha
> resgatar-me de suas mãos.
> Qual pássaro numa armadilha, assim estou eu.[11]

Mais uma vez, o apelo não foi respondido. Rib-Addi quase foi morto:

> Um estranho postou-se de adaga desembainhada (...) contra mim;
> mas eu o matei (...)
> Não posso sair [dos portões] e escrevi ao palácio.
> (Mas não me) enviaste resposta.
> Fui ferido [nove] vezes
> E muito tenho temido [por] minha vida (...).[12]

Só nos resta imaginar qual terá sido o fim do pobre Rib-Addi. O pai de Tutancâmon, um idealista e visionário religioso, não tinha o menor interesse em lidar com a complexa questão de governar um grande país.

E assim, Tutancâmon passou sua infância numa situação privilegiada, tendo a seu dispor tudo que um menino poderia desejar. A não ser pelo fato de ficar confinado aos limites de apenas uma cidade. Como pouco se esperaria dele enquanto seu irmão mais velho, Smenkare, se sentasse com o pai no trono, sua vida foi despreocupada, talvez levemente toldada pela sensação de que nem tudo estava correndo bem no Egito. Mas, um dia,

Smenkare morreu. Nesse dia, a vida de Tutancâmon deu uma guinada muito séria. Um dia ele seria rei. Em menos de dois anos, morreu também seu pai, o faraó.

Essa perda deixou em desordem os assuntos do Egito. Precedida pela morte de suas esposas e de seu único filho adulto, a morte de Aquenaton eliminou o último adulto da família real. Deve ter havido uma grande confusão sobre o que fazer, por onde começar a juntar os pedaços, e sobre quem deveria assumir o controle. Ankhesenpaaten e seu meio-irmão Tutanc*aton* eram os únicos membros sobreviventes da família real, mas ambos eram crianças. Mesmo assim, a questão de quem sucederia Aquenaton no trono do Egito foi resolvida quase que à revelia, por falta de alternativa. Tutancâmon, com seus dez anos, era simplesmente o único varão da linhagem real, e Ankhesenpaaten era a única representante feminina da família. Só Tutancâmon poderia ser o faraó, embora seu sangue meio-real devesse ser complementado pelo sangue real puro de sua irmã. Ankhesenpaaten e Tutancâmon casaram-se, e o mirrado corpinho de dez anos de Tutancâmon foi posto no imenso trono do faraó do Egito.

Com o vazio de poder criado pela morte de Aquenaton e estando o destino do Egito em jogo, deve ter havido manobras furiosas pela conquista de posições entre as autoridades da corte de Amarna. Duas crianças de dez anos não poderiam assumir o controle, fossem quais fossem seus títulos. Cada um dos membros do círculo íntimo deve ter tido uma reação vigorosa e variada quanto ao que se deveria fazer, agora que seu excêntrico líder se fora. Vários homens devem ter achado que eram o homem certo para guiar a nação com sucesso nesses tempos difíceis.

Os que mais tinham a perder devem ter se afligido ao descobrir, subitamente, que suas posições estavam correndo risco. Meri-Rá, o sumo sacerdote de Aton, devia seu cargo elevado, sua grande riqueza e sua alta posição social ao sonhador a quem havia seguido até Amarna. O exame de seu túmulo, um dos mais grandiosos da necrópole, dá vida a esse quadro. Meri-Rá detinha o prestigioso título de Abanador à Direita do Rei, mas também listou os títulos de Sumo Sacerdote de Aton, Chanceler Real, Príncipe Hereditário e Conhecido do Rei como prova de seu papel crucial na gestão do país.[13] Os murais de seu túmulo mostram Aquenaton designando Meri-Rá como Sumo Sacerdote de Aton e cumulando-o de peitorais e colares de ouro. Meri-Rá fora uma peça chave da nova religião e íntimo de Aquenaton. É quase certo que estivesse vivo quando Aquenaton morreu, no décimo sétimo ano de seu reinado.[14] Portanto, estaria presente para tomar decisões pelo menino rei e para pressioná-lo a continuar a apoiando e praticando a nova religião.

Um outro nobre, Panhesy, apoiaria essa orientação. Era o Segundo Sacerdote do Senhor das Duas Terras, Superintendente do Celeiro de Aton, Superintendente do Gado de Aton, Chanceler Setentrional do Rei e Íntimo do Rei.[15] Embora ficasse atrás de Meri-Rá nas questões religiosas, Panhesy administrava e controlava a riqueza associada a Aton e ao clero. Também ele aparece, nos murais de seu túmulo, coberto de colares de ouro, enquanto os servos carregam os peitorais, pulseiras e outros adornos que lhe foram dados pelo rei.[16]

Igualmente próximo do rei era o grande cortesão Aye, contemporâneo do avô de Tutancâmon, Amenófis III. É possível que já houvesse servido a duas gerações da família real. Talvez tivesse sido o membro mais velho do antigo regime a acompanhar o faraó de aparência estranha em sua busca de esclarecimento, e parecia ter uma posição superior à de todos os outros funcionários da corte. As declarações de Aye e alguns de seus atos mostram-no protegendo o faraó e sua família; outros atos, no entanto, sugerem uma ambição traiçoeira, como veremos adiante. Nesta fase de nossa investigação, tudo que podemos dizer com certeza é que Aye era uma das poucas pessoas em torno do novo faraó que tinham um conhecimento direto de um regime diferente do de Aquenaton.

Aye era a mais alta autoridade do governo. Seu túmulo, o maior e mais sofisticado dentre os de todos os nobres, exibia seus títulos: Abanador à Direita do Rei, Supervisor de todos os Cavalos de Sua Majestade, Escriba Real e, mais importante que tudo, Pai de Deus. "Pai de Deus" era um título conferido unicamente aos que eram muito íntimos do faraó (o deus vivo), e podia até indicar um tutor real que exercesse o papel de um substituto paterno. Supervisor de todos os Cavalos de Sua Majestade sugere uma ligação militar, embora, na época de Aquenaton, talvez fosse um título honorário, já que os militares eram negligenciados.

Tey, a mulher de Aye, também ocupava um alto cargo na corte de Amarna — Ama de Nefertiti. Politicamente, eles eram o casal mais bem relacionado da cidade. Tey tinha livre acesso à rainha, donde conhecia detalhes íntimos da vida palaciana. Seu marido, Aye, era ouvido pelo faraó. Juntos, os dois formavam os olhos e ouvidos do palácio. Seu prestígio na corte é confirmado nos murais do túmulo de Aye, onde Aquenaton aparece presenteando o cortesão e Tey com peitorais de ouro, em reconhecimento aos serviços prestados; isso fez com que Tey fosse a única mulher colocada nas fileiras das "Pessoas de Ouro", sugerindo que ela detinha poder por si mesma. Uma inscrição no túmulo de Aye vangloria-se:

> Fui aquele a quem seu senhor prestigiou todos os dias, cumulado de favores ano após ano, pela imensa grandeza de minha excelência, em sua opinião. Ele duplicou os préstimos que lhe fiz como grãos de areia; fui o primeiro dos funcionários à frente do povo (...). Meu nome penetrou no palácio por minha utilidade para o rei, por eu ouvir seus ensinamentos.[17]

Essas não parecem ser as palavras de um abnegado protetor da família. Transmitem a visão auto-enaltecedora de alguém que se comprazia com todos os aparatos do poder, conquistados por suas extraordinárias habilidades.

Em dois momentos, nas paredes de seu túmulo, Aye retrata a si e a sua mulher recebendo honrarias e ouro do faraó. Numa das cenas, um homem sentado num banco pergunta a um menino que vai saindo da cerimônia: "Por quem eles se rejubilam, menino?". E a resposta é: "Rejubilam-se por Aye, o Pai de Deus, juntamente com Tey. Eles foram sagrados pessoas de ouro." (fig. 4)

Mas os trabalhos no túmulo de Aye parecem ter cessado muito antes da morte de Aquenaton, o que é peculiar e até de mau agouro. Vários sinais indicam-nos isso. Há diversas maneiras de saber quando se interrompeu o trabalho num túmulo. Às vezes, uma inscrição traz a data em que foi feita — por exemplo, "Ano 12 de Aquenaton". Outra pista é a maneira como foi grafado o nome de Aton. Antes do ano 9, seu nome era "Hórus-Rá está vivo, regozijando-se no horizonte com seu nome Shu, que é Aton". Depois do ano 9 do reinado de Aquenaton, o nome de Aton foi mudado para "Rá, o pai que retornou como Aton". Uma outra maneira de datar o túmulo é pelo número de filhas de Aquenaton que aparecem. A quarta princesa surge por volta do ano 9, a quinta no ano 11 etc. As paredes do túmulo de Aye trazem inscrições que exibem apenas a forma primitiva do nome de Aton, e só três princesas aparecem nas cenas da família real. O trabalho no túmulo de Aye parece haver cessado por volta do ano 8 do reinado de Aquenaton, que durou 17 anos. Por quê? A resposta talvez esteja em que, no ano 8 da nova ordem, Aye percebeu, por sua posição privilegiada de pessoa íntima, que as coisas não vinham correndo bem em Amarna. Talvez tenha percebido que o reino de Camelot estava condenado. Isso é apenas uma especulação; o que parece claro é que Aye não tinha intenção de permanecer em Amarna por tempo suficiente para ser enterrado. E a pergunta é: que planos teria ele para seu futuro?

Alguém tinha que governar o país no lugar de Tutancâmon, pelo menos até que o menino se aproximasse da idade adulta. Meri-Rá, Panhesy e Aye são os três funcionários com maior probabilidade de ter imposto sua vontade ao rei imaturo. É provável que todos tenham sido seus conselheiros, mas havia questões cruciais dividindo esse triunvirato. Quem detinha a palavra final? Quem era o verdadeiro poder por trás do trono? Meri-Rá, o sumo sacerdote de Aton, era o que mais teria a perder se o jovem rei abandonasse Aton. A riqueza e a posição de Panhesy estavam igualmente ligadas aos bens de Aton; também ele aconselharia Tutancâmon a dar continuidade à religião do pai. Ambos insistiriam, por seu próprio bem, se não pelo do país, em que Amarna continuasse a ser a capital religiosa e civil. Mas, dos três regentes possíveis, Aye ocupava a posição mais elevada — era o único intitulado Pai de Deus. E não estava comprometido com a nova religião nem com a capital.

Quase de imediato, o verdadeiro governante do Egito se deu a conhecer. Tomou-se a decisão de retornar a Tebas e ressuscitar a antiga religião. Somente Aye, dos três líderes de Amarna, fez a transição para o novo regime. Meri-Rá e Panhesy desapareceram da história; só nos resta especular o que lhes aconteceu. Embora nenhuma inscrição afirme explicitamente que Aye tornou-se vizir do Egito — o equivalente a um primeiro-ministro —, a maioria dos egiptólogos concorda em que ele assumiu esse papel.[18]

De posse do controle, Aye enfrentou poderosos grupos de interesse, como o exército e o clero, que se queixavam em altos brados da situação do país. O poder de Aye consistia em duas crianças reais muito pequenas. Seu primeiro passo foi anunciar o restabelecimento do antigo regime, realizando a coroação do novo faraó em Tebas, a capital religiosa tradicional do Egito. Assim que pudesse, faria Tutanc*aton* e Ankhesen*paaten* mudarem de nome, para mostrar sua associação com o antigo deus Amon, transformando-os em Tutancâmon e Ankhesenâmon (o "âmon" de seus nomes é uma transliteração de Amon). Esses dois atos granjeariam o apoio dos sacerdotes. O exército ficaria atento, para ver o que lhe estaria reservado, mas poderia ganhar mais confiança pelo fato de o novo faraó haver ao menos posto fim ao isolamento em Amarna.

Ir a Tebas para a coroação deve ter sido a primeira vez em que Tutancâmon e Ankhesenâmon viajaram para fora de Amarna, desviando sua atenção da morte do pai e da agitação da cidade. À medida que o barco subia o Nilo, eles viram aldeões postados nas margens do rio, na esperança de vislumbrar seu novo rei e rainha. Ao desembarcarem em Tebas, essas crianças, criadas numa cidade isolada com um deus único, devem ter ficado desnorteadas com a agitação da cidade, sua multidão de templos e sua panóplia de deuses diferentes. Eram órfãos separados do único lar que haviam conhecido, prestes a condenar sua religião. Deve ter sido realmente assustador.

Aye e Tey, sua mulher, hão de ter identificado a paisagem, mas fazia uns 12 anos desde que tinham visto Tebas pela última vez. A cidade já não resplandecia de orgulho, acenando com a prosperidade. Havia-se transformado num lugar mais sombrio e perigoso. Nela, as crianças devem ter-se confrontado com a desconfiança e até com olhares hostis, o que era uma mudança assustadora dos rostos puros e amorosos dos lavradores simples, postados às margens do rio. Tutancâmon e sua noiva devem ter-se agarrado um ao outro, talvez de mãos dadas, pensando no que lhes estaria reservado naquele mundo imenso e aterrador. Pelos retratos e inscrições, sabemos que entre eles surgiu um amor sincero, talvez alimentado pela vivência comum dessas primeiras experiências difíceis (fig. 6).

Os dois foram instalados no palácio, antes grandioso, do avô, Amenófis III. Fazia quase duas décadas que nenhum rei morava ali, de modo que os operários e pintores devem ter feito preparativos frenéticos para a chegada real. Construído de tijolos de argila, coberto de argamassa e lindamente pintado com motivos requintados, esse palácio era uma vasta construção, com jardins e lagos e aposentos espaçosos para a rainha, as esposas, as concubinas e os filhos do faraó. O pai de Tutancâmon fora criado ali, como Amenófis IV. Aye talvez o visitasse. Sem dúvida, antigos criados devem ter contado histórias a Tutancâmon e Ankhesenâmon sobre sua avó, a rainha Teye, e seu fabuloso lago, e também sobre seu avô, Amenófis III, que construíra como ninguém. Devem ter lhes contado sobre os tributos de terras estrangeiras, desfilados diante do palácio — coisas exóticas como avestruzes e girafas, que as crianças nunca tinham visto. Comparada a esse palácio movimentado, no centro de um mundo maior, Amarna era uma torre de marfim isolada. Tutancâmon e Ankhesenâmon devem ter tido que absorver muita coisa, e num curto espaço de tempo, para sobreviver.

Então veio a coroação. Tutancâmon colocou-se diante do portão do Templo de Karnak, a maior construção que já vira, de frente para um pátio repleto de milhares de sacerdotes que serviam ao deus banido por seu pai. Para a multidão de tebanos aglomerada do lado de fora, aquele era o primeiro vislumbre do novo rei, que eles rezavam para que devolvesse ao Egito os bons velhos tempos.

Tutancâmon foi purificado com águas rituais, vertidas de quatro jarros de ouro. Pôde então entrar na casa dos deuses. O cortejo desfilou lentamente pelos obeliscos dos ancestrais de Tutancâmon, Tutmés I e Hatshepsut, e passou pelo santuário erigido por Tutmés III, parando em vários lugares para outros rituais e orações. Foram-lhe entregues as coroas da realeza — a alta coroa branca que representava o Alto Egito e, em seguida, a coroa vermelha do Baixo Egito —, sucessivamente postas em sua cabeça. Ele se tornou o Senhor das Duas Terras, Rei do Alto e Baixo Egitos. Em seguida, a coroa azul do *kepresh* (às vezes chamada Coroa da Guerra) foi-lhe conferida, e ele se tornou comandante do exército (fig. 5).

As coroas do Egito eram reverenciadas como dotadas de propriedades mágicas, que conferiam invencibilidade a quem as portasse. Provavelmente, só houve uma de cada tipo em todas as épocas, passadas de um faraó para outro no dia da coroação. Nenhuma delas jamais foi encontrada nas escavações — eram os únicos objetos reais que os faraós do Egito não tinham permissão de levar para seus túmulos.

À medida que o cortejo se deslocava pelas galerias entre os templos, Tutancâmon aproximava-se de seu trono, revestido de ouro e num tamanho apropriado. Ali lhe foram entregues os símbolos reais de sua autoridade, o cajado e o mangual — o faraó era a um tempo o pastor de seu rebanho e seu amo dominador. Dois pares de cajado e mangual foram encontrados no túmulo de Tutancâmon: um em tamanho infantil, usado em sua coroação, e outro de um faraó adulto. O par pequeno trazia o nome de Aton, como último lembrete da vida que ele estava prestes a deixar para trás.

Quando Tutancâmon sentou-se no trono pela primeira vez, o sumo sacerdote de Amon recitou seus cinco nomes reais:

1. O nome de Hórus, associando o rei a Hórus, o deus falcão:
   Hórus, touro forte cujas imagens nascem
2. O Nome das Duas Damas, associando o faraó à deusa naja e à deusa abutre:
   Cujas leis são boas, que pacifica todos os deuses
3. O Nome do Hórus Dourado, segunda associação com Hórus:
   Que une a ordem divina, que agrada aos deuses
4. O Prenome, primeiro dos dois nomes do rei escrito num cartucho, com a oval significando a realeza, precedida pelos hieroglifos de uma abelha e uma junça, símbolos do Alto e do Baixo Egito:
   Rá manifesta-se como o senhor, Senhor do ser de Rá (Neb-Keperu-Re)
5. O nome, segundo nome do cartucho, precedido de hieroglifos significando "filho de Rá", que afirmavam que o rei descendia do deus sol Rá:
   Tutanc*aton*, imagem viva de Aton. (Nessa ocasião, seu nome ainda não fora trocado.)

Depois de conferidos os cinco nomes reais a Tutancâmon, ele tornou-se oficialmente o faraó do Egito. O cortejo refez o percurso pelo templo, voltando ao pilono da entrada; estava encerrada a cerimônia. A caminho do palácio, para sua comemoração pessoal com divertimentos mais abundantes, o novo rei passou por multidões que festejavam e se rejubilavam nas ruas, graças ao pão e à cerveja generosamente distribuídos. Havia dançarinas com pesos em seus longos cabelos, para que eles balançassem com seus movimentos, músicos, batedores de palmas e cantores, tudo para o deleite do novo rei. Podemos imaginar a excitação de Tutancâmon e Ankhesenâmon ao conversarem sobre a coroação e os deuses e rituais fantásticos. Eles devem ter ficado surpresos ao ver as paredes do templo com imagens de deuses estranhos, de corpos humanos e cabeças de animais — leoas, falcões e carneiros. Por que os faraós retratados nas paredes lhes ofereciam incenso e cerveja? Seu pai nunca faria isso. Por mais grandiosa que fosse Tebas, eles ainda devem ter pensado com saudade no ambiente mais familiar e sossegado de Amarna. Tebas era grande e complicada demais.

Passado um breve período, o jovem rei e sua rainha de fato voltaram a Amarna, mas ali permaneceram por cerca de apenas um ano. Morto seu pai, a cidade perdera sua alma. Havia-se tomado a decisão de não conciliar dois campos religiosos em desavença; um ou outro teria que ser abandonado, para que o Egito se unificasse. A essa altura, as crianças já tinham estado de luto por muito tempo e aprendido que Amarna não era o mundo. O casal real trocou de nome, para refletir seu retorno a Amon, o deus de Tebas, tornando-se Tutancâmon e Ankhesenâmon.

Em menos de dois anos, toda a corte real e o governo mudaram-se para Tebas. A antiga religião e as tradições do passado foram plenamente restabelecidas. Sem base ou razão de existir, a cidade sagrada de Aquenaton foi praticamente abandonada e seu deus caiu no esquecimento. Mas havia algumas pessoas que não podiam voltar para Tebas. Os sacerdotes de Aton talvez tenham sido forçados a permanecer em Amarna, a menos que se convertessem. Os homens da corte de Aton enfrentariam hostilidade em qualquer outra cidade, por sua participação na odiada política de Aquenaton. Nenhum de seus nomes é encontrado em qualquer registro tebano.

Dos altos funcionários de Aquenaton, apenas Aye parece haver conseguido transcender a heresia e retomar sua carreira. Estava guiando a política de Tutancâmon no rumo certo. Alguns devem tê-lo visto com desconfiança, mas o clero saudou entusiasticamente a restauração de Amon e dos templos. Qualquer crítica a Aye deve ter-se desfeito, à medida que os céticos observaram a tendência a um retorno às velhas tradições. Sob a orientação de Aye, Tutancâmon parecia estar fazendo tudo certo. Era um equilíbrio delicado, mas Aye era um mestre da corda bamba. Havia conquistado a confiança de seu jovem amo *e* a admiração dos sacerdotes. Deve ter se orgulhado realmente de seu "excelente" trabalho.

O sonho de Amarna estava desfeito. Os cidadãos comuns a abandonaram, mudando-se em massa para Tebas e, da noite para o dia, criando uma cidade fantasma, percorrida apenas por sacerdotes de uma religião que ninguém queria e por cortesãos sem corte. Uma indicação do que sentiam os cidadãos de Amarna sobre o tempo que haviam passado na cidade abandonada é o que eles deixaram para trás. Em 1912, a expedição alemã à cidade, chefiada por Ludwig Borchardt, fez uma descoberta dramática, ao retirar os escombros da casa e ateliê de um mestre escultor chamado Tutmés. Ao entrarem num depósito trancado na casa do escultor, os escavadores encontraram bustos e cabeças primorosos, que Tutmés não havia terminado quando se iniciou o êxodo da cidade. Entre essas peças estava o famoso busto de Nefertiti. O fato de uma obra de arte como essa ter sido deixada para trás só pode significar que as pessoas não queriam se lembrar da era que haviam ajudado a construir.

Aquenaton foi rotulado de herege. Menos de 15 anos após sua morte, turmas de trabalhadores foram enviadas a Amarna para desmontar os templos e reutilizar seus blocos em projetos de construção em outros lugares. A cidade foi arrasada. O que antes fora um oásis de beleza numa paisagem estéril tornou-se uma cidade perdida no deserto. O breve encontro do Egito com Aton estava terminado, e o monoteísmo só voltaria ao vale do Nilo 1.500 anos depois. O país havia mostrado que não toleraria nenhuma mudança em sua religião ou no papel de seu faraó, nem mesmo em mil anos, e não enquanto não houvesse perdido seu lugar especial de dominação no mundo.

A heresia de Amarna foi um desvio único na história tradicionalista do Egito — aquilo que os físicos de hoje chamam de "singularidade", um acontecimento sem paralelo. As sementes da revolução social freqüentemente se enraízam na pobreza e na insatisfação; esse movimento nasceu da prosperidade. A maioria das revoluções que sacodem as bases políticas é repleta de violência; a de Aquenaton foi pacífica. Seu sonho realizou-se por algum tempo porque o visionário detinha o assombroso poder de um faraó, quase o bastante para levar a cabo a façanha. Mas ele morreu cedo demais, pondo fim ao que poderia ter sido um momento decisivo na história do mundo. Hoje em dia, estamos tão acostumados com o monoteísmo que é difícil imaginar quão revolucionária era essa idéia para os habitantes do Vale do Nilo. Durante 2.000 anos os egípcios haviam adorado numerosos deuses, cuja divindade ganhava e perdia importância, evoluindo para aspectos uns dos outros, mas nunca os haviam descartado. Muitas vezes, deuses estrangeiros, vistos como facetas dos deuses egípcios, eram acolhidos no panteão. Quando já se tem uma porção de deuses, mais alguns não são problema. Na verdade, por que arriscar, excluindo um deus que pode ser poderoso? Não havia razão para escolher uma divindade única, quando todos aqueles deuses lhes serviam muito bem. O monoteísmo obrigava as pessoas a um modo de pensar que, se não era antinatural, era pelo menos insensato. Nem mesmo Aquenaton compreendeu o grande perigo do monoteísmo: ele causa dissensão. Quando só existe um deus, os que não o aceitam estão errados. O monoteísmo traça uma linha divisória entre "nós" e "eles", divide pessoas e nações em fiéis e infiéis. Nunca se travou uma guerra entre países politeístas para decidir quais deuses eram verdadeiros. Compare-se isso com o número de guerras travadas em nome das religiões judaica, cristã e islâmica. Aquenaton não havia percebido isso.

Se um paralelo moderno pode nos ajudar a compreender a revolução de Amarna, pensemos nas mudanças que vêm ocorrendo na Alemanha. As duas metades dessa nação ficaram ideologicamente divididas durante muito tempo. Uma foi guiada por um líder cuja visão havia se afastado da realidade, e que só podia sustentar seu ideal através da intolerância. No fim, ele perdeu. E o interessante nesse paralelo é observar o que aconteceu com seus antigos seguidores e com tudo o que ele havia criado, depois que o movimento fracassou. Atualmente, quase ninguém na Alemanha Oriental admite haver apoiado o antigo regime. A maioria corre para ajudar a derrubar as antigas estátuas e prédios que eles mesmos erigiram. Também no antigo Egito, houve uma negação generalizada da participação no movimento de Aquenaton. Até os nomes foram trocados, para possibilitar a assimilação — não consigo imaginar um cidadão de Amarna cujo nome fosse Aten-Em-Heb, "Aton está em festa", voltando para Tebas com seu nome intacto. É por isso que existem tantas perguntas sem resposta sobre o que aconteceu em Amarna, do mesmo modo que sobre o funcionamento interno da Alemanha comunista. Assim como a maioria dos comunistas não guardou lembranças de sua participação no regime, os habitantes de Amarna não preservaram objetos da revolução. O busto de Nefertiti ficou para trás porque ninguém o queria.

O homem que causou tudo isso certamente não descansou em paz nos confins de seu túmulo em Amarna. Logo depois que a cidade foi abandonada, todos os seus túmulos foram saqueados, em função dos tesouros que continham. Os corpos de Nefertiti, Kiya e das cinco princesas que morreram na cidade nunca foram encontrados. Como o de Aquenaton, é provável que tenham sido feitos em pedaços.

6. O Retorno a Tebas

Toma uma esposa enquanto és jovem
Para que ela te sirva de esposa.
Ela deve gerar para ti enquanto és moço,
É correto gerar pessoas.

— *Do escriba Ani*
c.1400 a.C.

Tutancâmon subiu a um trono que oscilava incomodamente, em função da negligência e das divisões do reinado anterior. Cientes dos problemas internos que atormentavam o Egito, seus vizinhos estrangeiros tinham se tornado atrevidos. As tribos confederadas da Núbia, por exemplo, uniram forças descaradamente, no empenho de se livrarem da dominação egípcia. Suspenderam as remessas de ouro e atacaram os postos militares avançados do sul, saqueando e incendiando o que encontravam. A oeste do Egito, os países da "Ásia", como os egípcios os chamavam, deram uma desculpa após outra para deixar de pagar os tributos com que haviam concordado, privando o Egito de produtos que lhe eram necessários. A revitalização da economia egípcia dependia da retomada do controle da "Ásia" e da Núbia, em função de seus recursos insubstituíveis. Essa seria a prioridade máxima do novo governo — garantidos os recursos, eles poderiam ser usados para ressuscitar os templos que tanto haviam sofrido com a negligência e o fanatismo religioso. O lema do reinado de Tutancâmon seria a Restauração.

Primeiro, era preciso fazer alguma coisa pelo exército, que se vinha debilitando havia anos, sem nenhuma direção, servindo primordialmente como guarda pessoal de Aquenaton em Amarna. Os soldados não haviam marchado para a Síria, ao norte, para a Líbia, a oeste, ou para a Núbia, no sul, para conquistar terras e tributos, e fazia anos que não travavam nenhuma guerra. Era preciso retreinar e ampliar o exército. A infantaria tinha que ser suprida das melhores armas — lanças, arcos e flechas e escudos de couro. Os condutores das bigas, elite do exército egípcio, tinham que ser supridos de cavalos, bigas, arreios e adornos. Um efeito colateral dessa renovação seriam as centenas de empregos para os artesãos que abasteceriam o novo exército. Começaria a prosperidade.

Para se reconstruir, o Egito precisaria de madeira do Líbano, mas o comércio florescente havia praticamente cessado. Os melhores toros de cedro estavam sendo enviados para outros vizinhos mais persuasivos. Era preciso encontrar negociadores astutos, para que fosse possível restabelecer esse comércio lucrativo. O medo de um exército egípcio revitalizado ajudaria imensamente na capacidade de os negociadores obterem termos favoráveis. O exército era a chave de todos os problemas, mas o rearmamento custava dinheiro.

Reabriram-se as repartições administrativas de Mênfis, a burocracia ociosa sacudiu a poeira, renovou-se e pôs-se em movimento. Enquanto Aquenaton ficara perdido em seu mundo próprio em Amarna, a grande burocracia do Egito havia se deteriorado. Os impostos continuavam a ser recolhidos, mas as inscrições sugerem que a corrupção grassava por todo o sistema, enquanto os funcionários extorquiam grãos dos fazendeiros. Um grupo inteiramente novo de ministros e funcionários teve que ser nomeado para garantir o funcionamento tranqüilo de uma burocracia aperfeiçoada.

Em toda a história do Egito, duas constantes se mantiveram — o rio e a terra. Essas fontes básicas da riqueza do país nunca haviam falhado antes e não falhariam agora. As safras cresceriam e seriam colhidas como sempre, e os novos coletores de impostos, esperava-se, seriam honestos. Com uma supervisão criteriosa, os governadores locais poderiam ser novamente responsabilizados por seus atos e a estrutura dos impostos seria convenientemente reformulada.

Quando os produtos comercializáveis e os tributos voltassem a fluir pelo país, os templos e santuários fechados por Aquenaton seriam reabertos, reconstruir-se-iam os santuários dos deuses e suas estátuas de ouro usadas no culto seriam restauradas. Os artesãos voltariam a moldar e esculpir estátuas aos milhares. Tebas seria reinstaurada como capital religiosa do grande deus Amon. Tudo voltaria ao normal. E tudo isso exigiria anos de esforço e uma enorme riqueza.

A complexa interdependência das verbas e de um exército mais forte para levar ao capital de reconstrução, tudo isso dependendo de uma arrecadação mais eficiente de impostos, era mais do que um faraó de 11 anos de idade podia compreender. Ele precisaria da ajuda de pessoas muito capazes. A natureza forneceria os recursos naturais, e seu novo gabinete, a orientação que deveria determinar a direção do país durante a década seguinte, enquanto Tutancâmon e Ankhesenâmon literalmente cresciam. Com certeza, o jovem rei e sua rainha eram vistos — dedicando templos, oficiando cerimônias nos festivais, encomendando obras e trabalhos de restauração nos templos, sem dúvida recebendo dignitários estrangeiros e comparecendo a banquetes —, mas eram crianças que precisavam aprender.

Enquanto Tutancâmon crescia e amadurecia, o mesmo aconteceu com sua compreensão do que significava ser rei do Egito. Não há razão para crermos que ele não tenha acolhido de bom grado essa tarefa e se disposto a assumir maiores responsabilidades com o passar do tempo. Deve ter solicitado reuniões com seus funcionários, os vizires do Alto e Baixo Egito, o Inspetor do Tesouro, o Inspetor das Obras Reais e o Inspetor do Exército, fazendo perguntas sobre todas as áreas de seu vasto domínio. O país era imenso e o jovem faraó não podia ficar de olho em tudo, de modo que seus funcionários detinham um poder tremendo. Era crucial que fossem dignos de confiança e honestos. O antigo provérbio dizia: "Rei bondoso, vizir probo."

Os esforços de relações públicas mostraram ao povo que seu novo faraó compreendia o que a nação havia suportado. Uma estela de 2,5 metros de altura foi entalhada e inaugurada com destaque em frente ao Templo de Karnak. Considerando que esse foi o primeiro discurso de campanha da história, o redator de Tutancâmon estava realmente inspirado. Bem no alto da estela, esculpida em relevo, há uma cena de Tutancâmon fazendo oferendas a Amon. Mesmo para quem não soubesse ler os hieroglifos, a mensagem era clara. Ali estava o faraó oferecendo incenso a Amon. Como haviam mudado as coisas desde o regime anterior! No texto abaixo dessa cena, Tutancâmon lamentava o estado deplorável em que havia encontrado os templos do Egito e descrevia todos os seus esforços para restituí-los a sua glória anterior.

> Ora, quando esta majestade se fez rei, o templo dos deuses e deusas, desde Elefantina até os charcos do Delta (...), tinha sido negligenciado.
>
> Seus santuários haviam caído em desolação e se transformado em terrenos cobertos de raízes.
>
> Era como se seus santuários nunca houvessem existido, e seus salões eram uma trilha calcada com os pés.
>
> A terra estava em confusão, os deuses abandonaram esta terra (...)

Sua majestade estava administrando esta terra e governando diariamente as duas margens do rio.
Então, sua majestade consultou seu coração, em busca de todas as oportunidades excelentes, buscando o que fosse benéfico para seu pai Amon, para moldar sua augusta imagem em ouro realmente puro (...)

Todas as (oferendas) do templo foram duplicadas, triplicadas e quadruplicadas com prata, ouro, lápis-lazúli, turquesa, todas as pedras raras e de alto valor, linho real, tecidos brancos, linhos finos, azeite, resina ... incenso e mirra, sem limite de tudo o que há de bom (...)

Os deuses e deusas que há nesta terra têm o coração cheio de alegria.

Os donos dos santuários estão contentes,
As terras encontram-se em estado de júbilo e festa,
Há celebração por toda [a terra] e boas [coisas] sucedem.[1]

Há nesse texto uma clara admissão de que, no reinado de seu pai, "a terra estava em confusão", os templos de norte a sul "tinham sido negligenciados". O texto vai além de citar problemas religiosos e toca no cerne do mal-estar do Egito. Fazia anos que o exército não recebia apoio. A inscrição entalhada na estela afirma que, durante essa época, se o exército do Egito fosse enviado à Síria, "não teria nenhum sucesso". Isso não era apenas um discurso de campanha de um político, era um plano de ação: reconstruir as forças armadas, recuperar a riqueza do Egito e reabrir os templos.

Há até uma declaração sutil, mas inconfundível, de que o isolacionismo dos tempos da Amarna de Aquenaton estava encerrado. A estela refere-se a Tutancâmon em seu trono no palácio de Mênfis, onde ela provavelmente foi entalhada, embora tenha sido erigida em Tebas. Isso mostra o quanto o país já havia avançado. O Egito tinha um verdadeiro rei do Alto e Baixo Egito, um faraó para toda a nação.

Tutancâmon tinha cerca de 11 anos quando foi entalhada a Estela da Restauração, como ficou conhecida. Alguém estava pondo palavras em sua boca de menino, mas eram palavras que o público egípcio e o clero de Amon queriam ouvir. Seus templos seriam restaurados e as oferendas aos deuses voltariam a acontecer. Mas promessas não são atos — e todas as proclamações feitas por Tutancâmon devem ter sido encaradas com certa dúvida. Os atos exigiam uma administração eficaz e inteligente. Quem iria pôr em prática todos esses planos maravilhosos?

Os funcionários encarregados eram novos no jogo, homens não maculados pelos tempos de Amarna. Aye deve ter contribuído para seu recrutamento, e escolheu bem. Maya, o novo tesoureiro de Tutancâmon, foi vital no projeto de restauração. Temos muitas informações sobre o funcionamento interno do governo durante o reinado de Tutancâmon porque Maya escreveu sua autobiografia nas paredes de seu túmulo. Ele foi encarregado de arrecadar os impostos, supervisionar seu registro no tesouro real e determinar sua distribuição. Chegou até a supervisionar a moldagem de estátuas de ouro para os templos. De seu escritório em Mênfis, Maya despachava um exército de escribas para todos os nomos (províncias) do Egito, a fim de anotar quantos cereais tinham sido recolhidos de cada lavrador.

Os camponeses não eram tributados pelo tanto que colhiam, mas pelo que *deveriam ter colhido*, conforme estimativas da leitura dos "nilômetros". As enormes pedras das margens do Nilo, os nilômetros, traziam a inscrição das marcas da elevação da água deixadas por séculos de enchentes. Durante a inundação anual, os nilômetros registravam até onde a água do rio havia subido em todas as regiões do Egito. Uma vez sabido quão generoso fora o rio naquele ano, os funcionários calculavam quantos cereais poderiam ser plantados por acre. Os lavradores eram tributados numa parcela da colheita prevista. Esse sistema evitava que os coletores de impostos tivessem que procurar esconderijos de cereais. Se os campos de um lavrador não produzissem a quantidade esperada, mesmo assim ele teria que pagar sua cota completa. Entretanto, se fosse diligente e suas terras produzissem mais do que a estimativa dos nilômetros, o excedente seria só dele.

O trabalho de Maya era ainda mais difícil porque o dinheiro ainda não fora inventado. Os grãos eram colhidos, transportados para os depósitos reais, contados e armazenados. Quando uma ordem de despesa chegava a seu escritório, o grão era pesado, contado, entregue e recontado. Exércitos de escribas trabalhavam sob a direção de Maya, subindo e descendo o Nilo. O irmão dele, Nahuher, era Escriba Real, o que não indicava que escrevesse textos ditados pelo faraó, mas que trabalhava no tesouro real, assim como a "correspondência real" da Inglaterra compõe-se de mais do que as cartas dirigidas à rainha. Acabou havendo tantos Escribas Reais, que os que efetivamente trabalhavam no palácio passaram a receber a designação de *Verdadeiro* Escriba Real.

O túmulo de Maya fica a poucos quilômetros de Mênfis, no antigo cemitério de Saqqara, local da primeira pirâmide, construída mais de mil anos antes. Na época de Maya, a necrópole havia se transformado numa atração turística. Os egípcios visitavam os antigos túmulos, exatamente como as pessoas visitam cemitérios famosos hoje em dia. Nos tempos difíceis, podiam passear por Saqqara para se lembrar dos dias melhores do país. Assim, quando Maya entalhou sua autobiografia na parede de seu túmulo, endereçou-a "às pessoas que vierem e quiserem divertir-se no oeste, e dar um passeio pela região da eternidade"[2]. Maya orgulhava-se do papel que havia desempenhado na recomposição do Egito. Eis como resumiu sua carreira: "No começo eu era bom, no final, era brilhante."

Mas todas essas boas ações — reabrir os templos, refundir estátuas de ouro dos deuses e apoiar os militares — tinham que ser pagas. No oitavo ano do reinado de Tutancâmon, Maya foi instruído a "cobrar impostos da terra inteira e instituir oferendas divinas [para] todos [os deuses] da terra do Egito"[3]. Quando o novo imposto foi criado, Tutancâmon tinha quase 18 anos. É bem possível que tenha tido longas discussões com Maya a respeito da marca do nilômetro naquele ano e, conseqüentemente, da receita que se poderia esperar. Aye deve ter participado de suas reuniões, sem dúvida orientando sutilmente sua direção. Embora ninguém goste de aumentos de impostos, ao menos os lavradores sabiam que seus pagamentos estavam indo para a reabertura de seus templos e a fundição de novas estátuas de seus deuses. Sua colheita já não ia para uma cidade que eles nunca tinham visto, para sustentar um deus que não cultuavam e um faraó que não compreendiam.

A uma curta distância do túmulo de Maya fica o de um contemporâneo que foi tão importante quanto ele na revitalização do Egito, embora de maneira muito diferente. Como a maioria dos contadores, Maya passou a maior parte da vida contando o "dinheiro" dos outros. O general Horemheb certificou-se de que houvesse alguma coisa para ser contada.

Horemheb, que fora alçado ao cargo de inspetor do exército de Tutancâmon, era um homem que tinha vencido por esforço próprio, sendo oriundo da cidade setentrional de Hieracômpolis, terra natal do deus Harsaphes, de cabeça de carneiro. Deve ter iniciado sua carreira militar como jovem soldado de infantaria, no fim do reinado de Amenófis III ou no início do de Aquenaton. Quando rapaz, procurando subir na hierarquia militar, deve ter achado desolador servir numa época em que não havia guerras que dessem aos soldados a oportunidade de se distinguir; mas Horemheb persistiu. Devia ser um homem decidido, com a confiança e a força necessárias para comandar. Já adulto, na plenitude de seu vigor, recebeu uma nomeação crucial no governo de Tutancâmon. Como Inspetor do Exército, Horemheb foi o homem que viria a reafirmar o controle do Egito sobre a Ásia ocidental e a Núbia. Com as verbas fornecidas por Maya, ele recrutou, equipou e treinou um exército egípcio que enfim "se pôs em marcha" para subjugar a Núbia. Mais uma vez, o abastecimento de ouro necessário para o comércio voltou a fluir para o tesouro do Egito. Restava conquistar a Síria-Palestina, que também era crucial para o bem-estar do Egito. O Egito não tinha florestas, de modo que precisava desesperadamente dos toros de cedro do Líbano para construir embarcações e as grandes portas e mastros de seus templos. O hieroglifo para a palavra "deus" é uma bandeira num mastro, 𓊹, um mastro de cedro.

Naturalmente, não temos como saber quando houve reuniões, ou se elas ocorreram em Tebas ou Mênfis, mas podemos imaginar o jovem faraó chegando à idade adulta, ansioso por assumir a responsabilidade de conduzir seu país, consultando seu tesoureiro, Maya, seu general, Horemheb, e seu fiel conselheiro, Aye. Deveriam as forças de Horemheb atacar primeiro a Líbia, por ser ela mais fraca, e assim amadurecer os jovens soldados para a grande campanha na Síria? Ou seria aconselhável atacar primeiro a Núbia, para obter mais ouro? Em reuniões como essa, debatiam-se os detalhes da recuperação do Egito. Posso imaginar "os três grandes" — Maya, Aye e Horemheb —, cada qual trabalhando a seu modo. Maya enfurnado em seu escritório, cercado por rolos de papiro, com escribas entrando e saindo às pressas, fazendo relatórios sobre os lucros e perdas. Era o contador, conservador e ordeiro, mas sempre no centro das coisas, aquele que entendia as finanças do Egito.

Aye funcionava de maneira muito diferente. Era o político, trabalhando em silêncio nos bastidores, orquestrando os movimentos dos outros atores. Talvez, como em Amarna, continuasse a ser os olhos e os ouvidos do palácio, mantendo-se próximo de Tutancâmon e impedindo seu contato com qualquer outra pessoa que buscasse os ouvidos do rei. Um antigo provérbio egípcio diz: "Não reveles teu coração a um estranho, pois ele pode usar tuas palavras contra ti." Assim era Aye. Podemos fazer uma idéia de sua extraordinária ambição. Uma pequena peça de ouro em folha com uma inscrição gravada, descoberta no Vale dos Reis,[4] acrescenta uma informação particularmente interessante sobre sua personalidade. Estampada em relevo nessa folha de ouro há uma cena em que Tutancâmon assume a postura tradicional do herói conquistador, agarrando um prisioneiro líbio pelos cabelos, pronto para golpeá-lo com uma espada curva. Atrás de Tutancâmon posta-se Ankhesenâmon, a apoiá-lo. Tradicionalmente, em frente ao rei estaria o deus a quem o inimigo era oferecido como uma espécie de sacrifício. Mas, nessa lasca de ouro, provavelmente proveniente de um móvel do túmulo de Aye, é o vizir quem está em frente ao rei, na posição reservada ao deus. Aye não foi muito sutil em se elevar a uma posição divina. Era um homem com sonhos realmente grandiosos.

Horemheb era diferente. Embora fosse também uma peça essencial no projeto de recuperação de Tutancâmon, não estava no centro das coisas nem nos bastidores, mexendo os pauzinhos. Como Aye, Horemheb era um homem ambicioso, mas era mais direto em suas negociações. Aprovada uma campanha, iniciava a marcha. Tão logo seu intendente submetia a lista dos suprimentos necessários — achas-d'armas de bronze, arcos, flechas, escudos, sandálias, peles etc. — e eles eram recebidos, o general partia. Em pouco tempo, voltava com escravos e tributos. Em campanha às vezes durante meses, Horemheb não ficava a par do funcionamento e da política interna do palácio. Era o forasteiro, mas um forasteiro que detinha um enorme poder.

Em poucos anos, as expedições militares de Horemheb recuperaram todos os territórios que haviam escapado de Aquenaton. Ao retornar de uma campanha no norte, o general fazia os prisioneiros asiáticos desfilarem diante de Tutancâmon; quando era mandado para o sul, voltava com prisioneiros núbios para seu rei. Ninguém estava a salvo dos ataques militares de Horemheb, e até os líbios — com seus cavanhaques e cachos de cabelo característicos — eram capturados e levados para trabalhar nos templos do Egito.

Os sucessos de Horemheb eram recompensados pelo faraó agradecido. À medida que aumentava a força do Egito, aumentava o poder de Horemheb. Ele já não era apenas o comandante-em-chefe do exército: foi promovido a Inspetor de Todas as Obras do Rei e Representante do Rei em Toda a Terra. Um dos títulos que mais lhe agradava nada tinha a ver com sua carreira militar, mais parecendo um grau acadêmico honorário — Escriba Real. O general ficou tão satisfeito que encomendou uma estátua sua em granito, em tamanho natural, sentado na posição dos escribas, com um rolo de papiro no colo (fig. 11). A inscrição na base da estátua confirma sua atenção às normas e a seu cumprimento:

Sou aquele que registra a lei,
O que orienta os cortesãos.
Sábio na fala, não há nada que eu ignore.[5]

Horemheb construiu um túmulo em Mênfis, o mais belo e requintado de todo o cemitério. Como inspetor das obras reais, comandava os melhores artesãos do país. As esculturas e os entalhes murais encontram-se entre os mais belos que se produziram no antigo Egito, constituindo obras-primas por qualquer padrão de julgamento. Embora sejam de estilo tradicional, a desenvoltura do traço e a atenção para com os detalhes mostram as mãos de artesãos formados em Amarna e que haviam sobrevivido àquela era. O túmulo de Horemheb era encimado por um pequeno templo suspenso, dotado inclusive de um pátio e uma colunata. Seus descendentes poderiam chegar, sentar-se à sombra das colunas e fazer uma refeição em homenagem a seu ancestral. Enquanto comessem, estariam cercados por entalhes das grandes batalhas de Horemheb contra os "deploráveis asiáticos", os habitantes da "vil Núbia" ou os "bárbaros da Líbia". Veriam Horemheb recebendo colares de ouro do faraó a quem servira, Tutancâmon. Era a versão de um militar para a reconquista do paraíso.

Enquanto Horemheb, Aye e Maya trabalhavam para ressuscitar a economia e os domínios do Egito, a tarefa de Tutancâmon era reafirmar aos sacerdotes que ele abraçava os antigos deuses do país. Seu primeiro grande projeto de construção em Tebas — a conclusão do Salão da Colunata no Templo de Luxor — foi um golpe de gênio. Seu avô, o grande rei Amenófis III, havia construído esse salão de 46 metros de comprimento, mas morrera antes que ele fosse decorado. Quando Aquenaton baniu os deuses de Tebas e se mudou para Amarna, as colunas ficaram nuas, e assim permaneceram por mais de uma década. Tutancâmon foi aconselhado por Aye, sem dúvida, a decorar o salão com cenas do festival religioso mais importante do Egito.

Ali estava um projeto com que Tutancâmon e Ankhesenâmon podiam envolver-se por inteiro. Decerto visitaram o templo com freqüência e fizeram perguntas, enquanto os sacerdotes, os escribas e os artistas discutiam a melhor maneira de ilustrar o Festival de Opet. Essas reuniões também serviram a Tutancâmon como aulas sobre a natureza de uma religião que lhe era completamente nova. Deve ter sido algo como estudar a Bíblia ou o catecismo através de ilustrações.

Essa hábil decisão de concluir a colunata identificou Tutancâmon com seu avô, a quem os sacerdotes de Amon respeitavam por suas obras. Com isso, o jovem faraó enfatizou sua continuidade da linhagem real e pôde ser reconhecido pelos sacerdotes como o herdeiro legítimo do trono, mas distante das aberrações de seu pai. Foi uma bela maneira de eliminar os temores sacerdotais de que ele parecesse demais com o o pai.

Só nos resta imaginar quais terão sido as reações particulares de Tutancâmon à nova religião. Mostrava-se ele disposto e receptivo, ou ainda rezava secretamente para Aton? Em que estaria pensando ao desempenhar seu destacado papel nos festejos religiosos?

O Salão da Colunata foi decorado com cenas do mais glorioso de todos os festivais de Tebas — o Festival de Opet. Ele celebrava a visita anual de Amon e sua família ao Templo de Luxor. Opet era o antigo nome de Karnak, o templo em que se originara o festival, e a sede da trindade tebana: Amon (o pai), Mut (sua mulher) e Kohns (o filho). Na abertura do festival de Opet, as estátuas de Amon, Mut e Kohns eram retiradas de seus santuários no Templo de Karnak, colocadas nas barcaças das divindades e levadas por 2,5 quilômetros do Nilo até o Templo de Luxor (Opet Meridional). A decoração encomendada por Tutancâmon mostra detalhes preciosos da alegre procissão em sua viagem ao sul, até o Templo de Luxor, e em seu retorno a Karnak, no fim dos festejos. O próprio Tutancâmon aparece com destaque nos relevos da parede ocidental da colunata. Faz oferendas aos deuses Amon, Mut e Kohns, acompanha as balsas até a margem do Nilo, navega com os deuses em sua viagem rio acima, acompanha as arcas das margens do Nilo até a fachada do Templo de Luxor e faz uma oferenda aos deuses em seus santuários nesse templo.[6] Podia alguém demonstrar maior devoção?

Quando se reinstituiu o festival de Opet, o povo de Tebas deve ter ficado radiante, aglomerando-se na margem oriental do Nilo para ver as barcas dos deuses e dar uma espiada nesse Tutancâmon que restaurara a antiga religião. Quando a procissão entrou no Templo de Luxor, milhares de pessoas enchiam o pátio descoberto, para ver os santuários serem carregados para seus abrigos temporários no interior do templo, onde a gente comum não podia entrar. Ao tomarem conhecimento, pelo menos pelas cenas nas paredes do templo, de que Tutancâmon fizera oferendas de incenso, carne, legumes, cerveja e vinho aos deuses, as pessoas comuns devem ter se enchido de alegria. Era a primeira vez em dez anos que seu faraó homenageava seus deuses. Tenho certeza de que muitos choraram.

Apesar da animação do povo e de seus próprios dias atarefados, Tutancâmon e Ankhesenâmon devem ter sentido falta do pai e de sua antiga vida em Amarna, onde os dias eram mais livres. Aos poucos, entretanto, os prazeres da vida em Tebas e Mênfis, com toda a variedade que o Egito oferecia, devem ter parecido a melhor solução.

Era curto o trajeto de seu palácio em Mênfis até o Delta, para a melhor caça às aves no país. Deslizando sobre os pântanos em esquifes de fundo chato, feitos de hastes de papiro, os caçadores de aves lançavam suas redes e esperavam para pegar na armadilha os bandos que passassem. Tutancâmon gostava particularmente de caçar com arco e flecha. As flechas de madeira leve, com minúsculas pontas afiadas, também de madeira — pontas para aves —, eram as melhores, deslocando-se com mais rapidez do que o vôo dos pássaros. (Os arcos e flechas de Tutancâmon foram encontrados em seu túmulo.) Tutancâmon e Ankhesenâmon devem ter tido algumas de suas horas mais felizes nos pântanos, ele atirando nos patos que passavam e ela a lhe preparar a próxima flecha. Quando se cansavam do arco e flecha, havia a vareta de arremesso, muito mais difícil de manejar — de formato semelhante ao de um bumerangue. Era preciso um braço forte para lançá-la com vigor suficiente para derrubar um pássaro em vôo.

De seu palácio meridional, em Tebas, eles iam caçar avestruzes no deserto, o que era sempre uma aventura. Enquanto o cocheiro perseguia as aves, Tutancâmon, ao lado dele, atirava suas flechas da biga sacolejante. Os divertimentos do jovem rei e sua rainha eram muitos, e parece provável que seus assessores ficassem felizes por vê-los ocupados com a caça e os esportes.

Outra tarefa que ocupou o tempo de Tutancâmon foi a construção de seu túmulo. O jovem rei escolheu um local ao lado do túmulo de seu avô, no Vale Ocidental. Amenófis III havia escavado o primeiro túmulo nessa área, e não muito longe ficava um túmulo inacabado (WV25) que a maioria dos egiptólogos concorda em que teria sido iniciado por Amenófis IV, antes de ele mudar seu nome para Aquenaton e se transferir para Amarna.[7] Se é correta a identificação desse túmulo, o de Tutancâmon situou-se ao lado do de seu avô e próximo de outro que um dia se destinara a seu pai. Os trabalhos foram iniciados no túmulo quando ele mal entrava na adolescência. A construção deve ter avançado com vagar, pois o supervisor das obras certamente acreditava dispor de anos e anos até que a tumba concluída se fizesse necessária.

Um arquiteto real desenhou a planta e a apresentou ao Inspetor da Necrópole Real. Um desenhista marcou na escarpa do rochedo os contornos de uma porta; em seguida, trabalhando de cima para baixo, os entalhadores começaram a tirar as lascas da pedra com talhadeiras de bronze forjadas com macetes de madeira. Os túmulos sempre começavam pelo topo, para que os entalhadores, ao baterem com os macetes, fossem ajudados pela gravidade, em vez de ter que erguê-los cada vez mais alto. À medida que as lascas iam-se acumulando, meninos recolhiam-nas em cestos de madeira e levavam os detritos para longe do túmulo. Em poucas semanas, tornou-se visível uma passagem em declive que se aprofundava mais a cada dia no leito de pedra, até ser preciso convocar ajudantes com espelhos de bronze, para fazer a luz do sol refletir-se no poço, de modo que os operários conseguissem enxergar. Depois que a galeria atingiu a profundidade recomendada pelo arquiteto, escavou-se um amplo aposento na rocha viva, mas deixando pilastras quadradas para sustentar o teto. Tão logo se concluiu o trabalho mais pesado, entalhadores mais experientes alisaram as paredes para prepará-las para a decoração. A essa altura, o túmulo tinha espaço suficiente para que duas turmas de operários, uma à esquerda e outra à direita, trabalhassem simultaneamente. Quando as talhadeiras perdiam o fio, meninos as levavam até a superfície para afiá-las. Era um trabalho de equipe. Todos os operários e seus familiares viviam juntos próximo ao Vale dos Reis, numa aldeia circundada por um muro, para poder ser trancada à noite. Entre essas pessoas incluíam-se desenhistas, entalhadores, pintores, escultores, artesãos entalhadores de hieroglifos e inspetores — todos necessários para preparar um túmulo para a eternidade.

À medida que foi crescendo, Tutancâmon pôde participar mais ativamente das discussões com Aye e Maya sobre as finanças, encontrar-se com emissários estrangeiros quando se discutiam acordos de comércio, escolher seus próprios criados e tutores e decidir a quem recompensar pelos serviços fiéis. Afinal, era o neto de Amenófis III, o grande diplomata e hábil administrador. Governar estava em seu sangue. Felizmente, o túmulo de Huy, um dos embaixadores de maior confiança de Tutancâmon, foi preservado. Ele dá uma idéia clara do papel desempenhado pelo faraó. A essa altura, ele era adolescente. Horemheb havia acabado de subjugar a Núbia, donde era necessário um vice-rei para administrar o território. Esperavam-se da Núbia toneladas anuais de ouro, juntamente com artigos de luxo como ébano para os móveis, marfim para as jóias, e peles de girafa e de leopardo — todos símbolos da opulência do Egito. O vice-reinado era um cargo crucial (fig. 12).

Huy registrou nas paredes de seu túmulo que foi convocado ao palácio para receber a chancela de vice-rei para estampar o ouro que seria embarcado para Tebas. Desde os idos tempos do Antigo Império, os pequenos lacres cilíndricos tinham sido uma marca de autoridade. Aliás, a palavra hieroglífica correspondente a "tesoureiro" incluía um lacre pendurado num barbante, usado no pescoço como insígnia do cargo. Assim, quando Huy foi chamado ao palácio de Tebas, foi um grande dia em sua vida. Sua família inteira teve permissão de assistir ao grande acontecimento. Ele foi conduzido à presença do faraó, onde se curvou e foi saudado por um membro do gabinete de Tutancâmon, que disse: "A Terra que vai de Nekhen a Nesut-Towey foi dada a ti." Huy respondeu: "Que Amon de Nesut-Towey conceda tudo o que ordenaste, ó meu senhor soberano." Tutancâmon ordenou então que ele partisse e voltasse com ouro, marfim, ébano, girafas, tudo o que houvesse de bom a encontrar na Núbia. Note-se que não foi Tutancâmon, mas um membro do gabinete, quem deu a ordem a seu agente. O faraó apenas ratificou essa ordem.

Com a chancela do cargo firme em suas mãos, Huy deixou o palácio, a fim de se preparar para sua expedição à Núbia. Um de seus filhos recebeu o título de Mestre do Cavalo. Nos murais do túmulo de Huy vemos cavalos espiando das cocheiras enquanto seu navio ruma para a Núbia. Não há registros sobre a viagem à Núbia ou sua estada lá, mas podemos imaginar que a então recente campanha de Horemheb houvesse eliminado qualquer obstáculo que pudesse impedir Huy de cumprir seu dever. E não surpreende que a expedição tenha sido um completo sucesso. Huy voltou para o Egito, ao norte, com uma frota carregada de tantos tesouros que sua entrega a Tutancâmon teve que ocorrer do lado de fora, no pátio do palácio. Havia pilhas intermináveis de ouro, moldado em anéis do tamanho de pulseiras, pilhas de marfim e ébano, uma girafa viva e muito mais. Escravos agrilhoados desfilaram diante do jovem rei, para que ele pudesse escolher os que lhe agradassem. Havia um rebanho de gado núbio especialmente engordado, muito valorizado para servir de oferenda ao deus Amon. Durante os festejos de Opet, os chifres de uma vaca foram encimados por mãos esculpidas; entre elas havia uma minúscula cabeça núbia. Quando o animal abaixava a cabeça, simbolicamente a Núbia homenageava o Egito.

Satisfeito com o desfile — deve ter adorado a girafa —, Tutancâmon recompensou Huy com colares de ouro. Eu me pergunto se teria pensado nos tempos de Amarna, quando seu pai distribuía colares de ouro da Janela das Aparições. Mas, no caso de Huy, não se tratava de propinas por ele seguir uma religião, e sim de recompensas por um trabalho bem feito. Muitos dos objetos de ouro colocados no túmulo de Tutancâmon deveram-se aos esforços de Huy. O famoso esquife de ouro maciço talvez tenha sido fundido a partir de imensas remessas de ouro da Núbia, graças a Huy.

Com o passar dos anos, Tutancâmon e Ankhesenâmon tornaram-se jovens e se apaixonaram. Ela estivera a seu lado desde que os dois tinham dez anos e, a essa altura, já era retratada em quase todas as imagens, de pé ou de joelhos, ao lado de seu faraó. As oficinas reais produziram estátuas do belo casal, sentado lado a lado, usando respectivamente as coroas do deus Amon e de sua esposa, Mut. Um par dessas estátuas do jovem rei e sua rainha, no Templo de Luxor, ainda sorri para os turistas que passam.

Ao contrário de todos os seus predecessores, que tinham possuído haréns, Tutancâmon nunca se casou com outras esposas, o que é outra indicação de que ele e Ankhesenâmon eram muito próximos. Mas, como eram os últimos sobreviventes da XVIII Dinastia, teriam que gerar filhos, para que a linhagem real prosseguisse. Caso contrário, quando chegasse o momento de escolher um novo faraó, a Ordem Divina poderia ser rompida e o Egito seria lançado na desordem.

O casal fez o que pôde para cumprir essa obrigação. Ankhesenâmon engravidou. Enquanto a corte se preparava para o nascimento do próximo rei ou rainha do Egito, ela foi assistida pelo Médico Real, um homem renomado por sua habilidade e seus poderes curativos.

Os antigos egípcios chamavam a medicina de "a arte necessária" e regulamentavam criteriosamente a profissão, que tinha especialistas em várias áreas. Os médicos de posição mais elevada eram sacerdotes. Como Sakhmet era o deus mais importante associado à arte da medicina, eram seus sacerdotes que produziam os melhores médicos. Isso é um tanto surpreendente, já que essa deusa de cabeça de leoa fora temida por seu gênio em toda a história egípcia e, em certa ocasião, quase destruíra a humanidade. Era comum os sacerdotes de Sakhmet terem vários títulos, um médico e outro mágico. Nedjemou, por exemplo, era Chefe dos Sacerdotes de Sakhmet e Chefe dos Médicos, enquanto Heryshefhakht era Chefe dos Mágicos, Sumo Sacerdote de Sakhmet e médico do faraó. Além dos sacerdotes-médicos, chamados *wabu*, havia os *sunu*, que eram médicos leigos. Uma vez que a medicina era cuidadosamente regulamentada, com punições severas por seu mau exercício, é quase certo que os *sunu* tivessem formação médica, embora não se associassem a nenhum templo específico nem fossem devotos de nenhum deus particular. Sua prática, portanto, provavelmente era mais eclética que a dos sacerdotes-médicos, uma vez que eles podiam recorrer a todas as fontes disponíveis.

Enquanto os sacerdotes-médicos e os médicos leigos usavam uma combinação de sólida medicina clínica e magia, havia um terceiro tipo de médicos que não tinha formação em medicina, usando apenas encantamentos, amuletos e feitiçaria para curar seus pacientes. A maioria dos papiros médicos preservados veio dessa terceira classe de profissionais, pois registra feitiços e poções com pouca indicação de conhecimentos científicos ou de observação criteriosa.

O médico particular de Ankhesenâmon devia ser especialista em ginecologia, "doenças de mulheres". Aquele seria o primeiro filho da rainha, "o que abre o ventre", e ao se aproximar o término da gestação, um banco de parto foi preparado. As mães egípcias sentavam-se num banco de tijolos de argila, para que a gravidade as ajudasse no trabalho de parto. (A gíria correspondente a dar à luz era "sentar nos tijolos".) Era uma parte tão elementar da vida egípcia que o hieroglifo correspondente a "nascer" mostra uma mulher sentada, com a cabeça do bebê surgindo.

Mas, antes que Ankhesenâmon usasse o banco de parto, um infortúnio aconteceu. Ao entrar no oitavo mês de gestação, ela teve um aborto espontâneo e perdeu a criança, uma menina. Se houvesse vivido, a menina teria sido deformada, com a espinha dorsal recurvada e um ombro mais alto que o outro. É provável que tenha havido boatos no palácio sobre uma maldição contra a criança ou a mãe. O Mágico Real deve ter sido chamado. Como a medicina do antigo Egito era praticada por clínicos e curandeiros, o tipo específico de doença determinava o método de tratamento. Se a causa fosse conhecida, como ossos quebrados ou dentadas de crocodilo, o tratamento seria não-mágico; nas mordidas de crocodilo, costurava-se o ferimento e sobre ele se colocava carne crua. Mas, se a doença fosse uma febre, por exemplo, cuja causa seria desconhecida dos egípcios, poderia ser atribuída a demônios ou à feitiçaria maligna e, conseqüentemente, o tratamento seria mágico. Havia até um especialista treinado em "doenças desconhecidas", que provavelmente lidava com as enfermidades cuja causa não se conhecia. A reprodução não era inteiramente entendida no antigo Egito, de modo que a causa do aborto pode ter sido atribuída a uma maldição. O aborto de Ankhesenâmon, combinado com a deformidade do feto, exigiria um curandeiro mágico, para assegurar que não voltasse a acontecer. Nesses casos, esculpia-se uma imagem de cera de Thot, o deus da escrita e da magia, que era colocada sobre carvões em brasa sob o banco de parto. É possível que Ankhesenâmon tenha-se sentado nesse banco, para que a fumaça pudesse penetrar em seu ventre e purgá-lo de quaisquer forças maléficas que ali estivessem atuando. O aborto foi mais do que uma simples tragédia de Estado. Os egípcios adoravam crianças e tinham famílias grandes, típicas das sociedades agrárias — uma porção de filhos para ajudar no trabalho do campo. Tutancâmon e Ankhesenâmon sofreram pessoalmente. Um ditado popular dizia: "Case cedo e tenha muitos filhos." Na idade em que deveriam estar começando sua família, Tutancâmon e Ankhesenâmon tiveram um mau começo.

Como o feto nasceu morto e não chegou a respirar, não recebeu nenhum nome. Se o bebê tivesse vivido até respirar pela primeira vez, teria tido uma alma — um Ba e um Ka, os dois aspectos mais importantes da alma. O Ba dos mortos era sempre mostrado nas paredes dos túmulos como um pássaro de cabeça humana, capaz de entrar e sair voando do túmulo enquanto esperava pela ressurreição do corpo no Ocidente. O Ba era a personalidade, essencial para a ressurreição. Num antigo texto literário egípcio,[8] um homem que contempla o suicídio é repreendido por seu Ba, que lhe diz que, se ele se matar, o Ba o abandonará e destruirá qualquer possibilidade de imortalidade. Outra parte da alma era o Ka, uma espécie de duplo espiritual que residia no interior da múmia. Sem o Ba e o Ka, o feto não tinha chance de ressurreição. Essa era a religião egípcia, mas ela fazia pouco sentido para um casal de jovens pais que passara por todas as esperanças e sonhos dos pais de qualquer idade e que os vira serem destroçados. Contrariando todas as tradições, eles mandaram mumificar a menina.

O feto tinha apenas 30 centímetros de comprimento, tão pequeno que foi preciso produzir instrumentos especiais para a mumificação. Um arame minúsculo foi inserido pela passagem nasal até a caixa craniana, para retirar o cérebro. Em seguida, pequenas tiras de linho embebidas em resina foram inseridas no crânio, para secar e preservar os tecidos, impedindo a putrefação. Depois, uma incisão de menos de 2,5 centímetros foi feita do lado esquerdo do abdômen, para retirar os órgãos internos. Mas, nesse ponto, até a considerável habilidade dos embalsamadores reais falhou. O feto era pequeno demais. Foi impossível criar um instrumento que penetrasse na cavidade e removesse o estômago, o fígado, os rins e os intestinos sem danificar terrivelmente o corpo. Os embalsamadores deixaram os órgãos onde estavam, injetando resina na cavidade abdominal e fechando-a por toda a eternidade. Os atadores enfaixaram cuidadosamente o bebê em tiras de linho puro, enquanto os sacerdotes recitavam as antigas orações. Um esquife em miniatura foi esculpido para o bebê e revestido de resina negra. Folhas finas de ouro, imitando as ataduras das múmias e colocadas na parte externa do caixão, receberam inscrições como "A venerada" e "Osíris", pois a criança não tinha nome. Um segundo caixão, de tamanho menor, foi depositado no primeiro, com uma prece a Osíris gravada na frente, na esperança de que o deus dos mortos interviesse e ajudasse a criança no outro mundo. O sacerdote depôs o feto no esquife menor e recitou encantações do Livro dos Mortos, continuando a recitar enquanto o esquife era colocado dentro do maior e o conjunto todo era envolto em bandagens de puro linho. Colocadas as bandagens, a chancela de barro da necrópole real — um chacal acima de nove prisioneiros amarrados (símbolos dos inimigos tradicionais do Egito) — foi estampada. A pequena múmia estava pronta para ser sepultada com seus pais, um dia. A tragédia do aborto, outro doloroso infortúnio da vida ainda curta desses pais, deve ter aproximado mais ainda Ankhesenâmon e Tutancâmon.

Quanto Tutancâmon entrou em seu décimo oitavo ano de vida, os três fios da sociedade egípcia — o clero, os militares e a monarquia — haviam finalmente sido urdidos numa trama íntegra. Os templos de Amon prosperavam. Tebas voltara a ser dominada pelas atividades dos templos de Luxor e Karnak, os centros em torno dos quais girou grande parte da restauração de Tutancâmon.

Havia nos templos uma atividade constante. A decoração da colunata estava quase pronta; suas cores brilhantes e alegres davam vida ao templo. Outras paredes foram consertadas, colocando-se um novo reboco onde o antigo havia caído e refazendo-se a pintura com tanta habilidade que era impossível ver os consertos. Lustrosos ornamentos de bronze foram afixados às grandes portas e aos santuários do templo. E tudo foi acompanhado pelo número crescente de sacerdotes. Nessa época, todas as manhãs os sacerdotes abriam as portas dos santuários internos, para deixar que os primeiros raios de sol entrassem nos aposentos, enquanto eles untavam as estátuas de ouro dos deuses com perfume e óleos sagrados, pintavam suas pálpebras com sombra e depositavam pão, cebola, cerveja e frutas diante de cada um, para o café da manhã. Em seguida, entoavam a prece a Amon:

> Piloto que conhece as águas,
> Timoneiro dos [fracos],
> Que dá pão a quem não o tem,
> Que alimenta o servo de sua casa.
> Não tomo nobres por protetores.
> Não me associo aos homens de fortuna,
> Não coloco minha sorte aos cuidados de outrem;
> Minha riqueza está na casa de meu [senhor].
> Meu senhor é meu protetor,
> Conheço o seu poder, qual seja:
> Ajudante de braço forte,
> Só ele detém a força.
> Amon que conhece a compaixão,
> Que ouve aquele que o chama,
> Amon-Rá, o Rei dos Deuses,
> O Touro de grande força, que ama a força.

Haviam-se reaberto oficinas perto de cada templo, para produzir os óleos sagrados e o linho branco exigido pelo clero. As padarias e cervejarias prosperavam. Os depósitos começavam a encher-se de mercadorias, animais eram reunidos para o sacrifício e os suplicantes deixavam oferendas. Os sonhos eram interpretados pelo livro dos sonhos, na biblioteca do templo. Por exemplo, "se um homem se vir em sonho com um anão, isto é mau. Metade de sua vida se foi". A antiga religião corria de novo a pleno vapor.

Os militares também estavam fortalecidos — Horemheb transformara o exército egípcio numa força a ser temida. A tradição da monarquia egípcia fora restaurada, Tutancâmon fazia oferendas nos altares de Amon e participava do festival de Opet. Sob o olhar atento de Maya, os depósitos de víveres do Egito estavam abarrotados. Como todos podiam ver por si, as promessas da Estela da Restauração estavam sendo cumpridas.

Tutancâmon iniciou a construção de seu templo mortuário na margem ocidental do Nilo. Escolheu um local a poucos quilômetros de seu túmulo.

Era uma bela construção retangular, com diversas estátuas colossais do rei na entrada, e se destinava a ser um monumento onde Tutancâmon pudesse ser adorado por séculos depois da morte. Ao destinar a verba para o templo, Maya também doou terras, como uma espécie de anuidade, aos sacerdotes de Ka, que ficariam encarregados de cuidar do templo, fazendo oferendas pela alma de Tutancâmon. O produto da terra remuneraria gerações inteiras de sacerdotes encarregados e pagaria a manutenção eterna do templo. Tutancâmon decorou-o com cenas que o mostravam em sua biga, conduzindo o exército na batalha. É provável que ainda não houvesse saído com Horemheb em campanha, mas esperava fazê-lo um dia; era moço. As cenas das paredes do templo asseguraram ao povo que seu rei era forte o bastante para liderar o exército, como fizera o grande Tutmés III.

Até esse momento, o reinado de Tutancâmon devolvera o Egito aos bons tempos, a uma era de prosperidade, expansão e tolerância. Mas, justamente quando a Ordem Divina parecia ter sido restaurada no Egito, outras duas tragédias atingiram os malfadados adolescentes. Ankhesenâmon, no quinto mês de sua segunda gestação, teve outro aborto — outra menina. Deve ter sido dilacerante. Não havia dúvida de que eles tinham sido amaldiçoados. Cientes de que eram os últimos sobreviventes da grande XVIII Dinastia, Tutancâmon e Ankhesenâmon tinham que gerar um herdeiro; Ankhesenâmon precisava ter um filho. O segundo feto minúsculo foi enfaixado e colocado num esquife pequeno, semelhante ao de sua irmã, na esperança de que Osíris, deus dos mortos, ao menos lhe concedesse a vida no outro mundo.

Apesar de revitalizadas a economia e a religião, se Tutancâmon morresse sem um herdeiro, o Egito ficaria novamente imerso em tumulto. Os que detinham o poder seriam jogados uns contra os outros, numa luta feroz pela conquista do trono. O Egito poderia ser outra vez dividido. Ninguém se preocupava muito com essa remota possibilidade — Tutancâmon era moço, havia muito tempo para produzir um herdeiro. E então aconteceu o impensável.

Em janeiro de 1323 a.C., Tutancâmon, o décimo primeiro governante da XVIII Dinastia, morreu em circunstâncias misteriosas. Tinha 19 anos. Pouco depois, seu nome foi apagado da história, perdido por 3.000 anos. Para entender por quê, devemos voltar-nos agora para o Vale dos Reis.

7. O Túmulo mais Famoso da História

Preparai vosso lugar no Vale,
A sepultura que vos há de ocultar o corpo;
Contemplai-a como um interesse vosso (...)
Imitai os grandes que partiram
E que repousam em suas tumbas.

— *Do escriba Ani,*
c.1400 a.C.

Normalmente, os egiptólogos escavam túmulos que foram saqueados de praticamente tudo, restando apenas as paredes para estudar. Como vimos, as cenas murais dos túmulos realmente fornecem uma profusão de informações, mas imagine o que se poderia aprender se um túmulo ainda contivesse tudo o que foi enterrado com o morto, inclusive seus objetos mais íntimos, e imagine se seu ocupante fosse um faraó. Somente um túmulo na história da egiptologia pôde fornecer esse tipo de informação. Ele foi encontrado na margem do Nilo oposta à do Templo de Luxor, numa área que os arqueólogos chamam de Vale dos Reis.

O Vale dos Reis tem uma mística própria. É a passarela e o parque da arqueologia — o sítio onde todo escavador gostaria de ir parar. E não é apenas o que se pode descobrir que atrai os egiptólogos para esse local, mas a sensação dominante da história do lugar, história das grandes. Lá foi enterrado Ramsés, o Grande, o faraó do Êxodo, e foi lá que foi sepultada Hatshepsut, a rainha que quis ser rei. Todos esses túmulos encontram-se numa área que até um turista cansado é capaz de percorrer em 15 minutos. Até mesmo o visitante sem nenhum conhecimento da história da área também sente ali algo de especial. Na paisagem árida, fitar as escarpas de calcário branco que reluzem sob o calor do sol evoca, de algum modo, um sentimento de eternidade, o sentimento de que milhares de anos não alteraram nada. Grafitos de 3.000 anos de idade, nas paredes escarpadas em que sacerdotes devotos fizeram uma pausa para gravar seus nomes, continuam tão nítidos hoje quanto no dia em que foram desenhados.

Hoje em dia os visitantes do Vale primeiro seguem de avião até Luxor e, em seguida, tomam a barcaça que atravessa o Nilo para a margem ocidental, antes de pegarem um ônibus que os levará em dez minutos até o local. Rapidamente, um vilarejo aqui ou ali vai desaparecendo e os canaviais vão dando lugar ao deserto. Ao se passar por uma fenda nas montanhas — a entrada do Vale dos Reis —, não se avista coisa alguma por um longo minuto, exceto escarpas de calcário dos dois lados da estrada. De repente, surge o hotel dos turistas e, 400 metros adiante, o ônibus pára em meio a uma galeria de barracas de vendedores, repletas de suvenires. Passado o portão de entrada, o visitante pode deixar para trás o corredor de mercadores e seguir as placas cuidadosamente pintadas que apontam para os túmulos de Tutmés III, Ramsés VI e, adiante, Tutancâmon. Dentre os mais de 60 túmulos conhecidos do Vale dos Reis, apenas cerca de uma dúzia está aberta aos turistas.

Quando o viajante grego Diodoro de Sicília visitou o Vale, em meados do século I a.C., os sacerdotes de Tebas disseram-lhe que suas listas registravam 47 túmulos, mas deles restavam apenas 15, pois os outros tinham sido destruídos por caçadores de tesouros.[1] Quinze séculos depois, o clérigo inglês Richard Pococke subiu as águas do Nilo para visitar o Vale, em 1739, mas só conseguiu encontrar nove tumbas em que se podia entrar.[2] Ao invadir o Egito em 1798, Bonaparte[3] levou consigo um grupo de cientistas que exploraram o Vale e mapearam 16 túmulos, 11 dos quais foram abertos. Seu levantamento, embora "rápido e malfeito", foi um feito notável, considerando-se que os soldados de Napoleão estavam combatendo os guerreiros mamelucos que na época controlavam o Egito e que havia balas zunindo enquanto os estudiosos arriscavam a vida para medir e registrar os túmulos.

As primeiras escavações sistemáticas do Vale foram realizadas no século XIX por Giovanni Battista Belzoni, o gigante italiano que se transformou em aventureiro. Formado em engenharia hidráulica, Belzoni, com seus 2 metros de altura, ganhava a vida como gigante de circo, antes de viajar para o Egito à procura de tesouros. De 1815 a 1819 escavou sítios em vários pontos das margens do Nilo. Foi a primeira pessoa da era moderna a entrar na pirâmide de Quéfren, a segunda maior de Gizé, e também a primeira a entrar no grande templo de Abu-Simbel, construído na Núbia por Ramsés, o Grande. Mas Belzoni concentrou grande parte de seus esforços no Vale dos Reis, onde acreditava que se encontrariam os maiores tesouros. Estava menos interessado em ampliar os conhecimentos do que em encontrar objetos que pudesse tirar do Egito para vender.

Quando os túmulos foram cavados nas escarpas do Vale, vastas quantidades de lascas de pedra tiveram que ser retiradas e jogadas do lado de fora, onde permaneceram intocadas por milhares de anos. Belzoni usou esses montes de lascas para guiá-lo para a localização dos túmulos. As entradas de muitos deles tinham-se perdido, ficando encobertas. Vez por outra, um pedaço de pedra caía do alto e obstruía o acesso, porém o mais freqüente era um temporal ocasional passar pelo vale, arrastando lama, areia e até pedras para as entradas. Com o passar dos séculos, os túmulos foram ficando repletos de detritos, o que lhes ocultou as entradas durante séculos, em alguns casos para sempre.

Empregando cerca de vinte trabalhadores locais de cada vez, Belzoni escavou os lugares mais prováveis e, embora descobrisse diversos túmulos, todos já tinham sido saqueados na Antigüidade. O mais belo destes era o túmulo de Seti I. Os encantamentos entalhados nos murais do túmulo de Seti garantiam sua viagem segura para o além. O Livro dos portões, o Livro de louvação a Rá no Ocidente e o Livro do que há no além eram ilustrados com pinturas dos deuses que deveriam ajudar Seti a derrotar seus inimigos. Acima de sua câmara mortuária, um teto inspirado na astronomia mostrava as constelações egípcias contra um céu azul escuro. Deslumbrado com as cores brilhantes do túmulo, tão vivas quanto no dia em que Seti fora sepultado, Belzoni passou um ano inteiro fazendo moldes de cera, a fim de poder construir réplicas para uma exposição em Londres. A mostra foi uma sensação, criando uma das primeiras ondas de egiptomania na Europa. Belzoni nunca soube que a apenas 90 metros do túmulo de Seti ficava o maior tesouro arqueológico de todos os tempos, o túmulo de Tutancâmon.

Seguindo os passos de Belzoni, Jean-François Champollion, o decifrador de hieroglifos, fez sua peregrinação ao Vale dos Reis logo depois do italiano, mas não estava interessado em escavações. Encantado com sua recém-adquirida capacidade de traduzir hieroglifos, contentou-se em copiar as inscrições das paredes dos túmulos.

Embora já fosse conhecido como o Vale dos Reis por séculos, nunca se havia encontrado a múmia de nenhum faraó, até uma descoberta dramática feita em 1881. Durante a década de 1870, antigüidades de grande beleza, trazendo nomes de reis e rainhas do Egito, começaram a aparecer nos antiquários de Luxor. Essas raridades começaram a chegar ao mercado numa época em que, falido, o Egito vinha sendo administrado por um triunvirato composto pela Inglaterra, França e Itália, com todos os quais estava endividado. Cada país europeu controlava um segmento diferente do governo egípcio; a França estava encarregada das antigüidades.

O Serviço de Antigüidades Egípcias foi fundado por Auguste Mariette, que entrou na egiptologia por caminhos bastante tortuosos. Quando os papéis de um parente que fizera desenhos extensos dos monumentos do Egito foram remetidos a sua família, Mariette os estudou profundamente; ficou tão entusiasmado com o Egito que aprendeu sozinho o alfabeto hieroglífico, e acabou ocupando um cargo no Museu do Louvre, em Paris. Enviado ao Egito para comprar manuscritos em 1850, usou a verba para escavar o Serapeum, o local de sepultamento dos sagrados bois Ápis. Voltou para a França com imensos caixotes, repletos de antigüidades — antigüidades que até hoje estão expostas no Louvre. Sua maior realização foi a fundação do Serviço de Antigüidades Egípcias — uma tentativa de pôr fim ao tipo de pilhagens com que ele havia iniciado sua própria carreira.

A alta qualidade dos objetos da realeza vendidos pelos negociantes de Luxor atraíram colecionadores e curadores de museus do mundo inteiro. O próprio Mariette comprou um Livro dos mortos (uma coletânea de encantamentos mágicos enterrada com as múmias para assegurar sua ressurreição no outro mundo) que fora preparado para a rainha Henettowey, que viveu uns 300 anos depois de Tutancâmon. Muitas vezes, esses rolos de papiro incorporavam quadros lindamente pintados retratando os deuses, bem como cenas do além. O clima seco do Egito permitiu que esses papiros conservassem grande parte de suas cores e brilho originais, mesmo depois de milhares de anos. O de Henettowey tinha quase 30 metros de comprimento e era uma notável obra de arte.

Os anos seguintes assistiram ao surgimento de outras versões do Livro dos mortos no mercado, todas pertencentes a reis, rainhas, príncipes e princesas da família da rainha Henettowey. Quando, além desses papiros, também começaram a aparecer jóias belíssimas, ficou claro para Mariette que se havia descoberto um túmulo real intacto e que seu conteúdo estava sendo retalhado e vendido. Ele estava decidido a encontrar esse túmulo, antes que tudo fosse dispersado ou destruído, mas morreu em 1881, sem conseguir concluir sua busca. Seu sucessor, Gaston Maspero, fez dessa busca sua prioridade máxima.

Os indícios acabaram apontando para os Abd el-Rasul, uma família que morava nas proximidades do Vale. Após um interrogatório intenso, um dos Rasul revelou a localização do túmulo. Dois dias depois, os irmãos Rasul levaram Émile Brugsch, assistente de Maspero, a uma trilha elevada e sinuosa acima do Vale dos Reis, que serpenteava pela área conhecida como Deir el-Bahari — "o local do mosteiro setentrional", antiga localização de um velho mosteiro copta. Afloramentos de rocha parecidos com chaminés ladeavam o caminho numa área desabitada, a cerca de 800 metros das ruínas do templo da rainha Hatshepsut. Perto da base de um desses afloramentos de rocha, uma galeria retangular de 2,40 x 3 metros descia em linha reta por uns 12 metros. Depois de colocar um tronco de palmeira atravessado no alto do poço, para nele atar uma corda, um dos irmãos Rasul desceu, acompanhado por Brugsch. Quando o jovem assistente espremeu-se pela passagem da entrada no fundo, a primeira coisa que viu foi um imenso esquife, atrás do qual havia outros três, e adiante destes, à direita, um corredor que avançava por mais de 21 metros escarpa adentro. Ao longo de todo o corredor havia centenas de pequenas estátuas de um azul brilhante, em formato de múmia — os *ushabtis*, enterrados com os mortos para lhes prestar serviços no outro mundo.

O corredor dava num aposento quadrado com uns 5 metros de lado, cujo piso estava quase inteiramente coberto de esquifes esplêndidos, que continham reis do Novo Império. Ali estavam Amenófis I, Tutmés I, Tutmés II e Tutmés III, da XVIII Dinastia — os ancestrais de Tutancâmon. Com eles estavam faraós da XIX Dinastia: Ramsés I, seu filho Seti I, e o filho deste, Ramsés, o Grande. Mais ao fundo, o último aposento do túmulo, mais elevado que os outros e com 6 metros de comprimento, estava coberto pelos esquifes e múmias da família real da XXI Dinastia, cujos Livros dos mortos tinham dado início à busca. Ali se encontravam as múmias de Pinudjem II, da rainha Henettowey e de outros membros dessa augusta família. Os Rasul haviam descoberto os restos mortais de reis e rainhas cujos reinados haviam abarcado quatro séculos, da XVIII à XXI Dinastia.

Brugsch, um mero assistente do museu, não era um grande estudioso, mas assistira no Cairo a aulas de egiptologia dadas por Heinrich, seu irmão mais velho e mais erudito, de modo que pôde ler os cartuchos de muitos dos esquifes. E percebeu que estava diante dos maiores faraós da história e que aquela era a descoberta mais importante já feita no Egito. Mas como teriam reis de tantas dinastias diferentes sido reunidos num único túmulo?

Na época da XX Dinastia, dois séculos depois da morte de Tutancâmon, a maioria dos túmulos do Vale dos Reis tinha sido pilhada. Uma inspeção da região durante a XXI Dinastia revelara essa violação em massa. Assim, em vez de se dar continuidade às inúteis tentativas de proteger os túmulos isolados, os corpos violados dos faraós foram restaurados, reenfaixados, rotulados com etiquetas de madeira, colocados em novos esquifes, quando necessário, e removidos para o túmulo comum que os Rasul descobririam tempos depois. Anotações redigidas às pressas nas paredes dos túmulos originais e as inscrições nos esquifes e nas bandagens dos faraós detalhavam as datas e os locais de transferência. A combinação desses registros permitiu reconstituir as providências tomadas pelos sacerdotes da XXI Dinastia para preservar as múmias de seus ancestrais.

O esconderijo de Deir el-Bahari foi considerado tão seguro que o sacerdote-faraó Pinudjem II o escolheu para ser o lugar de seu próprio repouso eterno. As inscrições que registram os últimos movimentos foram feitas em tinta preta na parede do fundo da galeria de entrada do túmulo de Deir el-Bahari. No dia do sepultamento de Pinudjem, os corpos de Seti I e Ramsés II foram enterrados com ele, e lá permaneceram sem ser perturbados durante 3.000 anos.

Por mais importante e singular que tenha sido a descoberta de Deir el-Bahari, os achados foram mal documentados. Depois de duas horas no túmulo, Brugsch percebeu que as velas de sua equipe poderiam atear fogo aos caixões de madeira ressequida, de modo que se retirou rapidamente. Decidiu então que as múmias e o equipamento funerário teriam que ser removidos para a cidade do Cairo o mais depressa possível. Fazia anos que os habitantes de Gourna, nas imediações do local, ganhavam a vida saqueando túmulos. Quando soubessem quanto estavam prestes a perder, era impossível imaginar o que fariam. Não se perdeu tempo anotando onde cada esquife fora encontrado no túmulo, e não se tirou uma única fotografia dos objetos *in situ*. Em dois dias, todos os esquifes, urnas canópicas e equipamento funerário foram içados para a superfície. Trezentos homens carregaram esses tesouros para a margem ocidental do Nilo, onde os esquifes, as múmias e as estátuas foram levados de balsa para a margem oriental e carregados no vapor do museu para sua viagem para a cidade do Cairo. Quando veio a público a notícia da carga real do navio, mulheres felaínas postaram-se às margens do Nilo e carpiram seus gritos de luto, exatamente como devem ter feito suas ancestrais para marcar o passamento de seus faraós.[4]

O esconderijo de Deir el-Bahari teve um efeito importante nas escavações do Vale dos Reis. A descoberta mostrou quão imensa tinha sido a pilhagem de túmulos no antigo Egito e quão desprotegidas estavam as tumbas. Como resultado da descoberta, as múmias de Tutmés I e II foram então para o Museu do Cairo e, embora seus túmulos ainda não tivessem sido descobertos, teve-se certeza de que tinham sido saqueados e esvaziados do que quer que tivesse valor. Mas houve também boas notícias: apesar de todas as múmias contidas no esconderijo, ainda havia muitos faraós importantes cujos túmulos não tinham sido encontrados — Tutmés IV, Amenófis III, Merneptah e outros reis menos conhecidos. Talvez seus túmulos houvessem escapado à destruição e à pilhagem.

Em 1898, quando Victor Loret descobriu um segundo esconderijo real, onde estavam as múmias de Amenófis III e outros reis, começou-se a concentrar a atenção em Tutancâmon, um faraó até então praticamente desconhecido. Se houvessem perguntado por ele a Cleópatra, que reinou no Egito 1.000 anos depois do jovem rei, ela teria respondido com um olhar de indagação.

As escavações de Petrie em Amarna haviam mostrado que Tutancâmon fizera parte de uma revolução religiosa, o que havia transformado Amarna num tema quente entre os egiptólogos. Ao mesmo tempo, vários túmulos reais — todos saqueados — tinham sido encontrados no Vale dos Reis, mas não o de Tutancâmon. Tampouco sua múmia se encontrava entre as que dedicados sacerdotes haviam resgatado dos túmulos saqueados. Não era absurdo supor que, em algum lugar do Vale dos Reis, a múmia de Tutancâmon ainda pudesse encontrar-se em sua tumba, sossegada. Donde a busca por ela começou para valer.

Para fazer escavações no Egito, um arqueólogo precisava de permissão do Serviço de Antigüidades, o que não era difícil de obter no início do século. A "concessão", como era chamada, em geral estipulava a área em que o escavador poderia cavar e o período durante o qual todas as outras pessoas ficariam excluídas dessa área. Os objetos encontrados seriam divididos entre o Serviço de Antigüidades e o escavador. Era um bom negócio para as duas partes. O Serviço de Antigüidades, com sua verba limitada, conseguia mão-de-obra gratuita e novos objetos para seu museu; e o escavador conseguia o que queria: conhecimento, objetos, ou ambos. Alguns, como Petrie, iam em busca de conhecimento. Ao receber sua parte na divisão das relíquias ao final de uma temporada, Petrie guardou as peças mais interessantes para formar uma coleção de estudos, que veio a se transformar no Museu Petrie do University College, em Londres. O restante ele dividiu entre os patrocinadores de suas escavações.

Outros escavadores iam para lá sobretudo à procura de objetos com que ampliar suas próprias coleções, ou pelo simples *frisson* da caçada. Theodore Davis, um rico advogado e negociante norte-americano, foi pela caçada. Passou o inverno no Egito em sua casa flutuante, *O Beduíno*, um sofisticado iate inteiramente mobiliado, inclusive com um piano e candelabros de cristal. Procurando por divertimento, ele resolveu fazer escavações, mas precisava de um trabalhador experiente a seu lado para obter a concessão. Entra em cena Howard Carter, que iniciara sua carreira sob a supervisão de Flinders Petrie.

Carter começou na egiptologia através de seu talento natural de artista. Seu pai ganhava a vida pintando retratos de animais para mecenas ricos. Os filhos — Howard era o caçula de 11 irmãos — haviam herdado o talento paterno. Fazia anos que o pai de Howard era quem pintava os retratos da família de lorde Amherst, de modo que desde menino ele acompanhara o pai a Didlington Hall, a residência da família onde ficava guardada a coleção de antigüidades egípcias de lorde Amherst. Este estava ligado ao Fundo de Explorações Egípcias, uma sociedade britânica então recém-fundada para escavar e registrar monumentos do Egito. Um de seus escavadores, necessitando de um artista que o ajudasse a reproduzir os murais de um túmulo em Beni Hassan, não muito longe de Amarna, havia sugerido que esse artista fosse um "não cavalheiro", pois exigiria menos que alguém de alta estirpe, o que permitiria evitar algumas despesas. O jovem Howard Carter, que quase não tinha escolarização formal, satisfazia plenamente esses requisitos. Lady Amherst recomendou o rapaz e ele embarcou num vapor para Alexandria. Carter não tardou a se revelar competente e trabalhador, capaz de se contentar com a vida no ambiente simples de um acampamento de expedição. Em pouco tempo, foi encaminhado a Petrie, em Amarna, para aprender com ele os rudimentos das técnicas de escavação, habilidade que mais tarde lhe seria de grande serventia.

Petrie, que não conhecia suficientemente o jovem escavador para confiar em seu trabalho, comentou:

> (...) Howard Carter chegou quando rapazola de 17 anos, para fazer algumas escavações para o Sr. Tyson Amherst. Seu interesse, na época, voltava-se inteiramente para a pintura e a história natural, e não imaginei o quanto ele seria capaz de fazer. Para manter seu trabalho longe de mim, entreguei-lhe a desobstrução do sítio de um templo. Lá ele encontrou as estátuas quebradas da rainha, torsos e uma profusão de lascas destes.[5]

Foi um daqueles curiosos caprichos da história em que a trajetória de dois grandes homens se cruza, sem que nenhum deles se dê conta da significação disso. Petrie, apesar de ainda jovem, já era o escavador mais habilidoso do Egito e começara a descobrir os primeiros indícios da vida de Tutancâmon. Nem ele nem Carter tinham a menor idéia de que, 25 anos depois, Carter descobriria o túmulo de Tutancâmon e se tornaria o egiptólogo mais famoso de todos os tempos. Aliás, enquanto trabalhava nesse sítio, é provável que tenha manuseado objetos que traziam grafado o nome de Tutancâmon, mas sem ter a menor idéia de quem pudesse ter sido esse personagem.

Carter foi trabalhar em outras escavações, aprendendo tão bem as técnicas da arqueologia que, em 1899, aos 26 anos, foi nomeado por Maspero para o cargo de Inspetor Chefe do Serviço de Antigüidades no sul do Egito. Carter era vigoroso, trabalhador e preocupado em preservar os monumentos egípcios. Seus deveres incluíam a construção de portas de ferro nas entradas dos túmulos, para impedir o vandalismo e o roubo, a instalação de iluminação elétrica, para que os turistas pudessem ver os murais, a restauração de templos e a prevenção de furtos. Ele parece ter se interessado particularmente por esta última tarefa. E registrou um incidente que beira um conto de Sherlock Holmes.

Carter havia preparado o túmulo de Amenófis II para o turismo. Colocou a múmia do faraó em seu sarcófago, expôs muitos dos objetos que Loret havia encontrado e instalou um portão de ferro, para que o túmulo pudesse ser trancado à noite. Apesar dessas precauções, em 20 de novembro de 1901, o túmulo foi invadido, a múmia foi danificada e alguns objetos foram roubados. O relatório de Carter mostra a sua determinação de apanhar os criminosos.

> 28.11.1901. — No dia seguinte, fui novamente ao túmulo de Amenófis II. (...) O ministério público me havia relatado, previamente, que o cadeado do túmulo tinha sido recomposto, de modo a parecer perfeito, por meio de pedacinhos de papel estanhado. (...) Encontrei outros pedacinhos de papel estanhado embaixo da porta e um pedaço pequeno de resina, provavelmente de uma árvore. Esse pedaço tinha o tamanho exato do orifício da lingüeta do cadeado e forneceu-me uma pequena pista, pois, em 11 de novembro, ele já fora arrebentado, sendo sua trava forçada por uma alavanca, e depois recomposto, para parecer perfeito, por meio de uma resina que grudara novamente a lingüeta, e o material e o método eram exatamente idênticos em ambos os casos.
>
> Devo acrescentar, antes de prosseguir, que eu tinha graves suspeitas sobre Mohamed Abd el-Rasul, no caso do túmulo de Yi-ma-dua, e que vigiava esse homem sempre que possível, pois ele era um conhecido saqueador de túmulos e sua casa ficava bem perto da tumba.
>
> (...) Comparei cuidadosamente as pegadas de ambos os túmulos e constatei que havia uma forte semelhança entre elas. Em ambos os casos, *as pegadas, feitas por pés descalços, eram de uma única pessoa* (...). Assim, tirei fotografias das marcas dos pés descalços, em escala, tanto quanto possível, e as medi muito criteriosamente.

FIG. 1: Estátua colossal de Aquenaton, pai de Tutancâmon. *Museu Egípcio, Cairo.*

FIG. 2: A segunda esposa de Aquenaton, Kiya, mãe de Tutancâmon; baixo relevo de Hermópolis. *Ny Carlsberg Glyptotek, Copenhague. Fotografia de Pat Remler.*

FIG. 3: Tampa de um canopo encontrada no Túmulo 55. Possivelmente Kiya, mãe de Tutancâmon. *Metropolitan Museum of Art, Nova York. Fotografia de Pat Remler.*

FIG. 4: Aye e sua esposa, Tey, cultuando Aton. *Túmulo de Aye em Amarna. Fotografia de Pat Remler.*

FIG. 5: Cabeça de Tutancâmon quando menino, de uma estátua possivelmente feita para sua coroação. *Metropolitan Museum of Art, Nova York. Fotografia de Pat Remler.*

FIG. 6: Ankhesenâmon oferecendo flores de lótus a Tutancâmon; detalhe de uma arca de marfim e madeira encontrada no túmulo de Tutancâmon. *Metropolitan Museum of Art, anteriormente emprestada pelo Museu do Cairo. Fotografia de Lee Boltin.*

FIG. 7: Pequeno santuário de ouro, decorado com cenas de Tutancâmon e Ankhesenâmon. *Metropolitan Museum of Art, anteriormente emprestada pelo Museu do Cairo. Fotografia de Lee Boltin.*

FIG. 8: Tutancâmon derramando perfume nas mãos de Ankhesenâmon. Detalhe do pequeno santuário de ouro. *Museu Egípcio, Cairo.*

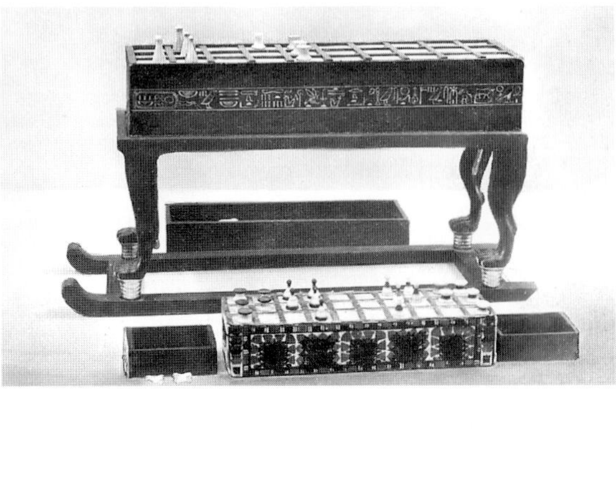

FIG. 9: Tabuleiros de jogos em marfim e madeira, usados por Tutancâmon e Ankhesenâmon. *Museu Egípcio, Cairo.*

FIG. 10: A cabeça de Aye, vizir de Tutancâmon. *Ägyptisches Museum, Berlim. Fotografia de Pat Remler.*

FIG. 11: Estátua do general Horemheb como escriba. A inscrição na base vangloria-se de ele haver posto fim ao crime e à ilegalidade durante o reinado de Tutancâmon. *Metropolitan Museum of Art, Nova York. Fotografia de Pat Remler.*

FIG. 12: Huy, vice-rei de Tutancâmon na Núbia. *Bode Museum, Berlim. Fotografia de Pat Remler.*

FIG. 13A: Interior do esquife de ouro para o feto maior encontrado no túmulo de Tutancâmon, com a múmia enfaixada. *Fotografia da Expedição Egípcia, Metropolitan Museum of Art, Nova York.*

FIG. 13B: O feto maior, parcialmente desenfaixado. *Fotografia da Expedição Egípcia, Metropolitan Museum of Art, Nova York.*

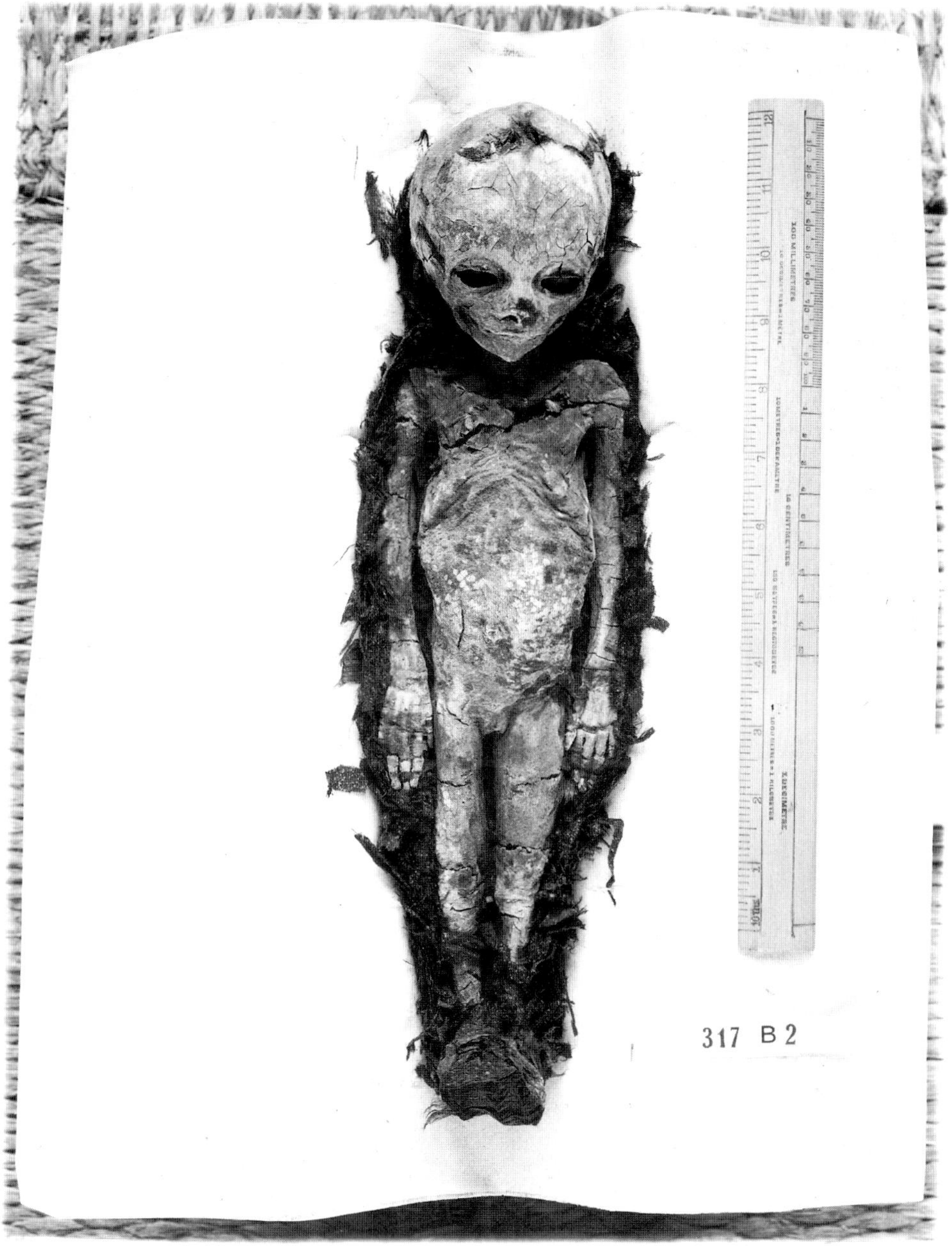

FIG. 13C: O feto maior. Observe-se a perfuração no topo do crânio, onde Derry o abriu para retirar o tecido introduzido pelos embalsamadores. Se houvesse vivido, a menina provavelmente seria deformada. *Fotografia da Expedição Egípcia, Metropolitan Museum of Art, Nova York.*

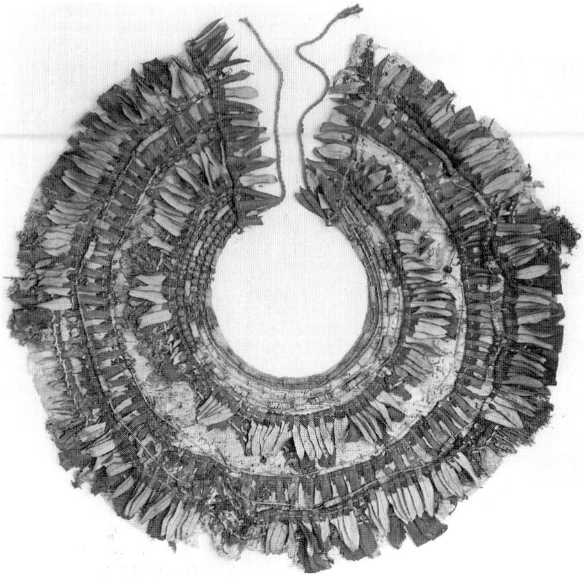

FIG. 14: Colar floral usado por um dos acompanhantes do enterro no banquete ritual realizado durante o sepultamento de Tutancâmon. *Metropolitan Museum of Art, doação de Theodore Davis, 1909.*

FIG. 15A: Esquife externo (com a tampa retirada) do menor dos dois fetos encontrados no túmulo de Tutancâmon. *Fotografia da Expedição Egípcia, Metropolitan Museum of Art, Nova York.*

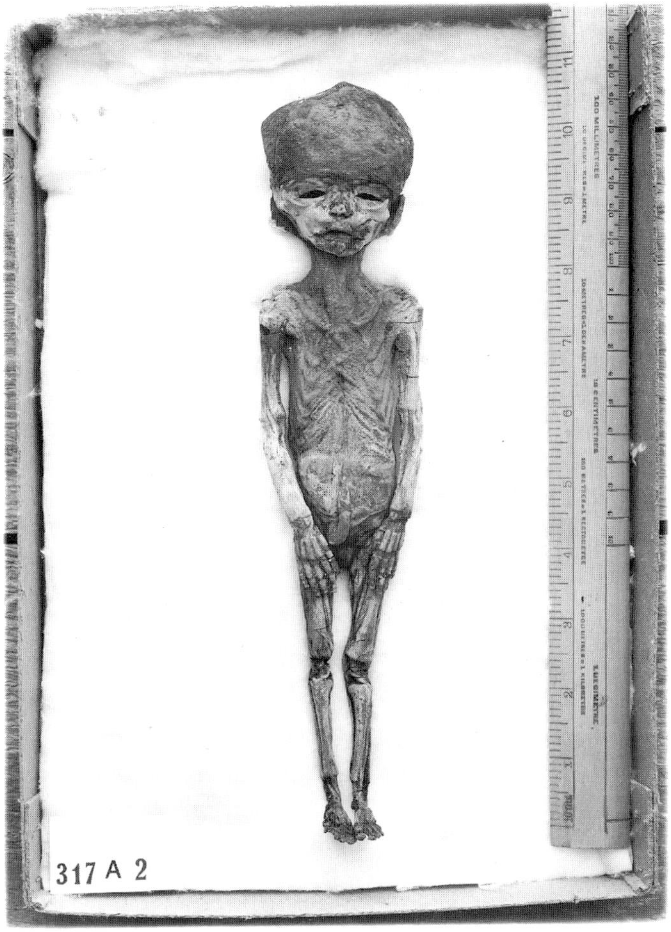

FIG. 15B: O feto menor. *Fotografia da Expedição Egípcia. Metropolitan Museum of Art, Nova York.*

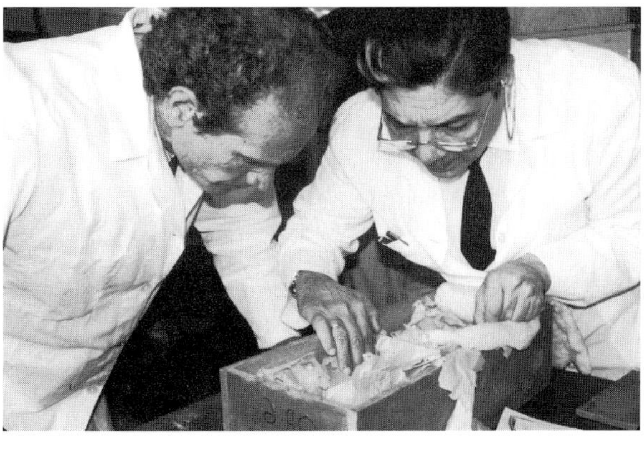

FIG. 16: O autor com o Dr. Fawzi Gaballah, examinando um dos fetos do túmulo de Tutancâmon. *Hospital Kasr El Einy, Cairo. Fotografia de Pat Remler.*

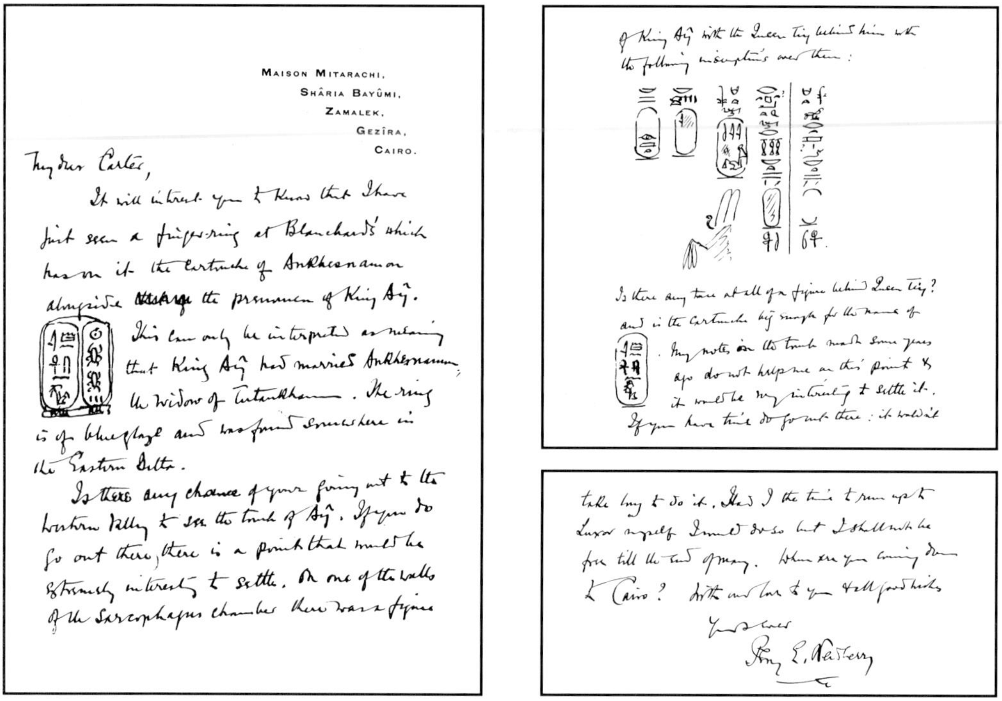

Maison Mitarachi,
Shâria Bayûmi,
Zamalek,
Gezîra,
Cairo.

My dear Carter,

It will interest you to know that I have just seen a finger-ring at Blanchard's which has on it the cartouche of Ankhesenamon alongside the praenomen of King Aÿ. This can only be interpreted as meaning that King Aÿ had married Ankhesenamun, the widow of Tutankhamun. The ring is of blue glaze and was found somewhere in the Eastern Delta.

Is there any chance of your going out to the Western Valley to see the tomb of Aÿ. If you do go out there, there is a point that would be extremely interesting to settle. On one of the walls of the Sarcophagus chamber there was a figure of King Aÿ with the Queen Tiy behind him with the following inscriptions over them:

Is there any trace at all of a figure behind Queen Tiy? and is the cartouche big enough for the name of . My notes on the tomb made some years ago do not help me on this point & it would be very interesting to settle it. If you have time do go out there: it wouldn't take long to do it. Had I the time to run up to Luxor myself I would do so but I shall not be free till the end of May. When are you coming down to Cairo? With our love to you & all good wishes

Yours ever

Percy E. Newberry

FIG. 17: Carta escrita por Percy Newberry, contando a Howard Carter sobre o anel indicativo de que Aye tinha-se casado com Ankhesenâmon. *Cortesia do Griffith Institute, Oxford.*

FIG. 18: Aye realizando a cerimônia da abertura da boca na múmia de Tutancâmon. Pintura mural do túmulo de Tutancâmon, no Vale dos Reis. *Fotografia de Pat Remler.*

FIG. 19: Uma das centenas de estátuas de servos (*ushabits*) colocadas no túmulo para acompanhar Tutancâmon ao outro mundo. *Metropolitan Museum of Art, Nova York, por empréstimo do Museu do Cairo. Fotografia de Lee Boltin.*

FIG. 20: Estátua colossal de Tutancâmon encontrada em seu templo mortuário. Seu nome foi apagado e a estátua exibe agora o cartucho de Horemheb. *Museu Egípcio, Cairo. Fotografia de Pat Remler.*

FIG. 21: O único lugar do Templo de Luxor em que o nome de Tutancâmon não foi apagado fica num ponto alto da parede leste do Salão da Colunata. *Templo de Luxor. Fotografia de Pat Remler.*

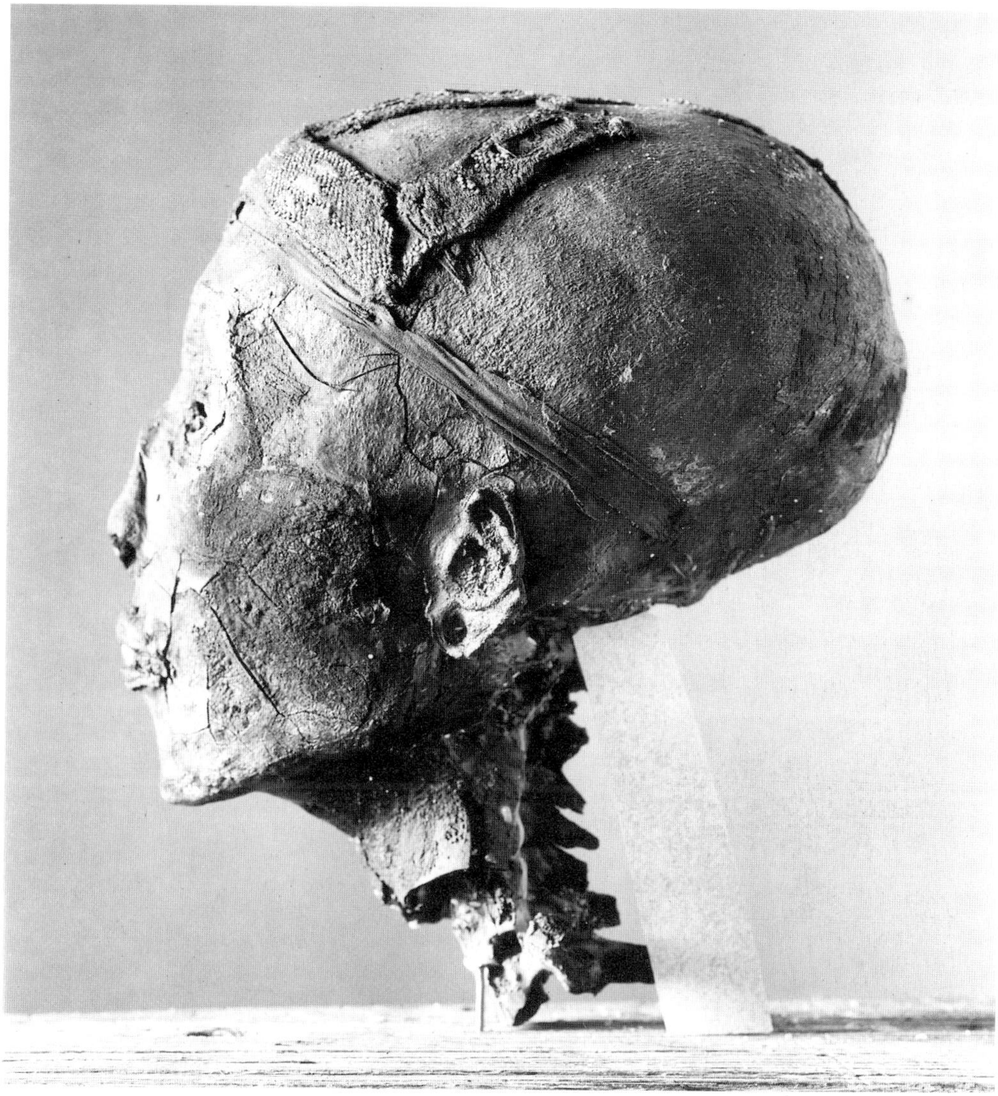

FIG. 22: O crânio de Tutancâmon, mostrando a cabeça alongada que era típica da família real no período de Amarna. *Fotografia da Expedição Egípcia, Metropolitan Museum of Art, Nova York.*

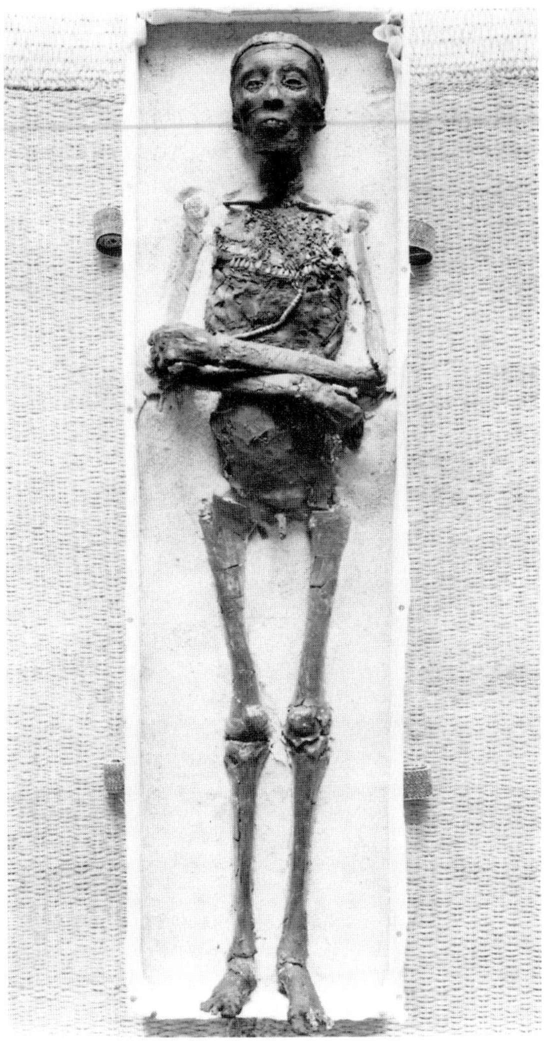

FIG. 23: A múmia de Tutancâmon, remontada numa bandeja com areia depois da autópsia realizada pelo Dr. Derry. Sua múmia ainda repousa em seu túmulo no Vale dos Reis. *Fotografia da Expedição Egípcia, Metropolitan Museum of Art, Nova York.*

FIG. 24A: Um dos quatro canopos em miniatura contendo os órgãos internos de Tutancâmon. *Fotografia da Expedição Egípcia, Metropolitan Museum of Art, Nova York.*

FIG. 24C: O conteúdo desenfaixado da urna canópica: o fígado de Tutancâmon. *Fotografia da Expedição Egípcia, Metropolitan Museum of Art, Nova York.*

FIG. 24B: Uma das urnas canópicas de Tutancâmon, em miniatura, com a tampa retirada e o órgão enfaixado ainda em seu interior. *Fotografia da Expedição Egípcia, Metropolitan Museum of Art, Nova York.*

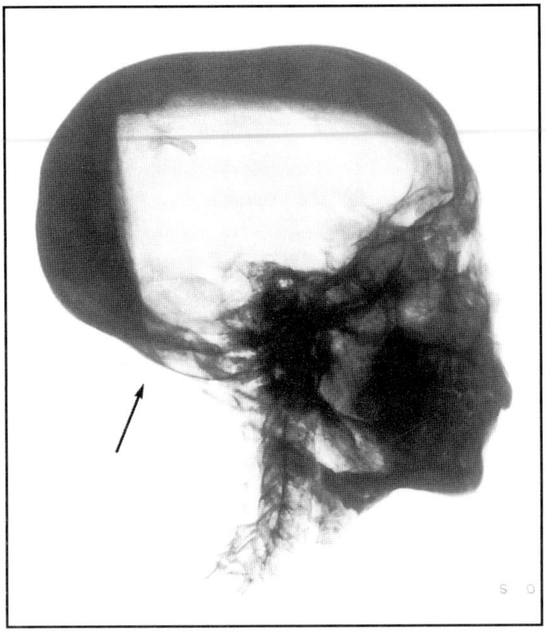

FIG. 25: Radiografia do crânio de Tutancâmon. O fragmento de osso visível no canto superior esquerdo foi resultado de danos post-mortem causados ao crânio. A seta aponta para o local da possível pancada na parte posterior da cabeça. *Cortesia do Departamento de Anatomia Humana e Biologia Celular da Universidade de Liverpool.*

FIG. 26: O autor com o Dr. Gerald Irwin, diretor médico do Programa de Tecnologia Radiológica do Campus C. W. Post da Universidade de Long Island. Irwin foi o primeiro a sugerir que Tutancâmon poderia ter demorado a morrer de um golpe desferido na parte posterior da cabeça. *Fotografia de Gina Mosti.*

Enquanto isso, o rastreador seguiu pegadas desde Biban el-Muluk até a aldeia de Goorneh e a casa de Suleiman e Ahmed Abd el-Rasul. Esses homens foram presos (...)

30.11.1901 — Fui ao ministério público e (...) pedi licença para inspecionar as pegadas de Mohamed Abd el-Rasul. Fiz isso em Markaz e constatei que eram totalmente compatíveis com minhas fotografias e com as medidas que eu havia tirado nos túmulos de Amenófis II e Yi-ma-dua. As medidas bateram com precisão milimétrica.[6]

Ao saber que Davis estava interessado nas escavações, Carter sugeriu que poderia providenciar-lhe uma concessão no Vale dos Reis e, quando seu trabalho de inspetor-chefe o permitisse, poderia supervisionar os trabalhos. No primeiro ano de escavação, eles encontraram o túmulo saqueado de Tutmés IV. Muitos dos objetos funerários tinham sido deixados pelos antigos ladrões, inclusive belas imagens azuis de *ushabtis* e uma parte da carruagem do faraó, decorada com cenas de batalha. Davis ficou extasiado, mas, embora a parceria fosse conveniente para os dois homens, não duraria. Em 1904, Carter foi transferido para o norte, para supervisionar os monumentos de Saqqara, cerca de 23 quilômetros ao sul do Cairo. Ali, envolveu-se numa altercação que pôs fim à sua carreira no Serviço de Antigüidades.

Um grupo desordeiro de turistas franceses havia tentado entrar num túmulo sem comprar ingressos, passara à força pelo guarda e se recusava a sair do túmulo. Carter foi chamado. Quando os franceses agrediram os guardas locais, Carter lhes disse que se defendessem e seguiu-se uma refrega. Os franceses ficaram ultrajados por terem sido agredidos por um trabalhador egípcio, mas Carter defendeu a ação dos guardas e se dispôs a processar os franceses. No Egito colonial, era inédito um egípcio bater num europeu. O assunto chegou aos escalões mais altos da diplomacia européia no Egito e Carter foi solicitado a se desculpar. Recusou-se. Maspero solidarizou-se com ele, mas foi obrigado a repreendê-lo e, ultrajado, Carter pediu demissão, nunca mais voltando ao Serviço de Antigüidades. Dali em diante, seria um agente autônomo.

Enquanto isso, já sem os serviços de Carter, Davis empregou um rapaz de 22 anos, Edward Ayrton, para dar continuidade às escavações no Vale. Filho de diplomata, Ayrton havia nascido na China e, aos 19 anos, viajara ao Egito para fazer escavações com Petrie. Como a maioria dos discípulos de Petrie, era bem treinado e prestou bons serviços a Davis, descobrindo o túmulo saqueado do faraó Horemheb, um dos generais de Tutancâmon, que mais tarde se tornara rei. Descobriu também o primeiro indício do túmulo de Tutancâmon, enterrado sob uma pedra — uma xícara de faiança com o nome do faraó. Ela forneceu o primeiro vínculo palpável entre Tutancâmon e o Vale dos Reis. Animados com essa descoberta, Ayrton e Davis prosseguiram na busca e, em 1907, depararam com uma pequena cova que continha restos de uma antiga refeição. Misturados com a comida, as xícaras, as jarras de vinho e as guirlandas de flores, havia bandagens de múmia que traziam o nome de Tutancâmon. Estava claro que ele fora sepultado no Vale, mas Davis não compreendeu o que havia encontrado. Julgou ter descoberto o produto enterrado do saque feito ao túmulo de Tutancâmon. Na verdade, tratava-se dos restos da ceia feita pelos familiares e amigos íntimos de Tutancâmon no dia de seu enterro, juntamente com os restos do material usado em sua mumificação. Ao encontrar, em 1909, um pequeno túmulo inacabado, contendo imagens de *ushabtis* e algumas folhas de ouro com o nome de Tutancâmon, Davis concluiu haver descoberto o túmulo saqueado do faraó.

Todos os anos, Davis publicava suas descobertas numa série de livros suntuosos. Ao fim de cada ano havia um catálogo dos objetos encontrados, redigido por um egiptólogo profissional. Alguns desses livros traziam aquarelas ilustrativas de Howard Carter, que na época estava desempregado e ficou grato por esse trabalho. No prefácio, Davis dava suas opiniões, sem se deixar inibir pelos fatos ou pela orientação dos egiptólogos. No prefácio do volume referente às descobertas sobre Tutancâmon, Davis concluiu: "Temo que agora o Vale esteja esgotado."[7] Não tardaria a desistir de sua concessão para fazer escavações no Vale, deixando abertas as portas para Carter.

Durante o período em que Davis trabalhou no Vale dos Reis, George Edward Stanhope Molyneux Herbert, o quinto conde de Carnarvon, iniciou sua série de escavações na parte externa do Vale. Carnarvon, um aristocrata e colecionador abastado, tinha paixão por cavalos de turfe e automóveis de corrida, e teve a triste honra de participar do primeiro acidente automobilístico quase fatal do mundo, em 1903. Aconselhado a viajar ao Egito para se recuperar de seus ferimentos, desenvolveu um intenso interesse pela arqueologia e, tal como Davis, julgou que gostaria da diversão de fazer escavações. Seu acidente lhe prejudicara os pulmões e o deixara fragilizado, de modo que ele nunca chegaria a ter uma participação ativa, mas queria desempenhar algum papel. Um artista das escavações assim descreveu a paixão sincera de Carnarvon pela egiptologia:

> A cor insalubre de sua tez era mais visivelmente acentuada pelo fato de ele ter o rosto marcado por cicatrizes de varíola. Mas,

quando discutia egiptologia, seus olhos pálidos e baços reluziam de entusiasmo.[8]

Quando Carnarvon pediu permissão a Maspero para realizar escavações, Maspero vislumbrou uma oportunidade de ajudar o empobrecido Carter. Sugeriu que Carnarvon o empregasse. Em 1907, os dois firmaram uma sociedade: o conde financiaria uma série de escavações e Carter dirigiria os trabalhos.

Eles formavam uma dupla estranha. Lorde Carnarvon crescera num meio de imensa riqueza, tinha grande encanto pessoal e exibia todos os requintes sociais; era um homem muito desenvolto e, como estava na moda entre os ricos, gostava de brincar com o ocultismo. Oferecia e freqüentava festas em que médiuns examinavam bolas de cristal e realizavam sessões espíritas, e costumava divertir-se à beça.

Carter, por outro lado, vinha de uma família de trabalhadores de classe média, na qual desenvolvera uma postura diante da vida que não incluía fantasias, vendo as questões em preto e branco — certo ou errado. Era um homem sincero e batalhador, com poucas aptidões sociais e pouco encanto pessoal, solteiro e bastante solitário. Os dois eram uma dupla improvável, mas entre eles se desenvolveu uma amizade duradoura. Foi sempre um relacionamento de patrão e empregado, mas eles se importavam um com o outro e se protegiam mutuamente.

No ano em que Carter e Carnarvon firmaram sua sociedade, a equipe Davis-Ayrton descobriu mais um túmulo com um esquife real e uma múmia. Antes de a poeira da escavação baixar, Davis declarou que se tratava da múmia da rainha Teye, avó de Tutancâmon. Arthur Weigall, o novo Inspetor Chefe das Antigüidades em Luxor, declarou que era a múmia de Aquenaton, e George Daressy, o egiptólogo francês que trabalhava no Museu Egípcio, anunciou que era a de Tutancâmon. No fim, estavam todos errados: a múmia descoberta era a de Smenkare, o irmão de Tutancâmon.

O Túmulo 55

Dentre todas as múmias reais descobertas, nenhuma causou mais controvérsia do que a encontrada no Túmulo 55 do Vale dos Reis. Situado perto do túmulo de Ramsés IX, esse túmulo recebeu o novo número 55 e é conhecido como KV55 (Vale dos Reis 55). Quando Davis e Ayrton retiraram o entulho, surgiu uma escadaria recortada no leito de pedra. Limpa, revelou uma passagem que levava a uma segunda escadaria, esta descendo até um túmulo ao fundo do qual havia uma parede seca, feita de lascas de calcário grandes. Não fazendo parte da arquitetura tradicional dos túmulos, era evidente que essa parede havia tornado a lacrar um túmulo aberto em tempos antigos. Sua retirada revelou um corredor próximo em declive, cheio até quase o teto com lascas de calcário, para deter os saqueadores. Um espaço aberto próximo do teto sugeria que o recurso não havia funcionado: o túmulo havia sido saqueado.

O grupo presente à abertura do túmulo incluiu Gaston Maspero, Arthur Weigall, Inspetor de Antigüidades do Alto Egito, Joseph Lindon Smith, artista que havia trabalhado para vários egiptólogos, e sua esposa, Corinna. Quase todos os presentes deixaram relatos do que aconteceu nesse dia claro de janeiro de 1907. Nenhum deles combina com os demais.

O primeiro a entrar no túmulo foi Joseph Lindon Smith, escolhido por Maspero porque sua compleição franzina permitia que ele passasse pela abertura estreita. Ao subir lentamente para o topo da pilha de lascas, Smith deparou com uma grande porta de madeira folheada a ouro. Anotando rapidamente as inscrições, voltou para mostrá-las a Maspero, que leu o nome da rainha Teye, mulher de Amenófis III e mãe de Aquenaton. A porta era tão frágil que, quando uma leve brisa entrou no túmulo, pela primeira vez em 3.000 anos, a folha de ouro desprendeu-se e flutuou até cair no chão. Como a porta era frágil demais para ser afastada, Smith esgueirou-se cuidadosamente ao lado dela e continuou sua descida até o túmulo.

A tumba estava inacabada. O que servia de câmara mortuária era um aposento sem pintura, toscamente cortado na pedra, com uns 5,5 metros quadrados. Outros painéis de madeira jaziam no chão e encostados numa parede. Num nicho cortado numa dessas paredes, Smith viu quatro belos vasos canópicos de alabastro, com tampas finamente esculpidas em forma de cabeça de mulher (fig. 3). Mas o que chamou sua atenção em meio àquela barafunda foi um belo esquife, muito danificado, que se achava perto de uma parede, com a tampa entreaberta. Como o restante do conteúdo do aposento, o esquife fora danificado pela água da chuva que pingava por uma rachadura no teto. Em alguma época, o caixão deveria ter estado sobre uma urna funerária de madeira, que havia desmoronado, causando ainda mais danos ao esquife. Pior do que isso, em algum momento da Antigüidade uma pedra desabara do teto sobre ele.

Milhares de incrustações de massa e pedras preciosas formavam as asas protetoras de um falcão que cercavam o esquife. Mais importante do que o caixão em si era o fato de que em seu interior jazia um corpo — obviamente intocado, pois em sua cabeça ainda havia um abutre dourado, símbolo do poder do faraó.

Ninguém anotou quanto tempo Smith permaneceu no túmulo, mas deve ter parecido uma eternidade para o grupo que, do lado de fora, aguardava suas informações. Quando finalmente saiu, ele descreveu as coisas da melhor maneira que pôde. Maspero fez algumas perguntas e mandou-o de volta, para verificar os estragos causados pela água e fazer um croqui dos objetos. Smith desenhou o esquife e voltou para fazer um segundo relatório. Estavam todos impacientes para entrar, mas tiveram que esperar que os operários abrissem uma passagem e colocassem tábuas para suportar o vasto peso de Maspero.

Davis mandou seu mordomo buscar um cesto de piquenique em sua casa flutuante no Nilo. Durante o almoço, o grupo discutiu a descoberta. Davis estava encantado, convencido de que eles haviam encontrado o túmulo e a múmia da rainha Teye. Depois da refeição, finalmente puderam entrar no túmulo.

De lá para cá, todos os painéis de madeira se desintegraram, com exceção de dois, mas, pelo que se observou no túmulo em 1907, fica claro que eles eram remanescentes de um santuário dourado que um dia havia abrigado o esquife da rainha Teye. Aparentemente, o santuário fora feito para ela por seu filho, Aquenaton, e mostra-o ao lado da mãe, adorando Aton. Algum tempo depois do enterro, alguém havia arrancado a imagem de Aquenaton do santuário, a golpes de picareta, mas a figura da rainha Teye permanecia intocada. E, aninhadas num nicho retangular cavado na parede, estavam as quatro urnas canópicas destinadas a guardar os órgãos internos da múmia, com tampas em formato de cabeça de mulher.

Por causa do estado frágil da tampa do esquife, eles tiveram que esperar que um restaurador a reforçasse para poderem retirá-la. Enquanto isso, cada objeto teve que ser fotografado *in situ*, antes de ser removido do túmulo para a luz do dia. Passaram-se vários dias até que um restaurador e um fotógrafo chegassem do Cairo. No dia em que se desenfaixou a múmia, todos os presentes compreenderam a importância histórica do acontecimento. Eles seriam as primeiras pessoas, em mais de 3.000 anos, a fitar o rosto daquela famosa rainha do Egito. Maspero, Weigall, Ayrton, Joseph Lindon Smith e sua mulher, Corinna, além de Theodore Davis e sua companheira, Sra. Andrews, estavam no aposento. Também estava presente Harold Jones, um artista que trabalhava para Davis; e Arthur Quibell, do Serviço de Antigüidades, chegou mais tarde. Depois que o grupo se reuniu solenemente em torno do esquife, cuja tampa fora retirada pelo restaurador, Maspero pediu a Joseph Lindon Smith que desenfaixasse a múmia, porque ele tinha "as mãos delicadas de um artista".

Folhas de ouro medindo cerca de dois palmos cobriam a múmia do pescoço até os pés. Como o ouro não embaça, os antigos egípcios o associavam à eternidade, envolvendo as múmias em ouro para garantir sua preservação. À medida que retirava cada folha de ouro, Smith a entregava a Maspero para inspeção, e o francês declarava sobre todas elas: "Não há inscrições". Surgiu então a múmia, que tinha o braço esquerdo cruzado sobre o peito e o direito estendido ao longo do corpo, numa pose normalmente reservada às mulheres da realeza. Três pulseiras de ouro circundavam cada pulso. Davis obteve então provas ainda maiores para corroborar sua teoria sobre a rainha Teye. Maspero pediu que Smith apalpasse a área abaixo das bandagens que cobriam o pescoço e a parte superior do peito, à procura do peitoral que deveria estar ali. Quando Smith começou a executar essa tarefa, delicadamente, o grupo confrontou-se com uma cena que parecia saída de um filme de terror:

> Entretanto, assim que minha mão tocou na superfície da múmia, esta se desfez em cinzas e escoou pelos ossos. O mesmo aconteceu com o restante do corpo, até não sobrar nada além de uma pilha de pó e ossos desarticulados, com um punhado de tiras de pele seca aderidos a eles. A água que havia entrado no túmulo explicava a consistência do tecido, semelhante à de cinzas de charuto. Tateando aqui e ali, encontrei pedaços de um colar largo de pingentes de ouro, placas incrustadas, flores de lótus feitas de ouro e inúmeras contas minúsculas.[9]

Havia um estranho conjunto de coisas no Túmulo 55: objetos pertencentes a Teye, Aquenaton, Smenkare e, como muitos egiptólogos hoje acreditam, os vasos canópicos de Kiya. Como teriam todos aqueles objetos da família de Tutancâmon ido juntar-se ali? A explicação mais provável é que, depois de terem sido saqueados os túmulos de Amarna, algum servo leal teria reunido tudo o que restou, transportado o material para Tebas e tornado a enterrá-lo no esconderijo do Túmulo 55. Hoje em dia, a maioria dos egiptólogos acredita que o corpo do Túmulo 55 era o de Smenkare, irmão de Tutancâmon. Tutancâmon continuava desaparecido.

Tão logo Theodore Davis abriu mão da concessão no Vale, Carter e Carnarvon a obtiveram. E se dispuseram a conduzir o que chamaram de "busca sistemática e exaustiva" do Vale; mas esse trabalho foi adiado pelo início da I Guerra Mundial, até o fim de 1917.

Carter estava convencido de que sua melhor opção para encontrar um novo túmulo era apostar no triângulo formado pelos túmulos de Merneptah, Ramsés II e Ramsés VI, a única área do Vale que não fora inteiramente escavada. Os operários retiraram milhares de cestos de entulho, enquanto Carter abriu caminho até a base do famoso túmulo de Ramsés VI. Descobriu-se um grupo de casebres de antigos trabalhadores, provavelmente deixados ali depois da construção do túmulo. Os casebres teriam que ser retirados para que Carter pudesse ir adiante, mas isso barraria o acesso ao túmulo de Ramsés VI, um dos locais turísticos de maior popularidade. Assim, Carter transferiu seu trabalho para outra parte do Vale, até que diminuísse o fluxo de turistas.

Cinco anos se passaram sem nenhum sucesso, enquanto Carter vasculhava assiduamente o Vale. Carnarvon acabou por achar que Davis tinha razão: o Vale estava esgotado. Por causa dos laços estabelecidos entre eles, deve ter sido difícil para Carnarvon chamar Carter ao castelo de Highclere, em 1922, para lhe informar que havia decidido suspender as escavações. Depois de tantos anos sem nenhum resultado, Carter não deve ter ficado surpreso, mas não estava disposto a desistir. Fez uma contraproposta: eles prosseguiriam por mais uma temporada, cujas despesas seriam pagas por Carter, embora Carnarvon pudesse ficar com tudo o que fosse encontrado. Comovido com o gesto ousado daquele homem sem recursos, Carnarvon concordou em financiar uma última temporada.

Somente em novembro de 1922 Carter finalmente retornou ao triângulo que havia deixado para depois e começou a remover os casebres. Em 4 de novembro, um dos operários descobriu um degrau no chão do Vale. Depois de mais um dia de limpeza, apareceu uma escadaria. Ao anoitecer de 5 de novembro, depois do décimo segundo degrau, surgiu a parte superior de um portal de entrada, com o timbre da necrópole real ainda no lugar. Carter sabia que tinha descoberto o túmulo de um rei, mas não sabia qual. Por uma pequena abertura perto do alto da porta, viu que a passagem atrás da porta de gesso estava repleta de pedregulhos, para barrar os saqueadores de túmulos. Talvez a tumba estivesse intacta. O que incomodava Carter era a escadaria estreita, com apenas 1,80 metro de largura; as entradas dos outros túmulos reais eram consideravelmente mais largas. Conseguindo, de algum modo, manter sua excitação sob controle, Carter encheu a escadaria de areia e cascalho e telegrafou para seu patrão, lorde Carnarvon, na Inglaterra.

> Finalmente fiz descoberta maravilhosa Vale; túmulo magnífico com selos intactos, que tornei a cobrir até sua chegada; parabéns.

Carter esperou quase um mês pelo amigo, que chegou ao Egito na última semana de novembro. Então finalmente foram tomadas providências para abrir o túmulo. A escadaria tornou a ser desobstruída e, dessa vez, revelou-se o cartucho de Tutancâmon na parte inferior da porta lacrada. Quando a abriram, porém, os escavadores puderam ver uma antiga trilha estreita em meio ao entulho, quase certamente feita por saqueadores da Antigüidade. Alguém havia entrado na tumba antes.

Um dia inteiro foi dedicado à abertura da galeria descendente, de 9 metros de comprimento. Espalhados por entre as lascas de calcário estavam jarros de alabastro, potes de cerâmica e ferramentas de operários. Por fim, chegou-se a uma segunda porta lacrada. Dessa vez, havia claros indícios de que alguém lhe abrira uma fenda e tornara a lacrá-la. Carter fez uma abertura no canto superior esquerdo da porta, por onde introduzir uma vela para testar o ar na parte interna. A princípio, a chama oscilou ao ar quente que escapava, e em seguida Carter viu "coisas maravilhosas".

O aposento que Carter e Carnarvon esquadrinharam estava repleto de todas as posses de que Tutancâmon precisaria no outro mundo. Bigas, estátuas, tabuleiros de jogos, roupas, jóias, camas, divãs, cadeiras e até um trono, todos empilhados uns sobre os outros. Aparentemente, os antigos ladrões tinham sido apanhados em flagrante, ou algo os levara a fugir cedo demais, assustados, porque pouca coisa tinha sido mexida. O túmulo estava praticamente intacto.

Enfim parecia que seriam revelados os detalhes do desconhecido faraó Tutancâmon. Quando Carter fez sua descoberta, havia duas referências populares sobre a história do antigo Egito, ambas escritas pelo equivalente norte-americano de Petrie, James Henry Breasted. Farmacêutico por formação, Breasted não tardara a perceber que a egiptologia lhe interessava mais do que aviar receitas de medicamentos, de modo que fora para a Alemanha estudar hieroglifos. Os europeus estavam muito mais avançados que a América na oferta de cursos formais de egiptologia, de modo que Breasted estudou com Adolph Erman, um grande filólogo, e foi o primeiro norte-americano a se doutorar em egiptologia. Petrie era escavador e Breasted, filólogo; ambos estavam interessados em formar um quadro completo da história egípcia, mas tinham abordagens diferentes. Petrie queria descobrir material novo; Breasted queria traduzi-lo.

Na virada do século, Breasted deu início a uma incrível batalha de um homem só para registrar todos os fatos históricos do antigo Egito. Durante 11 anos, percorreu as margens do Nilo para cima e para baixo, traduzindo inscrições em paredes de templos e túmulos, muitas vezes pondo em risco sua saúde. A anotação de seu diário datada de 14 de novembro de 1906 diz:

> Nosso trabalho começa às 6 horas da manhã e o sol se põe muito antes de terminarmos. Passei o dia de ontem numa escada, copiando material de uma parede ofuscante, na qual este sol feroz batia com toda a força, e esta manhã acordei com um olho fechado pela inchação. Mesmo de óculos escuros, às vezes acho impossível o trabalho numa parede iluminada pelo sol.[10]

Depois dessa busca exaustiva, Breasted publicou uma obra em cinco volumes, *Registros antigos do Egito*[11]. Só havia encontrado um monumento do reinado de Tutancâmon — o túmulo de Huy, o vice-rei de Tutancâmon na Núbia. Mais tarde, ao escrever sua *História do Egito*[12], de 600 páginas, Breasted dedicou menos de uma página a Tutancâmon. Simplesmente não havia muito o que dizer. Mas Carter tinha esperança de completar essa história.

À medida que prosseguiam as escavações no túmulo de Tutancâmon, as informações esperadas pelos egiptólogos continuavam sem vir à tona. Encontraram-se objetos espetaculares, mas nada que mencionasse quem eram os pais do faraó ou fornecesse detalhes ou esclarecimentos sobre o que havia acontecido em seu breve reinado. Houve um momento fugaz de excitação quando se encontrou uma caixa de "papiros" na antecâmara, mas, examinados de perto, eles se revelaram apenas rolos de tecido que haviam amarelado com o correr dos séculos. Tutancâmon havia enganado seus descobridores.

Carter e Carnarvon, encantados com sua descoberta, reagiram de maneiras muito diferentes. Carnarvon, o colecionador, ficou extasiado com a beleza dos objetos. Carter, com sua formação de artista, certamente lhes apreciava a beleza, mas, como arqueólogo, seu interesse estava em descobrir a história secreta de Tutancâmon. Nesse ponto, ficou decepcionado.

Carter nunca soube que Tutancâmon talvez houvesse levado uma pancada na parte posterior da cabeça, nem suspeitou de nenhuma velhacaria. Mesmo hoje, no entanto, passados 75 anos, ainda é possível vasculharmos o túmulo à procura de pistas sobre o que aconteceu durante a curta vida de Tutancâmon e, acima de tudo, sobre sua morte.

O Relicário de Ouro

As jóias eram espetaculares, é claro, mas, para mim, o objeto mais tocante encontrado no túmulo foi um pequeno relicário de madeira revestido de ouro, que um dia abrigou uma estátua de Tutancâmon. Com apenas 45 centímetros de altura, ele é, na verdade, a miniatura de um santuário em tamanho natural (fig. 7). Quando Carter abriu suas portas minúsculas, viu duas pequenas pegadas de sandálias impressas no piso, onde um dia estivera a estátua, roubada por ladrões em idos tempos.[13] Na parte externa do relicário foram esculpidas 18 cenas, nas quais Tutancâmon aparece fazendo todas as coisas de que gostava — caçar aves no pântano com seu arco e flecha, receber flores, ser banhado em perfume —, e sempre ao lado de Ankhesenâmon. Ela lhe entrega flores e amarra um colar em seu pescoço. Quando ele aparece caçando, Ankhesenâmon está ao pé dele, segurando a flecha seguinte. O rei derrama perfume sobre as mãos da noiva (fig. 8). Não se trata de cenas corriqueiras, produzidas segundo os padrões das oficinas; trata-se do retrato de um jovem casal cujos membros eram dedicados um ao outro, estavam absortos um no outro. Seu casamento se deu por razões políticas, quando os dois eram crianças, mas é claro que entre eles se desenvolveu uma grande afeição. As cenas do relicário os mostram tocando-se constantemente, de mãos dadas. Eram adolescentes apaixonados.

As inscrições do relicário nunca mencionam Tutancâmon como alguém "de Voz Verdadeira", falecido, donde não se trata de um objeto funerário, fabricado às pressas e de encomenda para seu túmulo. É provável que tenha sido um presente de Ankhesenâmon para o marido. É sua carta de amor escrita a ouro. E o relicário não é o único sinal de amor entre Tutancâmon e Ankhesenâmon. Até o trono real mostra Ankhesenâmon ternamente arrumando o peitoral largo de Tutancâmon.

O casal real passava muito tempo junto, gastando horas em jogos. Tutancâmon levou consigo para o outro mundo tabuleiros de três jogos diferentes. Um de seus favoritos era o Senet, meio parecido com nosso moderno Monopólio (fig. 9). O tabuleiro do Senet compõe-se de três fileiras de dez casas. Algumas delas traziam a inscrição "ótimo", e outras, "água" — o equivalente a "ir para a cadeia". As peças tinham formato semelhante ao dos peões do xadrez, mas, em alguns jogos mais requintados, eram cabeças de leão. Não conhecemos as regras do jogo, mas parece que ele envolvia uma corrida entre os jogadores para evitar as ciladas, como "água", e chegar primeiro ao fim do tabuleiro. As jogadas eram decididas jogando-se gravetos.[14] Era um jogo tão popular que reis e rainhas aparecem jogando Senet nos murais de seus túmulos. Eles também jogavam Vinte Casas. Estas se dispunham em formato de T. Podemos apenas presumir que os jogadores colocavam suas peças nas fileiras externas do tabuleiro e, jogando gravetos para determinar seus movimentos, tentavam chegar à fileira central.[15]

Tutancâmon foi sepultado com quase três dúzias de jarros de vinho fino, cada qual com vários galões. Os egípcios gostavam tanto de vinho que, muitas vezes, mostravam o processo de vinicultura nos murais de seus túmulos. Senefer, um nobre de Tebas, mandou que o teto de seu túmulo fosse construído em desnível, para que uma parreira nele pintada parecesse real. Outro nobre tebano, Nakht, mostrou o pisoteio das uvas, com vários homens em grandes tonéis pisando as frutas para extrair seu sumo. O vinho do túmulo de Tutancâmon era um verdadeiro tesouro. Os jarros traziam rótulos indicando o vinhateiro, a vinha e o ano de engarrafamento. Muitos dos jarros trazem a inscrição "Terras de Tutancâmon"; a maioria é datada do ano 5, provavelmente um ano de safra de alta qualidade. Uma das garrafas trazia a indicação "ano 31" do reinado do faraó, de modo que deve ter sido guardada do celeiro de seu avô. Já tinha mais de 30 anos ao ser colocada no túmulo. De todos os vinhos do túmulo do faraó, apenas quatro jarros traziam a inscrição "doce". Tutancâmon gostava de vinho seco.[16]

O faraó parece ter gostado mais da caça do que de qualquer outro esporte. As cenas que decoram seus roupeiros e santuários mostram-no caçando e abatendo aves. Um leque de penas de avestruz retrata o jovem rei caçando avestruzes com arco e flecha em sua biga. Atrás dele, um *ankh* segura outro leque de penas de avestruz, também decorado. Se fosse possível ver a decoração deste, seria outro leque de penas de avestruz, uma imagem dentro da imagem dentro de outra imagem. Tutancâmon também caçava cabritos monteses e gazelas. Dezenas de arcos e centenas de flechas foram colocados em seu túmulo, para que ele pudesse continuar a caçar no outro mundo.[17]

Os objetos do túmulo dão-nos muitas informações sobre as *coisas* de que Tutancâmon gostava, mas dizem pouquíssimo sobre de *quem* ele gostava e sobre sua relação com os que o cercavam. Será que gostava dos membros da corte? Confiava neles? Recebia de bom grado a orientação de Aye? O túmulo de Tutancâmon também não revela muito sobre sua família; há poucas lembranças visíveis de seus pais, suas irmãs ou seu irmão, excetuando-se Ankhesenâmon. Talvez a menção de seus familiares fosse uma referência muito dolorosa a Amarna. Mas Howard Carter encontrou um grande legado da avó de Tutancâmon no túmulo: um esquife em miniatura, contendo um esquife de ouro ainda menor, em forma humana, que trazia uma inscrição para o rei menino e onde havia um sortimento curioso de objetos: um minúsculo caixão de madeira pintada, alguns retalhos de pano e um embrulho feito de linho, contendo uma estatueta de um faraó ajoelhado, em ouro maciço, faraó este identificado como o avô de Tutancâmon, Amenófis III. Uma caixinha ainda menor, gravada com o nome e os títulos da avó de Tutancâmon, a rainha Teye, guardava um cacho de seu cabelo.

Era freqüente encontrarem-se legados de governantes ou ancestrais nos túmulos da realeza. Às vezes, um pote de ungüento de um parente, ou um escaravelho com a gravação do nome do amado, era colocado no túmulo como lembrança de família. O cacho de cabelo da rainha Teye era o memento de uma avó reverenciada, e ajudou os egiptólogos a determinarem a linhagem de Tutancâmon, mas também forneceu uma pista que talvez tenha contribuído para identificar a múmia da rainha.

Quando Victor Loret descobriu três múmias desenfaixadas e não identificadas numa câmara lateral do túmulo de Amenófis II, ninguém acreditou que um dia elas pudessem ser identificadas. A múmia que aparecia à esquerda, nas fotografias da época, era chamada de Velha Senhora. As fotografias mostram-na claramente com o braço direito ao longo do corpo e o esquerdo cruzado sobre o peito, numa pose associada às mulheres da realeza na XVIII Dinastia. Edward Wente, egiptólogo da Universidade de Chicago, sugeriu na década de 1970 que talvez a Velha Senhora fosse a rainha Hatshepsut, ou a rainha Teye.

Assim como as impressões digitais, o cabelo é exclusivo de cada indivíduo. Se o cabelo encontrado entre os objetos de família do túmulo de Tutancâmon fosse igual ao da Velha Senhora, ela seria a rainha Teye. Mas a Organização de Antigüidades Egípcias é extremamente cautelosa para autorizar a retirada de amostras das múmias reais — mesmo que sejam apenas alguns fios de cabelo. Seria preciso convencê-la de que esse projeto tinha uma boa probabilidade de identificar a Velha Senhora como a venerável rainha Teye.

Como primeiro passo para obter essa permissão, o dr. James Harris, autor de *Radiografando os faraós*, fez em 1975 um encefalograma da Velha Senhora, técnica que permite diagramar com precisão as medidas cranianas. Os dados da Velha Senhora guardados no computador foram comparados com os da múmia de Tuya, mãe da rainha Teye, para determinar se havia entre as duas mulheres uma semelhança suficiente para implicar uma relação mãe-filha. O exame mostrou uma semelhança notável, aumentando a probabilidade de que a Velha Senhora fosse a rainha Teye. Concedeu-se permissão para que fossem retiradas amostras do cabelo da Velha Senhora e da madeixa da rainha Teye.

As duas amostras foram examinadas por microssondas eletrônicas, para levantar sua composição química. O cabelo encontrado no túmulo de Tutancâmon era quase exatamente idêntico ao retirado da cabeça da Velha Senhora. Os autores do estudo concluíram que haviam encontrado a rainha Teye.[18]

Se os objetos da primeira câmara do túmulo não haviam revelado o passado desconhecido do faraó, talvez o próprio Tutancâmon pudesse fazê-lo. Para além da antecâmara, na câmara mortuária lacrada, jazia o faraó em seu antigo leito de morte. Mas Carter e Carnarvon só poderiam chegar a ele depois que o aposento estivesse vazio. A retirada dos objetos da antecâmara levou mais de um ano. O Metropolitan Museum of Art de Nova York emprestou a Carter seu principal fotógrafo, Harry Burton, para registrar a posição de cada objeto no túmulo. Isso era essencial, porque, às vezes, os objetos de madeira são tão frágeis que se transformam em pó ao serem tocados, de modo que o único registro de sua existência é a fotografia. Numa reportagem do *New York Times*, Burton narrou justamente uma experiência desse tipo:

> Lembro-me que, quando limpamos uma série de túmulos da XVII Dinastia que estavam infestados de cupins, as fotografias preliminares foram, literalmente, o único registro da maioria dos objetos de madeira encontrados. Os esquifes pareciam encontrar-se em perfeito estado, mas, ao serem tocados, desfaziam-se em pó.
>
> Havia num desses túmulos uma pequena estatueta de madeira, encantadora, representando uma menina, que parecia perfeitamente sólida. Estava separada dos outros objetos, de pé, e, depois de tomada uma visão geral da câmara, a máquina fotográfica voltou-se para ela. Eu pretendia expor uma chapa durante dois minutos, mas, depois de ela ser exposta por 1,45 minuto, de repente a imagem desabou e não restou nada além de um montinho de pó. Desliguei imediatamente o refletor, pus a tampa na câmera e saí para revelar a chapa. Felizmente, o negativo estava muito bom e, embora a estatueta já não existisse, tínhamos seu registro completo. Esse foi apenas um de muitos casos semelhantes.[19]

O Metropolitan não tinha nenhum vínculo oficial com a escavação de Carter e Carnarvon, mas sua equipe realizava escavações fora do Vale quando a descoberta foi feita. Percebendo o número de objetos de valor inestimável que estaria envolvido, o museu colocou sua equipe à disposição de Carter. Nem mesmo no Egito se havia encontrado nada da magnitude dos tesouros de Tutancâmon, de modo que toda a comunidade arqueológica montou um sistema de apoio.

Em alguns casos, os objetos eram tão frágeis que tiveram que ser conservados nos túmulos até poderem ser removidos. As peças de madeira tiveram que ser reforçadas e embrulhadas, mas as roupas de Tutancâmon foram o maior problema. Muitas vezes, um traje se desfazia ao menor toque, de modo que primeiro era preciso registrar a padronagem dos milhares de contas e das lantejoulas de ouro, para que, na eventualidade de uma roupa transformar-se em pó, mais tarde fosse possível recolocar os enfeites em novos tecidos. Arthur Mace, o restaurador do Metropolitan, calculou que havia quase 50.000 contas em um único traje. Ele cobriu de cera muitas das peças menores de roupa, para que os bordados de contas se mantivessem intactos enquanto os trajes eram removidos. Mace precisou de três semanas de trabalho intenso só para esvaziar um dos roupeiros. Enquanto Mace e Burton trabalhavam na limpeza da antecâmara, muitas vezes se punham a pensar no rei menino que, esperavam, jazia no aposento ao lado. Mace chegou a se perguntar como ele teria morrido.

> Temos razões para crer que ele era pouco mais de um menino quando morreu, e que foi seu sucessor, Eye, que apoiou sua candidatura ao trono e funcionou como seu conselheiro durante seu breve reinado. Além disso, foi Eye quem providenciou as cerimônias fúnebres, e pode ser até que tenha providenciado sua morte, por julgar que era chegado o momento de ele próprio assumir as rédeas do governo.[20]

Não conheço nenhum egiptólogo que tenha comentado essa sugestão, mas, como veremos, Mace não ficou longe de acertar o alvo.

Em 16 de fevereiro de 1923, a antecâmara finalmente ficou vazia. Quando Carter derrubou a parede que dava para a câmara mortuária, viu-se diante do que parecia ser uma parede de ouro. Na verdade, estava olhando para um santuário de madeira dourada, que encerrava o corpo de Tutancâmon. O santuário tinha 5,08 x 3,28 metros, enchendo quase por completo a câmara mortuária, o que tornou difícil para Carter mover-se no espaço estreito entre ele e as paredes. Suas portas estavam fechadas, de modo que o arqueólogo não sabia que em seu interior havia outros três santuários, um dentro do outro, todos cercando o sarcófago de Tutancâmon. Cada um deles teve que ser desmontado e retirado da câmara para que o seguinte pudesse ser examinado — uma tarefa árdua, dado o espaço limitado. Essa tarefa tinha sido mais fácil para os operários da Antigüidade, que haviam montado os santuários com madeira nova e forte; Carter teve que lidar com madeira ressecada e quebradiça.

Ainda eram visíveis as antigas instruções para a montagem dos santuários, pintadas em tinta preta e branca pelos carpinteiros. Na frente dos painéis laterais estava o hieroglifo , que significa "frente", e no fundo o hieroglifo , que significa "fundos". Esses hieroglifos correspondiam aos dos tetos dos santuários, que precisavam ser alinhados em consonância com eles — o equivalente antigo a "inserir a lingüeta A no encaixe A". Os trabalhadores tinham sido orientados a montar os santuários de maneira a que as portas se abrissem para o Ocidente, para que o rei pudesse sair para o outro mundo, mas, de algum modo, inverteram essa posição. Tutancâmon teria entrado neste mundo, e não no além.

Uma vez desmontados e retirados os santuários, finalmente revelou-se o sarcófago. Esculpido num único bloco de quartzito amarelo, ele exibia uma bela deusa alada em cada canto, protegendo Tutancâmon com seus braços abertos. A tampa era de granito rosa, pintado para se assemelhar ao quartzito amarelo da base — um precursor do mármore falso. Na pressa de preparar o enterro de Tutancâmon, alguma coisa deve ter dado errado e a tampa original se quebrou, tendo sido substituída por uma tampa de granito rosa. Mas, também nesse caso, os pedreiros tiveram um problema: a segunda tampa sofreu uma rachadura, que eles consertaram com gesso e tinta.

A pressa com que fora preparado o túmulo de Tutancâmon tornou mais difícil o trabalho de Carter, que deparou freqüentemente com os erros dos operários. A rachadura da tampa do sarcófago, por exemplo, dificultou levantá-lo de uma só vez, de modo que se acabou trazendo um guincho e passando cordas por baixo da tampa, para que ela pudesse ser içada. Ao dar mais um passo em direção a seu objetivo, Carter escreveu:

> Muitas cenas estranhas devem ter acontecido no vale dos túmulos dos reis desde que ele se transformou no cemitério real do Novo Império tebano, mas hão de nos perdoar por considerar que a cena atual não foi só interessante ou tocante. Para nós, foi o momento supremo e culminante — o momento ansiado desde que ficou evidente que as câmaras descobertas em novembro de 1922 deviam ser o túmulo de Tut Ankh Amon, e não um esconderijo de seu mobiliário, como se havia afirmado. Nenhum de nós deixou de sentir a solenidade da ocasião, nenhum deixou de ser afetado pela perspectiva do que estávamos prestes a ver — a mortalha de um antigo rei do Egito, de 33 séculos atrás. Como seria encontrado o faraó? Eram essas as especulações que nos passavam pela cabeça durante o silêncio que se fez. O guincho para içar a tampa estava em posição. Dei a ordem. Em meio ao

silêncio intenso, a imensa laje, partida em duas e pesando mais de 1,250 tonelada, ergueu-se de seu leito.[21]

O grupo que trabalhava no túmulo e os dignitários ali reunidos esquadrinharam o sarcófago, mas era como se houvesse uma névoa. Não conseguiam discernir nenhum detalhe. Somente depois de olharem para o sarcófago por algum tempo perceberam estar fitando sudários que pareciam feitos de gaze, cobrindo o esquife no interior do sarcófago. Afastados os sudários, Carter e o grupo confrontaram-se com mais do que poderiam ter esperado: um caixão em forma humana com 2,15 metros de comprimento, de beleza artística insuperável, exibindo a imagem de Tutancâmon. Sobre a testa inclinavam-se a naja e o abutre, símbolos do Alto e do Baixo Egito — os domínios do faraó. E, circundando esses símbolos de poder, havia uma coroa fúnebre em miniatura, ainda perfeitamente preservada — uma visão tão comovente para Carter que ele quase cedeu ao sentimentalismo:

> (...) Mas talvez o mais tocante, por sua simplicidade, tenha sido a minúscula coroa de flores (...) em torno daqueles símbolos, o último adeus, como nos sucedeu pensar, da rainha menina enviuvada para seu marido, o jovem representante dos "dois reinos".
>
> (...) muitas e perturbadoras foram as emoções despertadas em nós por aquela forma de Osíris. Quase todas silentes. Mas, em meio a esse silêncio, escutando... quase se podiam ouvir os passos fantasmagóricos das pessoas enlutadas ao se retirarem.
>
> Apagamos as lanternas, subimos mais uma vez aqueles 16 degraus e mais uma vez fitamos a abóbada azul do céu, onde impera o Sol; mas nossos pensamentos íntimos continuavam voltados para o esplendor daquele faraó desaparecido, com o último apelo de seu esquife gravado em nossa mente: "Oh, Mãe Nut! Abre tuas asas sobre mim como as Estrelas Imperecíveis."[22]

A coroa fora feita de folhas de oliveira, pétalas de nenúfares azuis e centáureas, todas presas a uma base de papiro. Esse memento tocante nos dará uma pista sobre o assassinato de Tutancâmon.

Carter e sua equipe de escavadores acreditaram estar a uma ou duas semanas da visão da múmia. Dentro do sarcófago de pedra retangular estava o esquife em forma humana. Dentro deste haveria mais dois e então, finalmente, a múmia de Tutancâmon. A retirada e a abertura dos esquifes internos foi difícil, porque eles se encaixavam firmemente uns nos outros. Contudo, superado esse problema, os escavadores poderiam finalmente ver o rosto do rei morto. No entanto, quando Carter se aproximava do tão esperado momento, Tutancâmon começou a lhe escapar.

Lorde Carnarvon morreu inesperadamente na cidade do Cairo, em decorrência de uma grave infecção causada por uma picada de mosquito. Sua morte repentina e trágica deu origem a rumores sobre uma maldição do túmulo. Carter e Carnarvon tinham opiniões diametralmente opostas sobre o oculto. O primeiro era intensamente antiespiritualista, enquanto o segundo sentia-se atraído pelo oculto e freqüentemente visitava médiuns e videntes. Foi a médium particular de Carnarvon, Velma, quem lançou e promoveu a idéia de uma maldição do túmulo. Depois da morte de Carnarvon, ela publicou um relato de suas últimas sessões com o aristocrata, dizendo que ele fora vítima de "poderosas forças ocultas". Antes de partir para o Egito para abrir a tumba recém-descoberta, ele pedira a Velma que lesse sua mão. Nesse encontro, ela vira uma mancha fina em sua linha da vida e alertara Carnarvon: "Vejo um grande perigo para o senhor. Muito provavelmente — já que as indicações do interesse pelo oculto são muito fortes em sua mão —, provirá dessa fonte."[23]

Intrigado com o que lhe fora dito, Carnarvon tinha voltado para mais uma sessão antes de viajar. Dessa vez, Velma perscrutara sua bola de cristal. Carnarvon também havia olhado para a esfera, mas esta lhe parecera enevoada e tudo o que ele conseguira discernir tinha sido um templo. A habilidosa Velma enxergara muito mais. Primeiro, avistara um antigo funeral egípcio, no qual um servidor idoso colocava uma máscara de ouro num rapaz dentro de um caixão. Depois, a imagem se transformara num grupo de homens, liderados por Carnarvon, trabalhando no Vale dos Reis. Clarões misteriosos emanavam da tumba. Em seguida, um velho servo tinha aparecido, cercado de pessoas que pediam punição para quem profanasse o túmulo. A última visão de Velma fora Carnarvon, sozinho numa tempestade de clarões misteriosos.

Velma alertou Carnarvon: que não retornasse ao túmulo, que desse uma desculpa ao público por não prosseguir com a escavação. Mas ele sentia que precisava ir, e dizia: "Um desafio aos poderes psíquicos dos séculos, Velma! Que desafio!" Pouco depois desse encontro, estava morto. Velma, é claro, escreveu seu relato após a morte de Carnarvon uma grande história, que deu vida eterna à "Maldição de Tutancâmon".[24]

Carter teve então que enfrentar todas as crises sozinho, tarefa para a qual não estava preparado. Era Carnarvon quem tinha o traquejo social necessário para lidar com as pessoas e um encanto pessoal que deixava todos à vontade.

Carter, apesar de excelente egiptólogo, ficava pouco à vontade socialmente, tinha uma personalidade rígida e briguenta e nenhum tato diplomático. Depois da morte do amigo e benfeitor, continuou a trabalhar no túmulo, mas, a partir daí, as coisas não correram bem. Praticamente desde o dia da descoberta do túmulo, havia um certo mal-estar entre o Serviço de Antigüidades Egípcias e Carter e Carnarvon. Uma das fontes de conflito era a maneira de lidar com a publicidade. Para não ter que lidar com as centenas de repórteres pedindo informações sobre o túmulo, Carnarvon tinha vendido os direitos exclusivos ao *Times* londrino. Isso permitira que os atarefados escavadores lidassem com as perguntas de apenas um jornalista. Mas significara também que os repórteres egípcios não tinham permissão para entrevistar Carter ou Carnarvon. Os egípcios tinham visto isso como um ato de colonialismo britânico da pior espécie, e as tensões só fizeram aumentar com a continuação dos trabalhos no túmulo.

A tampa do sarcófago foi levantada em 12 de fevereiro de 1924. No dia seguinte, Carter convidou as esposas de seus colegas para a abertura do esquife mais externo, porém nenhum dos funcionários egípcios teve sua esposa convidada. Diante disso, o Serviço de Antigüidades Egípcias negou sua autorização às esposas européias. O recado para Carter foi claro: "Este túmulo é nosso, não seu."

E tinham razão. Carter era um bom homem, mas estava se deixando dominar pela tensão de ser responsável pelo maior tesouro arqueológico que o mundo já vira. Comportava-se como se o túmulo fosse propriedade sua. Corriam histórias de que ele tinha retirado antigos objetos e os levado para a sede das escavações, para usá-los como pesos de papel. Ele era constantemente atormentado por pedidos de que mostrasse o túmulo a visitas importantes, mas sempre se recusava, mesmo quando as solicitações vinham do Serviço de Antigüidades Egípcias. Era de opinião que o Serviço de Antigüidades não tinha o direito de perturbá-lo enquanto estava trabalhando — e ele estava sempre trabalhando. A grande porta de ferro que Carter havia colocado na entrada do túmulo e trancado tornou-se um símbolo do colonialismo inglês. Assim, quando os egípcios insistiram em que as esposas egípcias estivessem presentes, Carter explodiu.

Mandou afixar um aviso no Hotel Palácio de Inverno, em Luxor, declarando que ele e seus colegas não podiam trabalhar com tamanhas restrições e que estava fechando o túmulo. Os egípcios responderam à altura, mandando a polícia impedir a entrada de Carter na tumba. Não havia muito que ele pudesse fazer a esse respeito e, assim, com a tampa do sarcófago precariamente suspensa no ar, ele partiu para uma viagem de palestras pela América.

O governo egípcio sabia que Carter era o único homem capaz de realizar aquela tarefa, de modo que se chegou a um acordo que o levou de volta ao trabalho. Mas somente em outubro de 1925 é que a tampa do primeiro dos esquifes superpostos foi finalmente retirada. Desengatar três esqüifes firmemente encaixados uns nos outros revelou-se uma tarefa delicada, que consumiu a maior parte da temporada de 1925-26. A tampa do primeiro esquife tinha quatro alças de prata, duas de cada lado, suficientemente fortes para levantá-lo. O segundo, outro belíssimo caixão, de 2 metros de comprimento, em forma humana, apareceu então sob sua mortalha. Também tinha coroas de flores. Esse esquife deu a Carter o primeiro indício de que talvez a múmia não estivesse em muito boas condições. Algumas das incrustações decorativas haviam caído, indicando a presença de umidade no caixão.

Em virtude do estado delicado do segundo esquife, resolveu-se retirá-lo por inteiro, em vez de apenas a tampa. Isso foi feito, embora ninguém soubesse explicar o peso imenso desse esquife, que foi içado e depositado sobre pranchas de madeira atravessadas sobre o sarcófago de pedra.

O segundo esquife não tinha alças e se encaixava no que o continha com menos de 1,5 centímetro de folga à sua volta. Carter fixou ilhoses fortes no esquife mais externo, retirou as tábuas laterais e tornou a baixá-lo no sarcófago, em vez de levantar seu conteúdo. Isso deixou o segundo esquife, que ainda continha mais um, apoiado na plataforma de madeira. Com espaço de manobra, a tampa do segundo esquife pôde ser erguida, revelando-se o terceiro e mais interno deles. Esse esquife era a razão do peso inesperado: era de ouro maciço, pesando quase 114 quilos.

Os detalhes do caixão de ouro eram obscurecidos por um revestimento negro — restos dos ungüentos mágicos derramados sobre ele. Os líquidos haviam escorrido para o fundo do segundo esquife, colando um no outro, mas as alças da tampa do esquife de ouro permitiram que ele fosse levantado. Finalmente, revelou-se a múmia de Tutancâmon. E Carter escreveu:

> Em momentos como esse, as emoções escapam à expressão verbal, por sua complexidade e arrebatamento. Três mil anos ou mais haviam decorrido desde que olhos humanos haviam fitado o interior do esquife de ouro. O tempo, medido pela brevidade da vida humana, parecia perder suas perspectivas comuns, diante de um espetáculo que lembrava tão vividamente os solenes ritos religiosos de uma civilização extinta. Mas é inútil nos determos nesses sentimentos, que se fundamentam no assombro e na devoção humanos. O aspecto emocional não faz parte da pesquisa

arqueológica. Ali estava, enfim, tudo o que havia restado do jovem faraó, que até então fora pouco mais que a sombra de um nome.[25]

Tal como seu esquife de ouro, a múmia fora generosamente encharcada em ungüentos, o que explicava os indícios de umidade no segundo esquife. Por sorte, a famosa máscara de ouro havia protegido a cabeça do faraó, mas o resto do corpo estava em condições precárias. A necropsia se revelaria difícil.

Para amolecer os ungüentos, Carter levou os esquifes e a múmia para o lado de fora, colocando-os sob o sol e anotando em seu diário:

> 1.11. — Transferi a Múmia Real para o nº15. Foram precisos dez homens para retirá-la do túmulo e carregá-la para cima. Coloquei-a ao sol por algumas horas. (...) Hoje o calor do sol não foi suficiente para surtir nenhum efeito significativo no material grudado à múmia e aos esquifes, que parece piche.
> 2.11 — Constatei que o calor do sol de nada adiantou para soltar a múmia de seu esquife. Por conseguinte, o exame da Múmia Real terá que ser feito, necessariamente, tal como ela se encontra.[26]

O dr. Douglas Derry, professor de anatomia da Universidade do Cairo, recebeu a incumbência de trabalhar no corpo. Auxiliado pelo dr. Saleh Bey Hamdi, diretor do Serviço Sanitário de Alexandria, Derry começou a desenfaixá-lo em 11 de novembro de 1925. Outros espectadores foram Pierre Lacau, diretor geral do Serviço de Antigüidades, Harry Burton, o fotógrafo cedido a Carter pelo Metropolitan Museum of Art de Nova York, e vários funcionários egípcios. Nenhuma esposa.

Os ungüentos haviam provocado uma reação química com as ataduras, escurecendo-as por uma lenta combustão espontânea. Como as ataduras não poderiam ser desenroladas nesse estado, pincelou-se cera quente sobre sua camada externa, para que fosse possível cortá-las em pedaços grandes. Esfriada a cera, Derry fez uma incisão longitudinal e retirou a primeira camada, revelando amuletos e jóias colocados em meio às ataduras. Ao todo, 143 objetos magníficos foram retirados junto com as bandagens.

Finalmente, Tutancâmon surgiu, um jovem de traços bonitos e regulares (fig. 22). Mas, quando se fez uma tentativa de retirar a múmia de seu esquife, descobriu-se que os óleos sagrados haviam congelado e que Tutancâmon estava grudado ao caixão. Primeiro, Derry tentou soltar a múmia com um cinzel e, em seguida, passou para facas aquecidas, duas operações que causaram danos consideráveis ao corpo. Por fim, no desespero, ele cortou a múmia ao meio, na altura da terceira vértebra lombar, para poder retirá-la aos pedaços.

A maneira como Derry lidou com a múmia é um bom exemplo do descaso com que foram tratados os indícios físicos que poderiam revelar a causa da morte de Tutancâmon. Carter não fazia idéia do número de informações que seria possível obter mediante uma investigação cuidadosa, de modo que deixou a múmia entregue ao manejo rude de Derry. Se o trono de Tutancâmon estivesse grudado em ungüentos, duvido que Carter houvesse permitido que o serrassem ao meio; os ungüentos teriam sido submetidos a uma análise química e se teria preparado um solvente para soltar o trono sem nenhum estrago. Mas não foi o que aconteceu com o pobre Tutancâmon. A múmia estava em condições precárias quando Derry iniciou seu trabalho, mas seu estado era muito pior quando ele o terminou.

Os braços e pernas foram separados de suas articulações, para que Derry pudesse ver com clareza as partes superior e inferior dos ossos longos. Isso lhe permitiu calcular a idade de Tutancâmon ao morrer. Nos jovens, as extremidades dos ossos longos, as epífises, são frouxamente ligadas por cartilagens, que se transformam em tecido ósseo à medida que a pessoa envelhece. Sabe-se qual é a média etária em que as epífises se ligam aos ossos longos, e o grau dessa ligação é um critério fidedigno para se calcular a idade. No caso de Tutancâmon, a rótula foi fácil de erguer para examinar a extremidade inferior do fêmur, o osso mais longo da perna. A epífise era móvel e separada da diáfise. Tutancâmon fora mesmo um rei menino. Derry escreveu:

> Essa parte liga-se à diáfise por volta dos 20 anos. Na extremidade superior do osso da coxa, a tuberosidade conhecida como grande trocanter estava quase inteiramente soldada no osso principal, mas, na parte interna, via-se muito bem um espaço claramente definido, mostrando a superfície cartilaginosa em que a união ainda estava incompleta. Essa epífise liga-se por volta dos 18 anos de idade. A cabeça do fêmur estava fixada no colo do osso, mas a linha de união era claramente visível ao redor de toda a margem articular. Essa epífise também se liga por volta dos 18 ou 19 anos. A extremidade superior da tíbia também estava unida, mas a inferior parecia bastante articulada. Como esta última parte da tíbia costuma fundir-se com a diáfise por volta dos 18 anos, Tutancâmon, a julgar pelas provas fornecidas por seus membros inferiores, teria mais de 18 e menos de 20 anos ao falecer.[27]

A estimativa de Derry era correta. Tutancâmon tinha cerca de 18 anos ao morrer: um belo rapaz de compleição esguia, mais ou menos 1,67 metro. de altura. Consideradas as técnicas de Derry, eram poucas as esperanças de que ele determinasse a causa da morte. Isso teria que esperar pelas gerações e tecnologias futuras.

Como Tutancâmon foi o único faraó encontrado intacto em seu túmulo, o Serviço de Antigüidades decidiu que, em vez de ser removido para o Museu Egípcio, no Cairo, esse rei deveria permanecer onde fora encontrado. Novamente montado, o corpo de Tutancâmon foi posto numa padiola de madeira, repleta de areia, depositado no esquife mais externo e reposto no sarcófago, onde permanece até hoje (fig. 23). Os turistas que olham para o sarcófago aberto vêem o esquife externo, mas poucos se dão conta de que a múmia ainda está lá dentro.

Uma vez esvaziada a câmara mortuária, Carter começou a esvaziar o pequeno aposento lateral a que chamava O Tesouro, cuja entrada tinha sido fechada com tábuas para que nenhum dos objetos fosse danificado enquanto progrediam os trabalhos na câmara mortuária. O estado delicado de muitos desses objetos e a maneira precária como tinham sido empilhados tornou extremamente difícil o esvaziamento desse aposento, de modo que só em 1927 a tarefa foi concluída. O Tesouro estava repleto de miniaturas de barcos finamente entalhadas, com cordames requintados, estátuas de Anúbis, o deus do embalsamamento, esculpidas em madeira, e um belo santuário de alabastro contendo as quatro urnas canópicas em miniatura onde estavam os órgãos internos de Tutancâmon.

Outra caixa simples de madeira continha dois esquifes em miniatura. No interior deles, cuidadosamente enfaixadas, estavam as múmias dos dois fetos natimortos de Ankhesenâmon. Um deles tinha pouco mais de 30 centímetros de comprimento, e o outro, aproximadamente 25 centímetros, com uma minúscula máscara de papelão (papel machê) sobre o rosto. Carter retirou as ataduras da múmia menor, revelando o feto feminino de cinco meses (figs. 15a e 15b). Foi a primeira ocasião em que os escavadores tomaram conhecimento da tragédia. Se uma daquelas meninas houvesse chegado à maturidade, a linhagem real teria prosseguido e a história do Egito teria sido bem diferente.

O maior dos dois fetos ainda estava enfaixado quando o dr. Derry o recebeu para exame, em 1932, no Departamento de Anatomia do Hospital Kasr el-Einy, no Cairo (figs. 13a, 13b e 13c). Ele a desenfaixou e revelou o segundo feto feminino, calculando que teria sete meses. Com 5 centímetros mais do que a irmã, que não exibia sinais de mumificação, essa criança era suficientemente desenvolvida para ser embalsamada. Do lado esquerdo do abdômen havia uma incisão de menos de 2,5 centímetros, feita pelo embalsamador. A cavidade abdominal estava cheia de tecido, mas Derry não fez menção aos órgãos internos, que provavelmente ainda estão em seu interior; se tivessem sido retirados, seria provável que houvesse os canopos correspondentes. Derry pôde constatar que, apesar das pequenas dimensões do feto, os embalsamadores haviam retirado o cérebro e empurrado tecido para dentro do crânio. Sem jamais se preocupar com a preservação de uma múmia, Derry quebrou o crânio para retirar o tecido e ali encontrou o arame usado para introduzi-lo. Esse foi o único instrumento de embalsamamento jamais encontrado no interior de uma múmia. Derry o jogou no lixo.

É inegável que o modo como Derry lidou com as três múmias do túmulo de Tutancâmon foi irresponsável, causou danos irreversíveis e fez com que se perdesse uma infinidade de informações impossíveis de recuperar. Mas ele trabalhou numa época em que o campo de estudo das múmias estava em sua primeira infância, e partilhava da atitude da maioria de seus predecessores, que acreditavam que as múmias em si tinham pouco valor.[28] Na esteira da destruição causada por Derry, seria possível descobrirmos hoje alguma pista de como Tutancâmon morreu?

8. Os Mortos Falam
A múmia de Tutancâmon

Não há homem que não morra.

— *Provérbios de Ankhsheshonq*
c.300 a.C.

Hoje em dia existem técnicas não destrutivas para o estudo das múmias. Se Tutancâmon tivesse acabado de ser descoberto, sua múmia poderia ser examinada através de vários processos de alta tecnologia, como a tomografia computadorizada, sem que fosse preciso desenfaixá-la. Derry concentrou toda a sua necropsia nos ossos, os quais examinou com brutalidade. Prestou pouca ou nenhuma atenção aos tecidos moles do rapaz, porque, na época, ninguém, Derry menos ainda, sabia quantas informações são guardadas nos músculos e nos órgãos internos. Não se tinha conhecimento do DNA; os microscópios eletrônicos e a análise química avançada não existiam. Na época de Derry, mal começava a ser possível examinar o tecido das múmias ao microscópio, o que, aliás, não pareceu despertar seu interesse.

Os especialistas médicos de nossa era empregam diversos processos para examinar os tecidos moles e os ossos, a fim de determinar as circunstâncias de uma morte. Primeiro, fazem a necropsia do cadáver, para saber se houve retenção de substâncias inusitadas em seus órgãos e tecidos, e para saber o que o indivíduo comeu e a que horas. Segundo, utilizam raios X ou equivalentes mais avançados, como as tomografias computadorizadas, para examinar os ossos. Estes podem revelar não apenas a idade do morto e as doenças de que ele sofria, mas também se um trauma, como um golpe desferido por algum objeto, foi a causa provável da morte. Cada um desses processos contribui com informações valiosas que os outros não fornecem.

Os tecidos antigos, no entanto, apresentam um problema especial para os exames modernos. São tão quebradiços que se desfazem, se forem seccionados em lâminas suficientemente finas para serem levadas ao microscópio. Numa nota no *British Medical Journal* de 1909, Marc Armand Ruffer, um médico francês que trabalhava na Faculdade de Medicina do Cairo, discutiu as dificuldades que teve em suas primeiras tentativas de seccionar fragmentos de tecido de múmias.[1] Mas Ruffer perseverou e desenvolveu uma técnica de amolecimento dos tecidos, mergulhando-os numa solução de álcool e carbonato de sódio a 5%, processo este que permitiu as secções e o exame microscópico. Ruffer era patologista e tinha formação para estudar doenças e causas de morte, enquanto Derry era anatomista e não estava familiarizado com microscópios e análises químicas. Se os dois tivessem unido forças, muito mais teria sido descoberto sobre Tutancâmon e os fetos. Seriam as meninas sadias quando foram abortadas? Ankhesenâmon sofria de alguma doença quando teve os abortos espontâneos? E, o que é mais importante, havia algum indício de doença no corpo de Tutancâmon na ocasião de sua morte?

Qualquer um interessado em responder a essas perguntas teria que reexaminar todas as provas, mas, surpreendentemente, algumas delas desapareceram. Em 1971, F. Filce Leek, um dentista inglês, recebeu autorização do Departamento de Antigüidades Egípcio para examinar e radiografar os fetos de Tutancâmon, mas, quando abriu os esquifes no Museu Egípcio, as múmias não estavam lá.[2]

Também isso foi culpa de Derry. Em toda a sua longa carreira, ele recebeu diversas múmias e fragmentos de múmias para levar a exame, mas raramente os devolveu. Eles simplesmente se acumularam num depósito do Hospital Kasr el-Einy, onde o médico trabalhava. Depois de sua morte, as múmias permaneceram no depósito, esquecidas. Então, em junho de 1992, os jornais noticiaram a descoberta de 528 múmias e pedaços de múmias no depósito do hospital. Haviam descoberto o esconderijo de Derry. Lá estavam, juntamente com o pé do rei Djoser, os dois fetos. Antes da divulgação da notícia, poucas pessoas haviam tomado conhecimento desse tesouro, e uma delas foi R.G. Harrison, que radiografou Tutancâmon em 1978.[3] Ele foi ao depósito, encontrou e radiografou o maior dos dois fetos, descobrindo que a clavícula direita era anormalmente alta e que havia outras indicações de escoliose e *spina bifida*.

Derry declarara sobre o feto menor: "Não há incisão abdominal e nenhuma indicação de como o corpo foi preservado." Pus-me a refletir sobre isso. Por que um feto teria sido mumificado e o outro não? Ambos tinham ataduras semelhantes, ambos foram colocados em esquifes. Talvez o menor fosse pequeno demais para que os embalsamadores reais trabalhassem no corpo. Na esperança de examinar o feto menor para resolver essa questão, entrei em contato com o dr. Fawzi Gabella, chefe do Departamento de Anatomia do Hospital Kasr el-Einy, para saber se ele poderia localizar a múmia. Fazia pouco tempo que o hospital havia recebido uma verba de um antropólogo norte-americano para catalogar e armazenar adequadamente as múmias de seu acervo, de modo que tudo havia passado por um inventário recente, tendo sido guardado em caixas e rotulado. Sem hesitação, o dr. Gabella me disse que estava com a múmia. Fui convidado a examiná-la no hospital.

Ao chegar ao Hospital Kasr el-Einy, encontrei dois Gabella. A esposa dele, também anatomista, que lecionava no hospital, veio receber-me. Ela e o marido estavam ansiosos por saber o que poderiam descobrir a partir dos fetos. Introduziram-me num depósito repleto de pilhas de pequenas caixas de madeira, com rótulos intrigantes: "Princesa do Médio Império?"; "Antigo Império, apenas a cabeça". Fazia anos que eu trabalhava com múmias, mas nunca tinha visto nada parecido. Minha fantasia foi ficar fechado naquele depósito por alguns anos, para poder examinar cuidadosamente cada uma das caixas, mas com permissão de encomendar refeições do excelente restaurante especializado em frango que havia na esquina da rua.

O dr. Fawzi Gabella localizou duas pequenas caixas de madeira, pouco maiores do que caixas de sapatos. Retiradas as tampas, fiquei cara a cara com as filhas de Tutancâmon e Ankhesenâmon. Fazia mais de um ano que eu vinha tentando juntar os pedaços da vida fragmentada do faraó. Para mim, aqueles fetos eram mais do que exemplos de mumificação: refletiam a tragédia de uma família. Como é provável que Tutancâmon permaneça lacrado em seu sarcófago por um bom tempo, aquilo foi, provavelmente, o mais perto que consegui chegar dele.

Eu tinha levado comigo as fotografias dos fetos feitas por Harry Burton, tiradas na ocasião de sua descoberta. Nos 70 anos decorridos desde o dia em que foram tiradas as fotos, os fetos haviam se deteriorado um pouco, mas, graças a essa deterioração, pude responder a minha pergunta. Os ossos cranianos do feto menor haviam se desarticulado, permitindo-nos ver que, tal como no feto maior, o crânio tinha sido enchido de pano, e a pele do abdômen estava rachada, revelando um pedaço de tecido que se projetava da cavidade abdominal. O feto menor fora embalsamado, sim. Lembrando-me de quanto Derry havia danificado a múmia de Tutancâmon, eu nem quis tocar nos fetos; apenas os observei (fig. 16).

Chegou então a hora de eu reexaminar o trabalho de Derry com Tutancâmon. Quando ele fez a necropsia da múmia do faraó, em 1925, pouco se havia determinado além da idade do rei menino por ocasião de sua morte. Isso tinha aberto as portas para toda sorte de especulações sobre a causa da morte. Em vista de sua compleição esguia e por ele ter morrido moço, havia-se sugerido a tuberculose, mas, na época, não havia meios de se verificar isso. Outras investigações diretas da múmia tinham sido impedidas pela decisão do Serviço de Antigüidades Egípcias de deixar Tutancâmon em seu túmulo. Se o corpo tivesse sido levado para a cidade do Cairo, teria sido possível radiografá-lo.[4]

Talvez parecesse inútil a Derry radiografar os ossos já expostos de Tutancâmon, mas os raios X revelam uma densidade óssea que nos dá muitas informações sobre a dieta e as doenças da pessoa em sua vida. Por exemplo, quando há uma doença grave antes da maturidade, os ossos longos param de crescer, o que aparece nos raios X como uma linha branca atravessando o osso. Uma radiografia da múmia de Tutancâmon poderia ter revelado muitas coisas, mas, em 1925, não havia no Egito aparelhos portáteis de raio X que pudessem ser levados ao Vale dos Reis. O faraó mais famoso da história teve que esperar 40 anos para ser radiografado.

Foi somente em 1960 que a ciência realmente despertou para o valor das múmias. Com as novas técnicas de análise de amostras de tecido, os médicos e cientistas da saúde perceberam que, muitas vezes, as múmias tinham exatamente as informações de que eles precisavam para compreender as doenças modernas. Nasceu o campo da paleopatologia. O termo foi originalmente cunhado em 1892, por R.W. Schufeldt, um médico alemão, a partir de dois radicais gregos (παλιος, "antigo", e παθος, "sofrimento"). Significa o estudo das doenças, ou estados patológicos, em pessoas da Antigüidade.

Para compreender uma doença infecciosa moderna e predizer sua evolução, é preciso estudar seu desenvolvimento ao longo da história. Analisando as múmias egípcias e comparando a freqüência de seus estados patológicos com os do homem moderno, podemos discernir se os estilos de vida modernos são a causa de doenças específicas, ou se elas existem há séculos. Por exemplo, as doenças arteriais são freqüentemente atribuídas, juntamente com nossas dietas com alto teor de gordura, às tensões e pressões da vida moderna. Se os antigos egípcios também sofressem de doenças arteriais, essas teorias seriam postas em dúvida.

Na década de 1960, com os conhecimentos científicos aumentando numa velocidade fantástica, a especialização havia se tornado essencial. Nenhum médico seria capaz de ler a bibliografia de todos os campos; o clínico geral ficou fora de moda e as equipes de especialistas tornaram-se a norma. Uma tendência semelhante tomou conta do estudo das múmias. Nenhum médico domina, sozinho, todos os conhecimentos para necropsiar uma múmia e analisar as diversas amostras de tecido, nem possui o conhecimento especializado de botânica, química e biologia necessário para extrair todas as informações que o corpo oferece. Hoje em dia, os paleopatologistas tratam as múmias como pacientes, causando-lhes o mínimo prejuízo possível e convocando especialistas, conforme a necessidade, para estudar problemas específicos — hematologistas para o sangue, odontologistas para os dentes etc. Trabalhando praticamente sozinho, Derry não tinha a menor chance de colher todas as informações que a múmia de Tutancâmon oferecia.

O campo da paleopatologia floresceu na década de 1960, levando R.G. Harrison, um anatomista da Universidade de Liverpool, a crer que o estudo das múmias reais egípcias lançaria uma nova luz sobre antigas questões. Seu primeiro objeto de estudo foi a múmia misteriosa do Túmulo 55, que hoje sabemos ser a de Smenkare, irmão de Tutancâmon. Harrison examinou, mediu e radiografou os ossos, para determinar a idade na ocasião da morte. O esterno, ou osso do peito, é uma boa indicação. À medida que envelhecemos, as cartilagens costais a que se ligam as costelas ossificam-se, tornando-nos menos flexíveis. As radiografias mostraram que a quarta e a quinta costelas da múmia do Túmulo 55 haviam se ligado recentemente, embora as facetas da quarta ainda exibissem uma fenda. Isso indicava a morte aos 19 ou 20 anos, exatamente como no caso de Tutancâmon. Um processo semelhante de ossificação ocorre nas vértebras, mas se completa por volta dos 24 anos de idade. O tórax e as vértebras ainda não estavam completamente ossificados na múmia do Túmulo 55, indicando que Smenkare certamente tinha menos de 24 anos ao morrer.

As radiografias e medições da múmia feitas por R.G. Harrison revelaram informações importantes. Ele encerrou seu laudo com o apelo de que "faz-se urgentemente necessária uma reavaliação dos aspectos anatômicos e radiológicos de Tutancâmon, e é de se esperar que tal investigação possa ser viabilizada num futuro não muito distante".[5] Em 1969, Harrison teve sua oportunidade.

Recebeu permissão da Organização de Antigüidades Egípcias para levar um aparelho portátil de raios X ao túmulo de Tutancâmon. Seria a primeira vez que alguém veria o jovem faraó desde que Carter e Derry haviam recolocado Tutancâmon em seu esquife. Consciente da necessidade de um trabalho em equipe, Harrison, o anatomista, levou consigo radiologistas, dentistas, médicos clínicos e egiptólogos. Eles só tinham autorização para trabalhar durante o dia e o túmulo não foi fechado aos turistas, de modo que os visitantes, surpresos, observavam-nos em seu trabalho. E também para Harrison haveria diversas surpresas.

Para começar, a múmia estava em condições muito piores do que qualquer pessoa poderia esperar. Nem Carter nem Derry haviam divulgado o fato de haverem serrado Tutancâmon ao meio para retirá-lo do esquife interno, de modo que radiografá-lo foi um processo feito aos bocadinhos. Primeiro a cabeça foi levada até o aparelho e radiografada, depois os membros, e assim por diante, até se produzir um conjunto completo de chapas. A equipe só foi autorizada a trabalhar por dois dias. No primeiro, os médicos realizaram uma bateria de chapas de teste, cuja revelação fizeram na mesma noite, no banheiro do hotel. Felizmente, estavam hospedados no Palácio de Inverno, um antigo e luxuoso hotel de Luxor, com banheiros espaçosos. Eles revelaram as radiografias numa pia, fizeram a fixação em outra e enxaguaram-nas na banheira.[6] Ficaram ótimas.

A radiografia do tronco trouxe a primeira surpresa. Faltavam o esterno e parte das costelas de Tutancâmon! Derry não havia notado isso, por causa da resina negra que cobria o peito. Talvez Tutancâmon tivesse sido rudemente manuseado na oficina do embalsamador, e o estrago fora disfarçado por uma camada de resina. Outros sugeriram que as partes que faltavam seriam o resultado de um acidente, ou de uma violência intencional que teria causado a morte do faraó.[7] Parte do esterno de Smenkare também está faltando, mas não tenho outra explicação para essa curiosa semelhança senão a possibilidade de que talvez os embalsamadores tenham empregado alguma técnica especial com essas duas múmias. Um argumento que contradiz minha visão é que Smenkare morreu em Amarna, e é provável que tenha sido embalsamado por lá. É quase certo que Tutancâmon foi embalsamado numa oficina diferente, em Tebas ou Mênfis. Harrison não formulou nenhuma hipótese a esse respeito. Passou para outras questões, como determinar a idade de Tutancâmon.

Usando os mesmos critérios que havia aplicado à múmia de Smenkare, ele determinou que Tutancâmon teria cerca de 19 anos na ocasião de sua morte, exatamente como sugerira Derry, quase meio século antes. As radiografias da coluna desfizeram qualquer suspeita de que o faraó houvesse morrido tuberculoso. A tuberculose costuma causar lesões nas placas epifisárias entre as vértebras, e as de Tutancâmon estavam perfeitas.

Veio então a radiografia do crânio, a primeira que me levou a suspeitar de que Tutancâmon poderia ter sido assassinado. No documentário posterior da BBC sobre suas descobertas, Harrison simplesmente apontou para uma opacidade na radiografia, na base do crânio, e disse:

> Isso está dentro dos limites normais, porém, na verdade, poderia ter sido causado por uma hemorragia sob as membranas que recobrem o cérebro nessa região. E esta poderia ter sido causada por uma pancada no dorso da cabeça, a qual, por sua vez, poderia ter sido responsável pela morte.

Harrison foi cauteloso, jamais mencionando um assassinato, mas apenas uma possível pancada na parte posterior da cabeça.

Uma das razões de a hipótese do assassinato de Tutancâmon não haver recebido uma atenção criteriosa foi que Harrison nunca publicou um relatório científico completo de suas radiografias do faraó, apenas textos de divulgação para o grande público.[8] Suas palavras sombrias, apresentadas no documentário de televisão, nunca foram esclarecidas por um laudo escrito completo e, por conseguinte, a radiografia foi mal entendida pelos especialistas.

Convém lembrar que não estamos lidando com uma radiografia normal, mas com a de um crânio mumificado. É necessária uma interpretação criteriosa da chapa, assim como conhecer o processo de embalsamamento. A radiografia mostra claramente o que parece ser um espessamento anormal do interior do crânio, em dois pontos — no alto e no dorso da cabeça (fig. 25). Mas o que vemos não é osso, e sim resina introduzida no crânio durante a mumificação de Tutancâmon. Depois de removido o cérebro do faraó pelas passagens nasais, derramou-se resina quente no crânio para cauterizar seu interior, para o caso de haver restado alguma parte do cérebro. Uma vez introduzida no crânio, a resina endureceu e se tornou opaca à radiação, como os ossos. O que o crânio de Tutancâmon mostra são dois níveis do líquido resinoso, conforme ele foi vertido e depois endureceu. Isso significa que a resina deve ter sido derramada no crânio em dois momentos diferentes, com a múmia numa posição diferente em cada uma delas. Reconstruamos o que aconteceu há 3.300 anos na oficina do embalsamador.

Imaginemos o corpo de Tutancâmon, deitado de costas na mesa do embalsamador. Um gancho é inserido em seu nariz, quebrando o osso etmóide atrás das fossas nasais. O gancho penetra no crânio e é girado de modo a romper o cérebro, para que ele se torne semilíquido. Em seguida, Tutancâmon é virado de bruços, com a cabeça pendendo da mesa, para que o cérebro, ajudado pela gravidade, escoe pelo nariz. Agora o crânio está pronto para receber a resina. Mais uma vez, o corpo é deitado de costas e uma vasilha de cerâmica com dois pequenos bicos tubulares é enchida de resina quente. As pipetas são introduzidas nas narinas e a vasilha é inclinada, para que a resina escoe pelo nariz e penetre no crânio. A gravidade controla a direção que ela toma. Como Tutancâmon está deitado de costas, a resina acumula-se na parte posterior do crânio. Ao esfriar, ela cria o primeiro dos dois níveis de líquido. Essa resina queima qualquer fragmento de cérebro que possa ter restado na parte posterior da cabeça. Em seguida, o corpo do faraó é posicionado na mesa de maneira a fazer a cabeça pender para trás numa das extremidades, com o queixo voltado para cima. Mais uma vez, a resina é derramada, para acumular-se no ponto mais baixo, que desta vez é o topo da cabeça. Isso queima os fragmentos de cérebro da parte frontal do crânio e cria o segundo nível de fluido que aparece nos raios X. A radiografia nos permite entender um acontecimento específico, ocorrido há 33 séculos.

Mas essa radiografia craniana mostra algo que parece muito mais importante para a questão da causa da morte. Um fragmento de osso é claramente visível no interior do crânio de Tutancâmon. Poderia ele ter sido efeito de um golpe violento, desferido contra a cabeça do faraó com intenção maléfica, um golpe que teria matado Tutancâmon?

Na verdade, esse pedacinho de osso foi a pista falsa da história. Não causou nada senão confusão e afastou os pesquisadores da trilha do assassinato. Como Harrison nunca publicou sua teoria num periódico científico, e como a maioria dos pesquisadores apenas soube que ele havia mencionado uma pancada na cabeça, eles presumiram que Harrison estivesse falando desse fragmento, como algo que teria sido violentamente deslocado por uma pancada. Só que Harrison nunca disse nada semelhante. Aliás, sugeriu que o fragmento seria um pedaço do osso etmóide, quebrado quando os embalsamadores introduziram o instrumento recurvado no crânio para retirar o cérebro. Mas essa explicação não pode estar certa. Etmóide significa "peneira", em grego. Por ser um osso poroso, ele se desfaz em lascas ao ser quebrado, e o fragmento de osso presente no crânio é substancial, e não uma lasca, de modo que não pode ser um pedaço do etmóide. Tem que ser um pedaço de outro osso.

Que outro osso, quase não vem ao caso. Harrison continuava certo em sua visão de que o osso foi quebrado *depois* da morte. Não poderia tê-la *causado*. A bem da argumentação, vamos presumir que o fragmento tivesse sido deslocado por uma pancada na cabeça quando Tutancâmon estava vivo, e que depois ele morreu. Agora, voltemos a imaginar o processo de embalsamamento. Chega o momento de derramar resina no crânio, enquanto o corpo de Tutancâmon está deitado de costas na mesa. Nesse instante, o fragmento de osso teria caído na parte mais inferior do crânio — o dorso da cabeça. Com o resfriamento da resina, o fragmento ficaria incrustado nela. Mas, se porventura o osso estivesse aderido a uma outra parte do crânio e a resina não o alcançasse, é quase certo que a segunda aplicação de resina no alto do crânio — quando a cabeça do faraó pendia da mesa do embalsamador — o teria envolvido. Logo, se o fragmento de osso tivesse sido deslocado quando Tutancâmon foi morto, teria ficado inserido na resina opaca à radiação durante o embalsamamento, e nunca apareceria na radiografia. Mas não é esse o caso, é claro. O fragmento é claramente visível sobre a resina. A única conclusão possível é que o osso foi deslocado depois da morte. Na verdade, deve ter-se desprendido não só depois da morte, mas depois da introdução da resina no crânio.

Houve muitas oportunidades para que o fragmento se quebrasse depois de ser derramada a resina no crânio. O corpo permaneceu na oficina do embalsamador por mais de um mês, enquanto era desidratado em natrão tempo mais do que suficiente para a ocorrência de uma lesão. Era comum as múmias sofrerem danos nas oficinas dos embalsamadores. Os estudos pioneiros de Roy Moodie com radiografias, em 1926, no Field Museum of Natural History, em Chicago, foram dos primeiros a revelar esse trabalho descuidado. Uma radiografia mostrou que, para fazer a múmia de um menino de sete anos caber num esquife pequeno demais, o embalsamador tirou-lhe os braços, quebrou as pernas na altura do meio da coxa e jogou fora a parte inferior das pernas.[9] Meu exemplo favorito das velhacarias dos embalsamadores é o da Sra. Teshat, no Instituto de Arte de Mineápolis. Embora o título de "Sra." sugira tratar-se de uma adulta, Teshat morreu na adolescência. Uma tomografia de sua múmia mostrou que o cadáver fora manipulado com brutalidade, o que resultou em vários ossos quebrados. Revelou também que entre as pernas dela havia um segundo crânio, de um adulto! Ninguém sabe ao certo por que ele está ali, mas é bem possível que a cabeça de outra múmia se houvesse soltado na casa do embalsamador e ficado temporariamente extraviada. Assim, depois de a múmia ter sido enfaixada sem cabeça e devolvida aos parentes não avisados, a cabeça apareceu. Sem saber o que fazer com essa cabeça a mais, os embalsamadores a enfaixaram junto com a Sra. Teshat.

Embora uma múmia com duas cabeças seja inusitada, são comuns as múmias com partes do corpo faltando. Sir Marc Armand Ruffer, antigo presidente do Conselho Sanitário do Egito, desenfaixou duas múmias que datavam do período persa. Depois de descrever as ataduras (uma delas tinha mais de 5,5 metros de comprimento), ele comentou o estado lamentável das múmias.[10] Quando um corpo é mumificado, torna-se tão quebradiço que, manuseado com rudeza, pode partir-se. No caso de uma das múmias de Ruffer, os embalsamadores quebraram a coluna e enfiaram uma vara no corpo, para lhe devolver a rigidez. Como isso não fosse suficiente, derramaram resina quente no interior e no exterior da múmia, para esconder a falha. (Essa técnica de esconder os erros sob uma camada de resina talvez tenha sido exatamente o que fizeram os embalsamadores de Tutancâmon, para esconder o estrago que haviam feito em sua caixa toráxica.) A segunda múmia examinada por Ruffer mostrou como os embalsamadores podiam ser maus. Ela se parecia com a primeira, mas os ossos dos pés foram encontrados na região abdominal e os dos braços estavam no lugar onde deveriam estar as coxas. A vértebra atlas (assim chamada por ficar na parte superior da coluna dorsal, sustentando a cabeça) fora trespassada por uma vara, que atravessou o *foramen magnum* [buraco occipital] e penetrou no cérebro. Assim, embora as ataduras indicassem um corpo íntegro, dentro delas havia uma pilha de ossos desconjuntados. Se as múmias recebiam esse tipo de tratamento dos embalsamadores, não é difícil imaginar que um fragmento do crânio de Tutancâmon tivesse sido deslocado na oficina do embalsamador. E sabemos que esse não foi o único manuseio grosseiro sofrido pela múmia do faraó.

A violência perpetrada contra o cadáver por Derry e Carter, em sua tentativa de descolar Tutancâmon do esquife, encontra-se documentada. Embora nenhum dos dois tenha publicado detalhes do que fizeram com a múmia do faraó, suas notas manuscritas são reveladoras. O diário de Carter diz o seguinte, em 16 de novembro de 1925:

> O trabalho do dia inteiro concentrou-se na cabeça da múmia. Ela estava como o corpo do faraó. O dorso da cabeça estava grudado (nesse caso) à máscara — tão firmemente, que seriam precisos um martelo e um cinzel para soltá-lo. Acabamos usando facas aquecidas para esse fim, com sucesso.[11]

Martelar e lavrar com um cinzel poderiam, sem dúvida alguma, fazer desprender-se um fragmento de osso. Assim, é extremamente provável que, de um modo ou de outro, o pedaço de osso seja *post mortem*, nada tendo a ver com a morte de Tutancâmon. Isso é também confirmado, creio eu, por uma segunda radiografia do crânio do faraó, tirada dez anos depois da de Harrison. O dr. James Harris, professor de ortodontia na Universidade de Michigan, recebeu permissão para radiografar o crânio de Tutancâmon. Ele já havia realizado um trabalho pioneiro com radiografias de múmias reais no Museu Egípcio do Cairo.[12]

Harris vinha usando os raios X para determinar o parentesco entre as múmias, assinalando as semelhanças dos traços faciais — os traços familiares. Como era dentista, tinha um interesse especial na dentição. Ao ver a radiografia que Harrison fizera do crânio de Tutancâmon, Harris ficou decepcionado, porque os dentes não estavam tão nítidos quanto lhe agradaria. Depois de trabalhar com as múmias do Museu Egípcio, ele obteve autorização para abrir o esquife de Tutancâmon e radiografar o crânio. Sua radiografia pareceu confirmar que o agora famoso fragmento de osso está realmente solto, e não preso na resina, pois apareceu na chapa num lugar diferente do que havia ocupado na radiografia feita por Harrison. Pelo menos, é assim que me parece. Harris nunca publicou detalhes sobre a maneira como fez a radiografia e nem sequer afirmou que a *fez*. No índice de seu livro *Atlas radiográfico das múmias reais*[13], Harris faz menção aos raios X de Tutancâmon, mas eles não se encontram na página 378, como é informado. O único lugar em que a radiografia aparece é numa microficha inserida num envelope no final do livro (segundo cartão, fila A, nº2). O cartão é difícil de ler e, quando pedi ao dr. Harris uma cópia da radiografia, ele não pôde fornecê-la, de modo que minha interpretação da microficha é forçosamente provisória.

A razão de os peritos haverem deixado escapar a possibilidade de que Tutancâmon tivesse sido assassinado foi que, ao examinarem a radiografia do faraó, os egiptólogos e paleopatologistas viram o fragmento de osso no crânio e julgaram, erroneamente, que aquela seria a suposta prova de uma pancada no dorso da cabeça. Deduziram, com acerto, que o fragmento se desprendera *post mortem*. Assim, concluíram que ele não era prova de um golpe na parte dorsal da cabeça. Em meio a toda a agitação que cercou o fragmento ósseo, eles deixaram de examinar melhor o que Harrison tinha visto — a mancha escura na radiografia, na base do crânio.

Quando apresentei um documentário de televisão sobre a teoria do assassinato, em momento algum mencionei o fragmento de osso, porque ele não era relevante para os verdadeiros indícios de uma pancada no dorso da cabeça. O *Los Angeles Times* escreveu um artigo sobre o documentário e pediu a opinião do dr. James Harris. Também nesse caso, o fragmento de osso foi confundido com a prova de uma pancada no dorso da cabeça. Diz o artigo: "Ele [Harris] confirmou que há uma lasca de osso, mas assinalou que poderia ter sido produzida durante a mumificação (...)."[14] Referindo-se novamente ao fragmento de osso, o dr. Nicholas Reeves, um grande estudioso de Tutancâmon, comentou: "Lamentavelmente, Harrison (o anatomista) não viveu para publicar suas idéias sobre esse detalhe, e não se sabe ao certo se acreditava que a lesão fora sofrida antes da morte, acidentalmente ou intencionalmente."[15]

Além de Harrison e Harris, havia uma terceira pessoa que poderia ter abordado a questão da pancada no dorso da cabeça, mas que também fez uma omissão curiosa. F. Filce Leek, o dentista da equipe radiográfica de

Harrison, escreveu um livro intitulado *Os restos mortais humanos do túmulo de Tutancâmon*, mas apenas mencionou brevemente que fez parte da equipe.[16] Inacreditavelmente, em momento algum ele discutiu os resultados dos raios X. Em sua análise da múmia de Tutancâmon, pautou-se quase inteiramente na necropsia feita por Derry, quase meio século antes!

Como não houve nenhuma divulgação científica dos dois conjuntos de raios X de Tutancâmon, surgiram mal-entendidos consideráveis sobre as provas de um golpe na parte posterior da cabeça, especialmente entre pesquisadores externos ao campo da medicina, que não têm experiência na leitura de radiografias. Um exemplo surpreendente veio de um grande estudioso britânico do período de Amarna, Cyril Aldred. Disse Aldred que "o reexame recente da múmia (de Tutancâmon) mostrou que ele teve um ferimento, provavelmente causado por uma flecha, que penetrou em seu crânio na região do ouvido esquerdo"[17]. Não se sabe ao certo qual seria a prova que Aldred tinha dessa flechada, pois essa foi uma das raras ocasiões em que ele não indicou sua fonte.

Dadas as omissões e confusões que cercavam as radiografias de Tutancâmon, estava claro que era necessário um reexame criterioso do material relacionado com a morte do faraó. Minha primeira providência foi obter uma cópia da radiografia feita por Harrison, mas ele havia falecido em 1979. Um colega seu, R.C. Connolly, ainda estava na Universidade de Liverpool e teve a gentileza de me mandar cópias impressas dos raios X, acompanhadas por um bilhete amável, mas que estava longe de ser animador.

> Receio que realmente não haja nada que eu possa acrescentar sobre essas radiografias, afora nossas publicações originais sobre o assunto. (...) À parte os aspectos óbvios mencionados nas publicações anteriores, na verdade elas não trazem nenhuma contribuição particularmente significativa, seja quanto aos métodos de mumificação da XVIII Dinastia, seja ainda, o que é mais importante, quanto à causa da morte.[18]

Connolly é um professor de antropologia física que tem conhecimentos de anatomia muito maiores do que os meus, mas eu precisava ver com meus próprios olhos. Quando a radiografia chegou, levei-a ao Departamento de Tecnologia Radiológica de minha universidade, para ver o que seus membros teriam a dizer. Eles ficaram fascinados com a radiografia, mas sugeriram que minha única esperança de obter alguma informação nova seria mostrá-la a nosso assessor médico, o dr. Gerald Irwin, chefe da radiologia do Hospital da Universidade de Winthrop. O dr. Irwin tinha uma experiência considerável na leitura de radiografias de pacientes com traumatismos cranianos. Minha esperança era que a combinação de seus conhecimentos de radiologia e traumatologia lhe permitisse ver alguma coisa nova.

Primeiro, mostrei-lhe o vídeo da BBC, com a explicação que Harrison dera à radiografia. Em seguida, ele estudou a cópia impressa da radiografia do crânio de Tutancâmon. Concordou com Harrison. Realmente poderia ter havido uma pancada no dorso da cabeça; a chapa comprovava um hematoma, uma acumulação de sangue sob a pele. Mas, depois disso, o dr. Irwin observou mais uma coisa. Dentro do crânio, perto da localização do possível coágulo de sangue, aparecia uma área de maior densidade. Era o que se esperaria de uma calcificação da membrana em torno de um coágulo de sangue. Os médicos dão-lhe o nome de hematoma subdural crônico — um fenômeno que leva bastante tempo para se desenvolver.

O dr. Irwin também observou que a área craniana em que teria ocorrido a suposta pancada era uma área incomum de traumas — no dorso da cabeça, bem no ponto onde o pescoço se une ao crânio. Esse é um local bem protegido. Tutancâmon teria tido que ser golpeado por trás, talvez quando dormia de lado ou de bruços, para sofrer um traumatismo nesse ponto (fig. 26).

Que significa tudo isso? Antes de mais nada, permitam-me deixar claro que a radiografia de Tutancâmon não prova que ele foi assassinado. Nenhuma radiografia, por si só, é capaz de fazê-lo; uma radiografia pode mostrar que um paciente recebeu uma pancada na cabeça e até que, provavelmente, esse golpe o matou, mas não que o golpe foi desferido por alguém com a intenção de matar. Sempre existem outras possibilidades, que a radiografia em si não é capaz de eliminar. Além disso, a interpretação das chapas radiográficas é uma arte, razão por que alguns são peritos na leitura dessas chapas e outros, não. As radiografias mostram algumas áreas brancas nítidas — os ossos — e outras áreas sem nitidez, cuja interpretação requer uma habilidade especial. Mesmo entre os especialistas, alguns vêem uma área pouco clara como um tipo de crescimento, enquanto outros vêem nela apenas um borrão do filme.

No caso de Tutancâmon, dois especialistas renomados viram indícios de um hematoma em seu crânio. Teria o faraó tropeçado e batido com a cabeça? Considerada a localização do hematoma, é pouco provável. Por si só, a prova de um golpe fatal no dorso do crânio, num ponto em que é improvável a ocorrência de acidentes, jamais convenceria um júri a proferir uma condenação. Mas certamente seria o bastante para provocar uma investigação minuciosa da polícia, a fim de verificar se surgiriam provas adicionais. Ela rotularia a radiografia de "indício de circunstâncias suspeitas".

Tudo isso está claro. O menos seguro é se a calcificação se formou sobre o hematoma. O dr. Irwin apressou-se a assinalar que a radiografia não estabelece esse fato de maneira inequívoca, porque a área obscura é tênue demais para se saber com certeza. Mas ela levanta a possibilidade de que Tutancâmon não teria morrido de repente, o que, por sua vez, suscita algumas perguntas difíceis. Se o faraó permaneceu vivo pelo mínimo de dois meses que é necessário para a formação de cálcio, qual terá sido seu estado de consciência? Convém lembrar que isso foi antes da alimentação intravenosa e que não há indícios de que os egípcios usassem cânulas de alimentação. Inconsciente, Tutancâmon não poderia ser mantido vivo por dois meses. Logo, se houve um espessamento, podemos presumir que ele ficasse consciente pelo menos por tempo suficiente para ser alimentado, talvez alternadamente perdendo e recobrando a consciência. E deve ter resistido até que a pressão exercida pelo hematoma no cérebro se tornou grande demais, quando então entrou em coma e morreu de desidratação ou pneumonia.[19]

A sugestão de que Tutancâmon teria agonizado por algum tempo é muito provisória, mas não afeta em nada a tese do assassinato. Menciono-a apenas por ser uma parte do quebra-cabeça que talvez se torne importante em algum momento posterior. Na verdade, as provas físicas em si nunca provam um assassinato. Uma bala no cérebro não mostra a intenção de matar, o motivo, os meios etc. A radiografia do crânio de Tutancâmon sugere uma pancada no dorso da cabeça. É só o que pode fazer. Para defender a tese do assassinato, é crucial a investigação das provas circunstanciais. Será possível mostrarmos que alguém teve a oportunidade e o motivo? É assim que essa tese poderá ou não ser sustentada.

9. O Apelo de uma Viúva

Não te preocupes com ele,
O asiático é um crocodilo em sua praia.
Rouba da estrada solitária,
Mas não pode tirar da cidade populosa.

— *Rei Khety Nebkaure*
c.2150 a.C.

Na maioria dos assassinatos, os acontecimentos que cercam a morte levantam as primeiras suspeitas de crime. Os eventos sinistros que se seguiram à morte de Tutancâmon levariam qualquer detetive moderno a pensar em algum ato delituoso. Eles começam por uma carta da esposa de Tutancâmon ao rei dos hititas, habitantes da antiga região de Hatti — um inimigo tradicional do Egito, que pressionava este para se apossar de seus territórios.

Sabemos dessa carta porque os hititas eram excelentes na manutenção de registros. Escavações feitas na Turquia revelaram milhares de placas de argila provenientes de seus arquivos, as quais registravam tudo, desde escrituras de imóveis até proezas militares. No início do século XX, uma escavação na antiga capital, Bogazköy, encontrou arquivos sobre uma variedade de assuntos. Um grupo de tábuas fazia a crônica do reinado do rei Supiluliumas, escrita por seu filho, Mursilis II. Essa obra é hoje conhecida pelo título pouco atraente de "Os feitos de Supiluliumas, narrados por seu filho Mursilis II". Dentre as dezenas de fragmentos que compõem os textos, o que fala da carta desesperada de Ankhesenâmon é a "Sétima Tábua".[1]

A carta é extraordinária. A rainha do Egito escreve aos inimigos tradicionais de seu país, os hititas, e se diz amedrontada e desejosa de se casar com um príncipe hitita e torná-lo rei do Egito. Nunca havia acontecido nada semelhante no Egito. Devemos examinar essa carta com muito cuidado, na descrição de Mursilis:

> Quando meu pai esteve na região de Carquemich, enviou Lupakki e Tarhunta [?]-zalma à região de Amka. E então eles atacaram Amka e trouxeram deportados, gado e ovelhas para meu pai. Mas, quando o povo do Egito soube do ataque a Amka, ficou temeroso, e como, além disso, seu senhor Nibhuruiya havia morrido, a rainha do Egito, que era Dahamunzu [?], enviou um mensageiro a meu pai e assim lhe escreveu: "Meu marido faleceu. Filhos, não os tenho. Mas de ti, segundo dizem, os filhos são muitos. Se me desses um de teus filhos, ele se tornaria meu marido. Jamais escolherei um servo meu para torná-lo meu marido! (...) Tenho medo!"[2]

A rainha do Egito que escreveu a carta chamava-se Dahamunzu, e seu marido ("seu senhor") era chamado Nibhuruiya. Quem seriam esses nobres? Seus nomes são transliterações de nomes egípcios na língua hitita — uma tentativa não de traduzir, mas apenas de transmitir sua pronúncia. Não há como duvidar de que o rei era Tutancâmon, cujo prenome (um de seus dois nomes inscritos num cartucho) era Neb-kheperu-re.[3] Os hititas transliteraram esses sons como "Nibhuruiya". Se o rei era Tutancâmon, a rainha viúva devia ser Ankhesenâmon, sua única esposa. Mas o nome Dahamunzu não se parece nem um pouco com Ankhesenâmon. É provável que a transliteração tenha sido da expressão egípcia *Ta Hemet Nesewt* — "a esposa do rei" —, que foi como a rainha assinou a carta.[4]

Num sinal de mau agouro, Ankhesenâmon diz-se amedrontada. O que estaria assustando a rainha do Egito? Seu país estava em segurança e estável na ocasião, graças ao vigoroso exército de Horemheb. Os administradores Aye e Maya haviam devolvido a prosperidade ao Egito. Depois da morte do marido, Ankhesenâmon provavelmente ocupava a posição mais nobre e poderosa da região. Mas será que era? Os hititas deixaram implícito que haviam provocado medo nela, ao atacarem a vizinha Amka, o que, embora tendo ocorrido longe das fronteiras do Egito, teria feito a rainha temer por sua segurança. Mas essa explicação parece improvável, dado o poder do Egito. Em vez de apontar para uma preocupação verdadeira que estaria agitando Ankhesenâmon, a explicação deles parece uma presunção, uma bazófia em que os hititas gostariam de acreditar.

A verdade é que a morte de Tutancâmon deixara Ankhesenâmon sozinha. Até então, sua vida fora cheia de mudanças e turbulência, mas, pelo menos, seu marido estivera presente para compartilhar o fardo e as decisões. Sem tê-lo a seu lado, havia uma razão mais sinistra para o temor de Ankhesenâmon. A sucessão de acontecimentos que leva a sua expressão de medo culmina numa declaração sumamente inusitada: "Jamais escolherei um servo meu para torná-lo meu marido!" Obviamente, era inconcebível que uma rainha egípcia se casasse com um criado. O que poderia estar pressionando Ankhesenâmon a desposar o homem errado? Que força era essa, tão poderosa que a assustava?

A rainha deve ter escrito a carta logo depois da morte de Tutancâmon, pois o Egito não poderia ficar muito tempo sem um faraó. Mas a linha sucessória não estava clara: ela e Tutancâmon não tinham filhos, e Ankhesenâmon era o último membro da família real. Nessas circunstâncias, quem quer que a desposasse tornar-se-ia faraó do Egito. A carta de Ankhesenâmon indica que ela estava sendo obrigada a se casar com alguém, um plebeu — um "servo". Que ato de desespero extraordinário foi escrever a um inimigo pedindo para se casar com um de seus príncipes! No entanto, esse deve ter parecido o menor de dois grandes males. Nunca, na história do Egito, uma rainha havia proposto casamento a um estrangeiro para torná-lo faraó.

Os murais do túmulo de Horemheb, o general de exército de Tutancâmon, mostram quão extraordinário foi o apelo de Ankhesenâmon. Horemheb se deliciou em cobrir seu túmulo com cenas dos cativos hititas a quem havia derrotado. Os generais do Egito combateram e depois levaram os prisioneiros hititas, algemados, à presença de Tutancâmon.[5] Que circunstâncias teriam feito Ankhesenâmon implorar um marido a esse povo?

Imaginemos sua angústia ao redigir a carta para o rei hitita. Os escribas da corte egípcia sabiam escrever acadiano, a língua internacional da época, mas uma carta redigida por um escriba da corte iria para os arquivos oficiais e passaria a ser de conhecimento geral no palácio. Ankhesenâmon não devia querer isso. Certamente, Aye, que fora conselheiro de Tutancâmon, jamais concordaria com o governo de um estrangeiro no Egito. No mínimo, isso poria em risco sua posição na corte, pois um rei hitita haveria de nomear seus próprios funcionários. O general Horemheb, que arriscara a vida nas batalhas contra os hititas, certamente não aprovaria tal carta — e jamais serviria a um inimigo mortal. Portanto, a carta de Ankhesenâmon não poderia ser uma comunicação oficial entre duas nações poderosas. Foi um apelo pessoal, escrito à única pessoa, na imaginação da rainha, com poder suficiente para ajudá-la — o rei hitita. É provável que a própria Ankhesenâmon tenha escrito a carta em hieroglifos, num rolo de papiro — ela poderia ser traduzida por escribas hititas no palácio, mais tarde. Só faltava uma pessoa a quem ela pudesse confiar a entrega de seu apelo.

A decisão que ela tomou nos permite discernir traços do caráter de Ankhesenâmon — amedrontada e ingênua. Tendo crescido na pacífica Amarna, ela nunca tinha ouvido falar dos horrores das batalhas com os hititas, nem das histórias sobre suas atrocidades. Deve ter acreditado que um exército seria a única força suficientemente poderosa para salvá-la. Deve ter-se convencido de que, se transformasse um príncipe deles em faraó do Egito, os hititas partiriam com tropas para resgatá-la. Quem tinha tanto poder, no Egito, a ponto de levá-la a crer que somente um exército poderoso poderia desviá-lo de seu curso?

O pedido de Ankhesenâmon foi tão inacreditável que nem mesmo o rei hitita confiou nele:

> Ao saber disso, meu pai mandou reunir os Grandes Conselheiros, [dizendo:] "Tal coisa nunca me aconteceu em toda a minha vida!" E foi assim que enviou ao Egito Hattusaziti, o camarista [com esta ordem]: "Vai e traze-me a informação verdadeira! Talvez me estejam enganando! Talvez eles tenham [na verdade] um filho de seu senhor! Vai, e traze-me de volta a verdade!"[6]

A viagem do camarista foi longa — atravessou a cadeia de montanhas de Tauro, virou a leste para a planície de Alepo, na Síria, onde cruzou o rio Oronte nas imediações de Cadesh, e continuou para o sul, em direção à fronteira egípcia. Não há dúvida de que foi recebido na fronteira, mas por quem? É claro que havia pelo menos duas facções opostas na corte egípcia — Ankhesenâmon, que queria casar-se com o príncipe, e os que a estavam obrigando a desposar o "servo" sem nome. Infelizmente, os hititas não nos contam o que seu camarista, Hattusaziti, descobriu no Egito. Mas sabemos que, ao retornar a seu país, ele não estava sozinho.

> Mas, quando veio a primavera, Hattusaziti [voltou] do Egito, e o mensageiro do Egito, o senhor Hani, o acompanhou.[7]

Os hititas mencionam que era primavera quando seu embaixador retornou do Egito. Será que isso confere com o que sabemos sobre a morte de Tutancâmon? As flores de suas coroas fúnebres nos dizem em que estação do ano Tutancâmon morreu. Uma delas foi feita de centáureas, que florescem no Egito entre meados de março e fim de abril. Um dos peitorais de flores do faraó incluía mandrágoras e meimendros, ambos os quais amadurecem e florescem em março e abril.[8] Portanto, Tutancâmon foi sepultado entre meados de março e o final de abril, o que, considerados os 70 dias de mumificação antes do enterro, situa sua morte nos meses de dezembro ou janeiro anteriores.[9] Se Ankhesenâmon escreveu sua carta em janeiro, ela deve ter chegado à capital hitita em fevereiro. A viagem de ida e volta do camarista (Hattusaziti) deve ter levado pouco menos de dois meses. Viajando com rapidez, pois devia haver um caráter de urgência na missão, Hattusaziti teria voltado em abril, na primavera, como indica o arquivo. Todos os indícios são coerentes, donde esse é, de fato, um registro antigo de acontecimentos reais.

Enquanto prosseguiam as negociações com os hititas, o corpo de Tutancâmon era mumificado, terminava-se seu caixão e o conteúdo de seu túmulo era preparado para o dia do sepultamento, cada vez mais próximo. Quanto tempo poderia o Egito ficar sem um faraó? Quanto tempo Ankhesenâmon agüentaria?

Quando ouviu a notícia de que um hitita havia chegado em resposta a sua carta, ela deve ter acreditado tratar-se do príncipe a quem estava buscando. Como deve ter sido decepcionante descobrir que se tratava apenas de um camarista idoso, que fora verificar seu estranho pedido! Não dispomos de detalhes sobre a estada de Hattusaziti na corte egípcia, mas podemos imaginar uma rainha desesperada, ciente de que o tempo estava se esgotando. Talvez não fosse tarde demais. Ela enviou uma segunda carta.

> "Por que disseste dessa maneira que 'eles me estão enganando'? Tivesse eu um filho, porventura teria escrito sobre minha vergonha e a de meu país a uma terra estrangeira? Não acreditaste em mim e até mo disseste! Aquele que foi meu marido está morto. Filhos, não os tenho! Jamais tomarei um servo meu como esposo! Não escrevi a nenhum outro país, apenas a ti escrevi! Dizem que são muitos os teus filhos, portanto, dá-me um filho teu! Para mim, ele será marido, mas no Egito será rei." E assim, como tinha o coração bondoso, meu pai acatou a palavra da mulher e se interessou pela questão do filho.[10]

O emissário egípcio, Hani, deve ter confirmado o que diziam as cartas de Ankhesenâmon. Supiluliumas conversou com Hani, expressando seu temor de que, se um príncipe fosse enviado ao Egito, viessem a fazer dele um refém, em vez de ungi-lo rei. Podemos imaginar o desespero na voz de Hani, ao defender junto a Supiluliumas a idéia de que tudo correria bem se ele mandasse um filho a Ankhesenâmon:

> Oh, meu senhor! Esta [é...] a vergonha de nosso país! Se porventura tivéssemos [um filho do rei], acaso recorreríamos a uma nação estrangeira e pediríamos um senhor para nós? Nib-hururiya, que era nosso soberano, morreu; e filhos não tem. A esposa de nosso

> amo está solitária. Buscamos um filho de nosso senhor para o reino do Egito, e para a mulher, nossa senhora, buscamos um marido! Ademais, não fomos a nenhum outro país, somente aqui viemos apelar! Então, senhor nosso, dá-nos um filho teu![11]

É esse o relato hitita do discurso de Hani em nome de sua rainha. Supiluliumas pediu que fosse trazido dos arquivos um antigo tratado de paz entre o Egito e Hatti, leu-o em voz alta e declarou:

> Antigamente, Hatusa e o Egito eram amigos entre si, e agora também isto, em nosso nome, ocorreu entre e[les]! Hatti e o Egito, portando, serão perenemente amigos um do outro![12]

Uns 90 dias depois da primeira carta de Ankhesenâmon, Supiluliumas enviou um filho seu ao Egito, para que fosse feito marido da rainha e faraó. A essa altura, os 70 dias completos de mumificação e ritual anteriores ao sepultamento de Tutancâmon haviam decorrido, e fazia quase um mês que seu corpo repousava no túmulo, com todos os seus tesouros. Só então o príncipe hitita iniciou sua viagem ao Egito, para ir ao encontro da noiva. As tábuas do arquivo interrompem-se nesse ponto, mas o final do drama continua noutro texto hitita, "As preces de Mursilis contra a peste".

> Mas, quando meu pai lhes deu um de seus filhos, eles o mataram ao conduzi-lo para lá. Meu pai deixou-se tomar pela ira, declarou guerra ao Egito e atacou o Egito. Destroçou os soldados de infantaria e os condutores de bigas da região do Egito. Mas, quando eles trouxeram de volta para as terras de Hatti os prisioneiros que haviam feito, deflagrou-se uma peste entre os prisioneiros e eles começaram a morrer. Quando trouxeram os prisioneiros para as terras de Hatti, os prisioneiros introduziram a peste na terra Hatti. Desse dia em diante, as pessoas vêm morrendo na região de Hatti.[13]

O príncipe dos hititas foi assassinado na fronteira do Egito. Por quem? Certamente ele viajava com um séquito de guardas, criados e presentes. Além disso, devia haver uma delegação de representantes egípcios para receber e escoltar o príncipe até a presença de Ankhesenâmon. É improvável que todas essas pessoas pudessem ser massacradas por um bando de marginais. Os hititas, prestes a estabelecer um laço com o Egito, nada teriam a ganhar com o assassinato de seu próprio príncipe. A suspeita aponta para algum egípcio com autoridade para ordenar a uma tropa da cavalaria que assassinasse um emissário estrangeiro viajando com uma bandeira de paz. Quem mais teria a perder se o príncipe e Ankhesenâmon se casassem seria, é claro, "o servo", aquele cuja chance de chegar ao trono do Egito desapareceria. Para descobrir o assassino do príncipe hitita e o suspeito implicado na morte de Tutancâmon, precisamos desvendar quem era "o servo".

A primeira pista encontra-se nos murais do túmulo de Tutancâmon.

A Imagem no Mural

Como sabemos, os egípcios que não faziam parte da realeza decoravam seus túmulos com pinturas da vida cotidiana, para mostrar aos deuses como gostariam de viver no além. Às vezes, até os preparativos de seu funeral eram exibidos, mostrando carpinteiros e artesãos preparando o esquife e o relicário para os canopos. Vez por outra, chegamos a ver até o próprio funeral. No túmulo de Ramósis, prefeito de Tebas na época do pai de Tutancâmon, todo o cortejo fúnebre é exibido, incluindo todos os objetos levados para o túmulo — o apoio de cabeça, as sandálias e as roupas de Ramósis —, tudo de que ele precisaria no outro mundo. Carpideiras profissionais, todas pagas para prantear a múmia de Ramósis até o túmulo, choram e jogam terra sobre a cabeça. Os túmulos da realeza eram bem diferentes, pois eram recobertos de textos religiosos gravados nas paredes — o Livro dos mortos, o Livro dos portões, o Livro do que há no outro mundo —, em vez das encantadoras cenas da vida cotidiana dos túmulos dos nobres. Já os murais do túmulo de Tutancâmon retratam uma cena da vida real — o enterro do faraó.

Nos tempos modernos, o interesse pelo túmulo de Tutancâmon concentrou-se nos tesouros, no mobiliário e na múmia, enquanto as pinturas murais receberam relativamente pouca atenção. Até hoje, apesar de sua dessemelhança de todas as outras pinturas dos túmulos reais, elas não foram completamente estudadas. Os túmulos reais são grandes e complexos, e praticamente todas as suas paredes são lindamente decoradas com cenas e textos religiosos, que visam assegurar a imortalidade do faraó. Um mesmo princípio mágico norteia a maioria dos textos — "a palavra é o ato". Se algo for dito, escrito ou retratado, acontecerá. Assim, se alguém disser "O faraó recebe as boas-vindas dos deuses", isso acontecerá. Se o rei falecido aparecer sendo saudado no outro mundo por Osíris, o deus dos mortos, isso acontecerá. Os egípcios parecem quase insaciáveis em matéria de encantamentos mágicos. Quanto maior o número de textos e cenas, melhor.

E é nisso que o túmulo de Tutancâmon é incomum. Apenas um dos aposentos, a câmara mortuária, foi pintado — quase certamente devido ao pouquíssimo tempo que houve para se preparar o túmulo, depois de sua morte inesperada. Nesse único aposento pintado, 12 babuínos — os guardiães das 12 horas da noite — aparecem num dos murais, pacientemente sentados, esperando para ajudar Tutancâmon. Eles garantirão que o faraó, assim como o sol, faça uma viagem tranqüila pela noite para renascer no outro mundo. A parede divisória que fechou a câmara mortuária, depois de Tutancâmon ser colocado em seus esquifes e de serem montados os santuários a seu redor, também transmite significados puramente religiosos. Essa parede mostra Tutancâmon recebendo a vida de Hátor, a deusa do Ocidente. Atrás dela está Anúbis, o deus do embalsamamento, com sua cabeça de chacal, que concluiu com êxito seu trabalho e segura nas mãos um *ankh*, o símbolo da vida. Esses dois murais pouco nos dizem sobre Tutancâmon. São as outras duas paredes que apresentam registros efetivos do que aconteceu e contêm os indícios sobre o assassino do faraó.

Na parede oriental, vê-se um cortejo fúnebre levando a múmia de Tutancâmon para o túmulo. A múmia repousa dentro de um santuário, montado sobre um suporte deslizante. Doze carregadores de esquife, com tiras de linho branco na cabeça, puxam a múmia do rei até o túmulo; dois deles, de cabeça raspada e vestindo os mantos dos altos funcionários, são Pentu e Usermont, as principais autoridades do Alto e do Baixo Egito.[14]

Não há muito que discernir aí. A última parede, a do norte, é vista por todos os turistas que visitam o túmulo de Tutancâmon e tem sido fartamente reproduzida em livros. A maioria das pessoas mal sabe que ela contém uma pista substancial sobre a morte do faraó.

Os nobres de Tebas freqüentemente incluíam nos murais de seus túmulos a cerimônia da abertura da boca, mas, até a descoberta do túmulo de Tutancâmon, nunca se tinha visto uma imagem dessa cerimônia entre a realeza. É estranho que o rei que devolveu o Egito a sua religião tradicional rompesse com a tradição em seu próprio túmulo. Quem quer que tenha supervisionado a decoração do túmulo desse faraó deve ter sido movido, por alguma razão, a alterar a iconografia tradicional.

A parede do norte mostra Tutancâmon de pé, sob a forma de Osíris mumificado. Os hieroglifos acima de sua cabeça deixam claro que se trata da imagem de Tutancâmon, rei do Alto e Baixo Egito, e não de Osíris. Ele está diante de uma mesa baixa, sobre a qual foi colocada uma pena cerimonial, junto a uma oferenda, a perna de um bezerro. Do outro lado da mesa posta-se um homem, uma figura que podemos identificar como o sumo sacerdote, porque ele veste a pele de leopardo própria do cargo. O sacerdote ergue o instrumento da abertura da boca em direção à boca de Tutancâmon, num ato que lhe devolverá a respiração e a vida no outro mundo. Se o sacerdote usasse apenas a pele de leopardo, isso se assemelharia à cerimônia tradicional, mas há um detalhe que torna essa cena única em todos os anais da história egípcia. O sumo sacerdote usa a coroa dos faraós. É o sucessor de Tutancâmon que pratica o ritual. A inscrição acima de sua cabeça revela sua identidade. É o velho vizir, Aye (fig. 18).

Se reconstituirmos os acontecimentos imediatamente seguintes à morte de Tutancâmon, ficará patente que Aye foi responsável pela inclusão de sua própria imagem no mural do túmulo de Tutancâmon, e que era ele "o servo" que Ankhesenâmon estava tentando desesperadamente não desposar:

1. Tão logo morreu Tutancâmon, iniciaram-se os preparativos para seu sepultamento e a decoração de seu túmulo, e não antes de sua morte. É certo que Aye, o vizir, cuidou desses detalhes. Portanto, ele mesmo ordenou que fosse mostrado como faraó no mural.
2. Enquanto era pintada a cena de Aye como faraó, Ankhesenâmon escreveu ao rei hitita, pedindo-lhe que lhe enviasse um filho para desposá-la, a fim de que ela não fosse obrigada a se casar com um "servo".
3. O príncipe, viajando para desposar Ankhesenâmon, é assassinado na fronteira do Egito, num ato provavelmente da iniciativa de alguém que teria muito a perder se o príncipe e a rainha se casassem.
4. Aye torna-se faraó do Egito.

A pintura mural e a cronologia dos acontecimentos apontam para Aye como principal suspeito do assassinato do príncipe hitita e, segundo creio, também do assassinato de Tutancâmon. Aye controlava o governo. Entre a época da morte de Tutancâmon e a coroação de seu sucessor, Aye, na condição de vizir, era o homem mais poderoso do país, acima até da viúva do faraó recém-falecido. Tendo o controle da guarda palaciana e até do exército, ele realmente poderia obrigar Ankhesenâmon a desposá-lo. Se, como sugere a radiografia, um ato criminoso provocou a morte de Tutancâmon, devemos indagar quem teria a ganhar com o assassinato do rei. A resposta é clara. A morte de Tutancâmon permitiu que Aye se apoderasse do trono.

A cena de Aye como faraó no túmulo deixa em suspenso duas grandes perguntas: como foi que Aye, um plebeu, tornou-se faraó do Egito, e que aconteceu com Ankhesenâmon?

O ANEL DE NEWBERRY

A explicação de como Aye se tornou faraó foi descoberta num antiquário da cidade do Cairo, na primavera de 1931. Na época, era comum os egiptólogos visitarem os comerciantes de antigüidades, para saber o que havia aparecido no mercado e buscar inscrições interessantes e cenas de importância histórica. O egiptólogo Percy Newberry, que no início de sua carreira havia organizado um catálogo descrevendo os milhares de escaravelhos do Museu Egípcio do Cairo,[15] visitava com freqüência os comerciantes, à procura de novos escaravelhos, os pequenos amuletos esculpidos com a forma de um besouro.[16] Na primavera de 1931, quando examinava uma caixa desses amuletos na loja de Robert Blanchard, Newberry encontrou entre eles um anel de faiança azul, composto de dois cartuchos — de Aye e de Ankhesenâmon. Essa combinação de cartuchos num mesmo anel só podia significar uma coisa: Aye havia desposado a viúva Ankhesenâmon. Eram rei e rainha.

Newberry escreveu imediatamente a Howard Carter:

Maison Mitarchi
Sharia Bayuni
Zamalek
Gezira
Cairo

Meu prezado Carter,
Você se interessará em saber que acabo de ver, na loja do Blanchard, um anel que traz o cartucho de Ankhesenâmon ao lado do prenome do rei Ay. Isso só pode ser interpretado como significando que o rei Ay casou-se com Ankhesenâmon, a viúva de Tutancâmon. O anel é de cerâmica azul esmaltada e foi encontrado em algum lugar do Delta oriental (...).[17]

O artigo que Newberry publicou sobre o anel[18] respondeu à primeira pergunta. Aye tinha-se tornado faraó desposando Ankhesenâmon, mas, como em qualquer bom romance policial, houve um problema: o anel desapareceu. Newberry tinha visto e copiado o anel na loja de Blanchard, mas não o havia comprado. Mais tarde, ele deve ter sido vendido para um turista que não fazia idéia de sua importância histórica e, com isso, desapareceu. Com o passar das décadas, alguns egiptólogos começaram a duvidar de que o "anel de Newberry" realmente houvesse existido. Felizmente, no início da década de 1970, um anel quase idêntico ao encontrado por ele foi comprado pelo Museu Egípcio de Berlim. O anel nunca fora posto em exposição, de modo que eu quis confirmar sua importância com meus próprios olhos. Telefonei para o museu e falei com uma curadora que me disse nunca ter ouvido falar desse anel! Depois de meu susto inicial, percebemos o que havia acontecido. Fazia pouco tempo que os dois acervos egípcios de Berlim — da Berlim Oriental e Ocidental — tinham sido reunidos, e os curadores ainda não estavam completamente familiarizados com as coleções uns dos outros. O anel foi localizado, e um mês depois segurei nas mãos aquela frágil prova.[19]

Seus hieroglifos eram exatamente como Newberry os havia copiado em 1931, embora eu não creia que aquele fosse o anel que ele tinha visto. Newberry o descrevera como feito de "cerâmica azul esmaltada", enquanto o anel que eu tinha na mão era branco. Podiam-se ver pequenos vestígios de um azul original, mas a maior parte da cor havia desbotado; afinal, a peça fora encomendada para uma comemoração de casamento há 3.000 anos. Sem dúvida, produziram-se na ocasião várias cópias do anel, e essa era uma segunda delas. Não havia dúvida de que Aye desposara Ankhesenâmon.

No Museu Egípcio de Berlim, fiquei frente a frente com o principal suspeito. Fitando-me de uma vitrina de plexiglas estava uma máscara de gesso de Aye, em tamanho natural, preparada como uma etapa intermediária para a escultura de algum busto de pedra. Era o rosto de um homem maduro, de queixo forte e pescoço musculoso, identificado como Aye por sua semelhança com os retratos que se encontram em seu túmulo, em Amarna[20] (fig. 10). Ao olhar para o rosto, sinistro, de Aye na vitrine, notei que havia um vestígio de tinta vermelha em seu lábio superior. Não pude deixar de pensar em sangue. Talvez fosse o que eu sabia a seu respeito que dava a esse homem aquela aparência lúgubre, mas creio que qualquer outra pessoa também não convidaria alguém com aquela aparência para jantar. Se Ankhesenâmon de fato se casou com ele, qual foi o seu destino?

Na carta a Howard Carter (fig. 17), Newberry também se perguntou sobre isso e sugeriu um modo de encontrá-la:

> Há alguma possibilidade de que você vá ao Vale Ocidental para ver o túmulo de Ay? Se for, há uma questão extremamente interessante a resolver. Numa das paredes da câmara do sarcófago havia uma imagem do rei Ay com a rainha Tiy atrás dele. (...)
>
> Será que existe algum vestígio de uma figura atrás da rainha Tiy? E o cartucho é grande o bastante para o nome de Ankhesenâmon? Minhas anotações sobre o túmulo, feitas alguns anos

atrás, não me ajudam quanto a esse ponto, e seria muito interessante resolvê-lo. Se você tiver tempo, por favor vá até lá: não tomaria muito tempo. Se eu dispusesse de tempo para dar uma corrida pessoalmente a Luxor, eu mesmo o faria, mas só vou estar livre no fim de maio. Quando você vem ao Cairo? Com nosso carinho e todos os melhores votos,

Atenciosamente,
Percy E. Newberry

Não sabemos se Carter chegou a ir ao Vale Ocidental para examinar o túmulo de Aye, como Newberry sugeriu. Poucas pessoas o visitam, porque fica num local muito fora de mão. Assim que Aye se tornou faraó, apropriou-se do distante túmulo originalmente iniciado por Tutancâmon. Como faraó, ele tinha direito a um túmulo no Vale dos Reis, mas optou por uma sepultura pouco ortodoxa no Vale Ocidental. Aye tomou não apenas o trono e a mulher de Tutancâmon, mas também seu túmulo.

Por ser muito isolado, o Vale Ocidental passou despercebido aos primeiros viajantes que visitaram o Egito. Os cientistas que acompanharam a expedição egípcia de Napoleão em 1798 o exploraram, descobrindo o túmulo de Amenófis III, mais acessível. O de Aye devia estar coberto de entulho nessa ocasião, pois continuou não-descoberto até 1818, quando, em busca de tesouros, Belzoni deparou casualmente com ele.

> Foi no vale ocidental que um dos cientistas franceses descobriu um túmulo grande, que encontrou aberto, mas que até então era completamente desconhecido. Fui visitar o túmulo e constatei que era muito grande e se achava em bom estado de conservação. Minha curiosidade não terminou ali. Andei mais pelo vale e, num de seus pontos mais remotos, vi uma pilha de pedras que me pareceu distinguir-se do entulho. Por um acaso, eu levava comigo uma vara e, enfiando-a nas aberturas por entre as pedras, percebi que ela penetrava muito fundo. Voltei imediatamente a Gournou e providenciei alguns homens para abrirem o local. Infelizmente, fazia algum tempo que a Sra. Belzoni e eu vínhamos sofrendo muito de oftalmia, que dessa vez me atingiu tão severamente que eu mal conseguia enxergar alguma coisa.
>
> Levei os homens ao mesmo vale na manhã seguinte, mas, em conseqüência do problema dos meus olhos, levei algum tempo para tornar a encontrar o local. Ao retirarmos algumas pedras, percebemos que a areia escorria para o fundo; e, de fato, estávamos

> tão perto da entrada que em menos de duas horas todas as pedras foram removidas. Mandei trazer umas velas e entrei, seguido pelos árabes. Não posso me gabar de haver feito uma grande descoberta no túmulo, embora ele contivesse várias figuras curiosas e singulares, pintadas nas paredes, e embora eu tivesse razão para supor, por sua extensão e por parte de um sarcófago que restava no centro de uma câmara espaçosa, que se tratava da sepultura de uma pessoa ilustre.[21]

Belzoni não sabia, mas havia descoberto o túmulo do rei Aye. Saqueado na Antigüidade, ele pouco tinha que pudesse interessar a Belzoni, mas Newberry, sabendo o que sabia sobre o que se seguira à morte de Tutancâmon, percebeu que aquelas pinturas poderiam fornecer parte da resposta sobre o destino de Ankhesenâmon.

As cenas tradicionais do faraó sendo saudado pelos deuses do além foram cuidadosamente reproduzidas no túmulo de Aye, mas uma das paredes foi uma completa surpresa. Aye incluiu uma cópia exata de uma cena do túmulo de Tutancâmon — os 12 babuínos guardiães das horas da noite. Por razões pessoais, Aye associou-se a seu falecido predecessor. Num outro mural, Aye caça nos pântanos. De pé a seu lado encontra-se sua mulher, a rainha.

Era freqüente os faraós incluírem retratos de suas rainhas nos túmulos, para que as esposas os acompanhassem pela eternidade. O mesmo seria esperável de Tutancâmon, especialmente uma vez que Ankhesenâmon fora não apenas sua esposa dedicada, mas também uma companheira de infância. Dei aulas para meus alunos no túmulo de Tutancâmon umas 20 vezes, explicando a importância das pinturas murais, mas, até começar a pensar na teoria do assassinato, nunca havia notado uma pessoa que não estava lá — Ankhesenâmon. Dada a dedicação de um ao outro e o fato de Ankhesenâmon estar viva quando as paredes foram decoradas, foi uma omissão flagrante. Somente ao recordarmos que Aye supervisionou os preparativos para o funeral de Tutancâmon, inclusive a pintura dos murais, é que a ausência da mulher do faraó em seu túmulo começa a fazer sentido. Mesmo nesse breve intervalo após a morte de Tutancâmon, Aye já tinha planos de se casar com Ankhesenâmon. Não queria que ela passasse a eternidade com o primeiro marido.

Se Aye omitisse Ankhesenâmon no túmulo de Tutancâmon, ela deveria aparecer nas paredes de seu próprio sepulcro. Em circunstâncias normais, estaria lá. Se Aye se tornou faraó por desposá-la, ela era a rainha do Egito, "a Grande Esposa".

Não temos registro de que Carter ou qualquer outra pessoa tenha procurado Ankhesenâmon nos murais do túmulo de seu segundo marido. Como Newberry e outros que se interessavam pelos assuntos complicados do fim da XVIII Dinastia, perguntei-me qual teria sido o destino dela. Assim, fiz a viagem ao túmulo de Aye.

Caminhando pelo uede desolado que formava o Vale Ocidental, não pude deixar de ter esperança de descobrir algum vestígio da jovem rainha. Ao entrar no túmulo, não tardei a encontrar a cena em que Aye aparece com sua rainha. Ela se posta majestosamente atrás do faraó, enquanto os hieroglifos proclamam-na "A Grande Esposa do Rei". Mas, quem seria essa rainha? O nome no cartucho foi apagado. Só haveria duas possibilidades razoáveis para sua identidade: (1) Tey, a primeira mulher de Aye, que estivera com ele em Amarna, e (2) Ankhesenâmon, que já era rainha do Egito quando ele a desposou. Qual das duas foi retratada fica bastante claro, apesar do cartucho apagado. Este é pequeno demais para conter o longo nome "Ankhesenâmon", mas é a conta certa para "Tey". Não há nenhuma segunda rainha atrás de Tey. Ankhesenâmon desapareceu da história. Tey, por si só, era uma mulher poderosa, a única em Amarna a haver recebido um colar de ouro de Aquenaton. Tinha sido "ama" ou confidente de Nefertiti e conhecia bem Ankhesenâmon, talvez tendo até servido à jovem rainha em Tebas. Quando Aye se tornou faraó, Tey elevou-se a uma posição ainda mais alta, porém jamais poderia ser "a grande esposa do rei" — não enquanto Ankhesenâmon vivesse.

A Testemunha Ausente

A última notícia que temos de Ankhesenâmon é sua segunda carta desesperada ao rei hitita, reafirmando estar dizendo a verdade e desejar desesperadamente casar-se com um príncipe hitita. O anel que se encontra no Museu de Berlim indica que ela viveu depois disso — pelo menos o bastante para se casar com Aye —, mas, a partir daí, a rainha desaparece sem deixar vestígios. Não foram apenas os 3.000 anos que obliteraram Ankhesenâmon. Ela deveria ter sido retratada nos murais do túmulo de Tutancâmon, acompanhando-o na eternidade, e, mesmo que houvesse morrido logo depois do casamento com Aye, deveria haver uma menção a ela no túmulo do faraó. E onde, afinal, está seu túmulo?

O túmulo de Ankhesenâmon nunca foi encontrado. Mesmo que ele houvesse existido e sido completamente saqueado na Antigüidade, haveria vestígios. Se Ankhesenâmon foi sepultada como rainha do Egito, seu túmulo conteria móveis, roupas, jóias e um esquife. Os saqueadores de túmulos do antigo Egito teriam levado tudo o que fosse de valor, quebrado os móveis, arrancado seus enfeites folheados a ouro, derretido as jóias e deixado o túmulo em completa desordem, mas, ainda assim, o que restasse mostraria que um dia tinha havido um funeral de Ankhesenâmon. Haveria vasos canópicos quebrados, fragmentos dos baús de madeira que guardavam roupas e objetos de toalete, objetos que não teriam valor para nenhum ladrão, mas alguns dos quais exibiriam o nome de Ankhesenâmon. Juntamente com o nome da rainha haveria uma indicação de que ela estava morta, de que aqueles eram objetos de seu túmulo; após seu nome apareceriam os hieroglifos correspondentes a "De voz verdadeira".

Os egípcios usavam muitos eufemismos para se referir aos mortos, como "ele foi para o Ocidente" e é "um ocidental" — o que não difere muito de nosso "querido falecido". Outra expressão que usavam era "de voz verdadeira". Eles acreditavam que os mortos se apresentariam no Salão da Dupla Verdade, diante de 42 deuses. Ali exporiam sua história, dizendo por que deveriam ser aceitos no outro mundo. O capítulo 125 do Livro dos mortos lhes ensinava o que dizer — que não haviam prejudicado ninguém, não haviam desviado os canais de irrigação dos campos de seus vizinhos etc. Ao final de sua rogatória, o coração do morto seria pesado numa balança cujo outro prato continha a pluma da verdade — origem de nossa balança da justiça. Se a balança ficasse em equilíbrio, o morto seria declarado De Voz Verdadeira e aceito no outro mundo. Caso contrário, seu coração seria comido pelo Devorador de Corações e ele deixaria de existir. "De Voz Verdadeira" tornou-se sinônimo de "falecido". Os objetos que estivessem no túmulo de Ankhesenâmon deveriam trazer a expressão "de voz verdadeira" após seu nome.

Até os túmulos completamente saqueados deixam vestígios de seus ocupantes; surgem objetos no mercado de antigüidades; ao mapearem e esvaziarem os túmulos roubados, os escavadores encontram fragmentos. Mas, de Ankhesenâmon, casada com dois reis do Egito, não há nenhum vestígio. Ou seu túmulo ainda está por ser descoberto, ou ela nunca teve um enterro adequado e seu nome foi apagado da história. Embora eu espere que seu túmulo possa ser descoberto um dia, receio que seu fim tenha sido a segunda alternativa.

Reunindo os Suspeitos

Até este momento, as pistas incluem: uma radiografia do crânio de Tutancâmon, que indica "uma pancada no dorso da cabeça"; as cartas de Ankhesenâmon falando de seu medo e de sua recusa a se casar com um servo; o assassinato do príncipe hitita; e, por fim, o casamento de Ankhesenâmon com um plebeu (servo) e seu imediato desaparecimento da história. Tudo isso levanta suspeitas de um crime. Começamos com uma morte — a de Tutancâmon. Depois, encontramos um príncipe hitita assassinado, seguido pelo desaparecimento suspeito da herdeira real. Talvez as três mortes estejam ligadas. Nesse caso, quem são os principais suspeitos? Como em qualquer investigação de homicídio, seus atos posteriores devem ser vigiados de perto, à procura de passos em falso que possam revelar sua culpa.

Aye

Imediatamente após a morte de Tutancâmon, Aye mandou pintar sua própria imagem com destaque no túmulo do jovem rei a quem tinha servido. Conquanto possamos supor que, se fosse o assassino, ele faria todo o possível para se distanciar de sua vítima, ocorreu exatamente o contrário. Mas há uma razão por que, mesmo sendo o assassino de Tutancâmon, Aye desejaria mostrar-se como um rei que administrava os ritos derradeiros do monarca anterior: seria um modo de legitimar seu próprio direito ao trono, sua continuidade na linha sucessória. É significativo que, embora tenha mandado retratar a si mesmo num mural do túmulo, ele haja omitido Ankhesenâmon, a esposa de Tutancâmon, como se tivesse outros planos para ela. Em seguida, Aye apossou-se do túmulo iniciado por Tutancâmon no Vale Ocidental e copiou motivos decorativos do túmulo dele, associando-se novamente ao faraó anterior. Para se associar ainda mais de perto a Tutancâmon, acrescentou seu título de Pai de Deus a seu novo nome faraônico.

O vizir ascendeu ao trono na casa dos 60 anos. Viveu menos de quatro anos depois de se tornar faraó, deixando para a posteridade vestígios de seu reinado ainda menores do que os deixados por Tutancâmon. O túmulo de Aye foi seriamente danificado por saqueadores de tumbas, mas não antes de uma profanação oficial — seu nome foi apagado de todos os locais em que aparecia nos murais do túmulo.[22] Essa tentativa de *damnatio memoriae* não era incomum no antigo Egito. Os nomes tinham um significado mágico tão grande que era comum os egípcios declararem que "dizer o nome do morto é dar-lhe vida outra vez". Quando o nome de uma pessoa era apagado de seus monumentos, ela deixava de existir; apagado seu último vestígio, estava condenada para sempre. Essa tentativa de garantir que Aye não viesse a desfrutar dos prazeres do outro mundo foi além do apagamento de seu nome. Até seus *ushabtis*, as estátuas dos servos, foram destruídos. Não tendo valor monetário, os *ushabtis* costumavam ser abandonados pelos saqueadores, mas, no túmulo de Aye, a destruição foi tão completa que nunca se encontrou uma só imagem dele como rei.[23] Havia alguém procurando certificar-se realmente de que Aye não se saísse bem no mundo dos mortos.[24]

Horemheb

Como o general Horemheb sucedeu a Aye como faraó, era ele quem estava em melhores condições para ordenar a profanação do túmulo do antigo vizir. Para entendermos por que desejaria fazê-lo, temos de estudar sua carreira. É possível que Horemheb houvesse iniciado seu serviço militar durante o reinado do pai de Tutancâmon, mas não se juntou à migração religiosa para Amarna.[25] Em vez disso, destacou-se no reinado do faraó seguinte, Tutancâmon, tornando-se Grande Comandante do Exército, Representante do Rei e Inspetor de Todas as Obras do Rei, além de receber mais uma dezena de títulos.[26] De origem humilde, ao que parece, Horemheb teve uma ascensão rápida, a serviço do jovem faraó. Seu túmulo monumental em Saqqara — uma de suas recompensas — é o maior dentre os de qualquer dos outros servidores de Tutancâmon. Nenhum indivíduo, isoladamente, poderia arcar com o custo de enviar expedições para extrair pedras das pedreiras, nem com o de empregar centenas de artesãos habilidosos para esculpir e decorar as pedras de um túmulo assim, a menos que este fosse uma dádiva do faraó. Horemheb mostrou cenas de suas campanhas militares na Núbia, na Líbia e na Síria em todos os murais, pois foi ele quem reconquistou o controle dos territórios estrangeiros do Egito que tinham sido perdidos por Aquenaton.

É fácil imaginar a raiva que um guerreiro teria de Aquenaton, o faraó pacifista, mas pior ainda deve ter sido sua reação à carta de Ankhesenâmon ao rei hitita. Horemheb arriscara sua vida combatendo os hititas, e agora a rainha queria casar-se com um deles e transformá-lo em senhor do Egito — no rei de Horemheb! Não seria surpreendente, portanto, que o comandante tivesse tido uma participação no assassinato do príncipe hitita. A curadora do Departamento Egípcio do Louvre, em Paris, Mme. Desroches-Noblecourt, não tem nenhum receio de acusar Horemheb do assassinato do príncipe hitita:

> O príncipe Zannanza, dos hititas, partiu com sua escolta como convinha, mas a polícia de Horemheb, "os homens e cavalos do Egito", assassinou-o no trajeto.[27]

Poderia alguém ordenar uma intervenção militar contra um príncipe hitita sem ter ao menos a aquiescência do comandante das forças armadas?

Horemheb permaneceu como comandante-em-chefe das forças armadas durante todo o reinado de Aye, mas, com a morte do idoso faraó, proclamou-se rei, respaldado pela força dos militares. Havendo se tornado o manda-chuva, deixou transparecer seu verdadeiro caráter.

Mandou erradicar todos os vestígios de Tutancâmon, muito embora esse faraó tivesse sido responsável por sua ascensão a uma posição de destaque. O primeiro alvo foi a colunata do Templo de Luxor, que Tutancâmon havia concluído para seu avô, Amenófis III. As cenas do festival de Opet foram deixadas intactas, mas o nome de Tutancâmon foi arrancado de todos os pontos em que aparecia e substituído pelo de Horemheb.[28] Quando os deuses voltassem os olhos para os murais do Templo de Luxor, Horemheb receberia o crédito por eles (fig. 21). Até o templo mortuário de Tutancâmon, onde sacerdotes devotos faziam oferendas por sua alma, foi profanado. As estátuas colossais que um dia se ergueram em frente a esse templo já não trazem o nome de Tutancâmon. O exame minucioso revela que os cartuchos têm uma cinzelagem mais profunda do que os outros hieroglifos, porque primeiro as estátuas foram usurpadas por Aye e, depois, seu nome foi substituído pelo de Horemheb (fig. 20). Não restou nada de Tutancâmon, exceto seu rosto juvenil.

A estela da restauração, erigida por Tutancâmon no Templo de Karnak, proclamando o retorno às práticas tradicionais, já não traz o nome dele. Os poucos visitantes que se detêm para olhá-la no Museu Egípcio do Cairo vêm o nome de Horemheb, gravado um pouco mais a fundo do que os outros hieroglifos. Horemheb fez um trabalho tão minucioso de apagar todos os vestígios de Tutancâmon, que ficou difícil compor uma imagem da vida do jovem faraó. Como é característico dos militares, a atenção de Horemheb com os detalhes e a capacidade de dar ordens a terceiros garantiram um trabalho rigoroso.

Será que esse apagamento insensível deixa transparecer uma raiva de Tutancâmon, que poderia ter eclodido num homicídio? Há um fato que parece responder "não". O ataque de Horemheb ao nome de Tutancâmon não parece ter sido pessoal, porque ele deixou intacto o túmulo do jovem faraó, e talvez até tenha sido ele quem mandou lacrá-lo novamente depois que foi parcialmente saqueado. A erradicação da lembrança de Tutancâmon fez parte de uma reescrita mais ampla da história, para apagar todos os vestígios do período de Amarna e dos que tinham estado ligados a ele, o que incluía Tutancâmon e Aye.

Quando Horemheb subiu ao trono, é provável que os templos de Aquenaton para Aton, em Karnak, ainda estivessem de pé. Ao final de seu reinado, esses templos haviam desaparecido. Horemheb ordenou que fossem desmontados e reutilizou os blocos de pedra para concluir uma entrada grandiosa que mandou erguer, em sua própria homenagem, no Templo de Karnak. Para completar a destruição sistemática de todas as provas de que o período de Amarna havia existido, ele mandou equipes de trabalhadores à cidade de Aquenaton, no deserto, para que demolissem todas as estruturas existentes na cidade, até suas fundações.

Decidido a apagar a lembrança de Aquenaton, Tutancâmon e Aye, Horemheb começou a contar os anos de seu reinado a partir da morte de Amenófis III. Como sucessor de Aye, ele deveria ter dado início a seu reinado pelo ano 1, mas, em vez disso, começou pelo ano 30. Era como se tivesse sido coroado rei imediatamente após a morte de Amenófis III, como se os 29 anos de Aquenaton, Smenkare, Tutancâmon e Aye nunca houvessem existido. Em seguida, Horemheb mandou entalhadores de pedra a seu próprio túmulo, em Saqqara, onde era retratado como plebeu, como um mero general do exército; os trabalhadores entalharam a naja, sinal da realeza, na testa de Horemheb, para que ele só fosse lembrado como faraó.

Tudo indica que reescrever a história não foi uma vingança pessoal de Horemheb, mas uma política de governo. A heresia de Amarna e dos que tinham estado ligados a ela precisava ser apagada. Num grau impressionante, essa ficção funcionou. Nas listagens oficiais dos faraós, como a de Abidos, o nome de Horemheb aparece imediatamente depois do de Amenófis III.

Contudo, uma exceção à destruição que Horemheb impôs a tudo e todos que se relacionavam com Amarna pôde ser feita. O túmulo de Tutancâmon permaneceu inviolado. O mesmo não se deu com os de Aye e Aquenaton. A razão talvez tenha sido simples sentimentalismo. Horemheb fora alçado à grandeza no reinado de Tutancâmon, e talvez sentisse afeição por aquele que lhe conferira poder e riqueza. Longe dos olhos, o túmulo não era um lembrete evidente da heresia, de modo que o jovem faraó podia cochilar tranqüilamente em sua tumba, ainda que já não tivesse existência oficial na terra.

Hoje em dia, chamaríamos Horemheb de um faraó da lei e da ordem. Ele reorganizou os tribunais, colocando neles "homens de caráter" e instruindo-os a não aceitarem propinas. "Que [dirão as pessoas] de homens de vossa posição (...) que violem a justiça?", perguntou. Como antigo militar, impôs castigos severos aos criminosos. Os culpados de extorsão tinham o nariz arrancado e eram exilados. Qualquer um que fosse apanhado roubando recebia cem chibatadas.[29] Durante seus 27 anos de reinado, Horemheb empenhou-se em restituir ao Egito sua antiga posição de grandeza. Construiu templos e santuários para os deuses e enviou expedições militares a toda parte. Quando enfim descansou em seu túmulo no Vale dos Reis, o Egito estava em muito melhor situação do que quando ele foi coroado faraó. O que não significa, é claro, que tenha sido inocente de homicídio.

A Acusação

Depois da morte suspeita de Tutancâmon, certamente houve um outro assassinato (o do príncipe hitita) e é bem possível que tenha ocorrido mais um (o de Ankhesenâmon). Estando essas três mortes ligadas, terão sido obra de um único assassino? Considerados todos os indícios, dois suspeitos prováveis se destacam: Aye e Horemheb. Examinemos cada um deles.

As provas mais sólidas de crime provêm dos arquivos hititas, que fazem uma acusação específica — o assassinato de seu príncipe. Obviamente, os hititas viram esse acontecimento como um ato oficial de agressão egípcia, pois declararam guerra ao Egito. Eles acreditavam no envolvimento de autoridades do mais alto escalão do governo egípcio. Tanto Horemheb quanto Aye devem ser considerados possíveis culpados dessa morte. Ambos tinham um motivo forte. Horemheb, o militar de carreira, havia combatido os hititas durante a vida inteira e viu um deles prestes a se tornar seu faraó. Eliminar o príncipe hitita obrigaria os que estavam no poder a escolher um faraó egípcio. Quanto a Aye, sua motivação seria de cunho mais pessoal: ele queria ser rei. No momento em que Ankhesenâmon escrevia aos hititas, ele estava mandando retratar-se como faraó no mural do túmulo de Tutancâmon. Para todos os que estavam no poder, com exceção de Ankhesenâmon, estava claro que os hititas eram inimigos em quem não se podia confiar. Nunca se poderia permitir que o príncipe hitita chegasse ao Egito.

Aye e Horemheb dispunham dos meios. Como vizir do Egito, o primeiro controlava o governo. Ao tomar conhecimento dos planos de Ankhesenâmon de se casar com um estrangeiro, seria simples alertar a patrulha da fronteira de uma possível "invasão hitita", disfarçada com uma bandeira de trégua. Também para Horemheb seria fácil mandar uma divisão de carros de combate ao encontro do príncipe e sua comitiva para destruí-los. Ao saberem que um príncipe hitita estava a caminho para se tornar governante do Egito, os soldados se disporiam a arriscar a vida para impedir esse acontecimento infausto.

Horemheb e Aye tinham motivos e meios. Seria até possível que agissem de comum acordo: desejoso de assumir ao trono, Aye entraria em contato com Horemheb, que abominava a idéia de servir a um rei hitita; o comandante-em-chefe do exército, por suas próprias razões, concordaria em fazer o trabalho sujo de Aye — um cenário nada improvável.

Se esses fatos ocorressem hoje, Horemheb e Aye seriam interrogados em separado e se ofereceria a cada um a possibilidade de uma redução da pena, em troca das informações fornecidas sobre o outro. O desfecho mais provável seria a indiciação de ambos pelo assassinato do príncipe hitita.

E as outras duas mortes suspeitas, as de Ankhesenâmon e Tutancâmon? Hoje em dia, procuraríamos ver quem teria o motivo e os meios, e essa pessoa seria indiciada.

Se Tutancâmon foi assassinado, os indícios apontam mais para Aye do que para Horemheb. Embora ambos tivessem fortes motivos, somente o vizir dispunha dos meios. Essa situação fica clara nos murais do túmulo de Rekmire, um vizir que ocupou esse cargo mais de 100 anos antes de Aye. O túmulo é decorado com dois motivos — textos hieroglíficos e cenas da vida cotidiana —, ambos proclamando o poder do vizir no antigo Egito. Ele tinha acesso a tudo o que havia de luxuoso no país e oferecia banquetes requintados, nos quais se serviam as mais delicadas iguarias. Músicos e dançarinos proporcionavam entretenimento, enquanto uma multidão de criados atendia aos desejos dos convidados. Rekmire tinha tamanho orgulho de sua posição elevada, que descreveu suas responsabilidades como vizir. Uma linha de hieroglifos no mural do túmulo diz tudo: "Que ninguém entre ou saia da residência real sem o conhecimento do vizir"; somente ele era responsável por quem entrava e saía do palácio. Aye poderia facilmente arranjar alguém para despachar Tutancâmon com uma pancada no dorso da cabeça, enquanto o jovem faraó dormia. Poderia orquestrar um assassinato perfeito, no qual ninguém veria um estranho entrar e sair do quarto de Tutancâmon. Não teria que cometer o crime com suas próprias mãos. Era um homem mais velho, que, considerada a sua posição de poder, teria dezenas de seguidores bajuladores, dispostos a fazer o que ele ordenasse.

Teria Aye um motivo que o impelisse a medidas tão extremadas? Ao se aproximar da idade adulta, Tutancâmon deve ter-se sentido cada vez mais apto a tomar suas próprias decisões, tornando-se mais e mais difícil de controlar. Aye deve ter visto seu poder e influência escapando de suas mãos. Se Ankhesenâmon tivesse um filho — e ela era suficientemente jovem para ter todas as esperanças de se tornar mãe —, isso poria fim a qualquer esperança de que Aye viesse um dia a se tornar faraó. Talvez ele tenha sentido que seu tempo estava se esgotando. Ademais, Aye era íntimo no palácio e vira um faraó quase destruir uma grande nação, antes que subisse ao trono um outro que, aos olhos do vizir, era uma criança. Como poderia ele, que comandava todo o aparato do país, não achar que sua capacidade de governar era muito maior que as circunstâncias de nascimento desses homens? Ele merecia ser faraó.

Para que Aye se tornasse faraó, teria que haver duas mortes num curto espaço de tempo, e uma delas era claramente um assassinato. Ao somarmos a isso o casamento forçado de Ankhesenâmon e sua morte subseqüente, temos boas razões para crer que houve assassinatos em série.

ANKHESENÂMON

Na ausência de qualquer registro da morte de Ankhesenâmon, assim como de seu túmulo e seu cadáver, o mais difícil de provar é seu assassinato. Sabemos apenas que ela estava com medo, que não queria casar-se com um criado, casou-se com Aye e desapareceu dos anais da história. Nesse caso, tudo o que podemos citar são motivos possíveis de assassinato. Ao desposar Ankhesenâmon, Aye tornou-se faraó do Egito, recebendo o título e o poder. Mas, embora já não precisasse dela, por que eliminaria sua nova esposa? Talvez Ankhesenâmon suspeitasse da cumplicidade do novo marido na morte de Tutancâmon e estivesse fazendo acusações. Afinal, até ao rei dos hititas ela dissera estar com medo.

Por outro lado, também devemos considerar Tey, mulher de Aye há quarenta anos, que num aspecto concordava com a jovem Ankhesenâmon, na flor de seus 20 anos: nenhuma das duas queria que Aye substituísse sua antiga esposa por uma jovem rainha. Tey, como assinalamos antes, era uma mulher de considerável posição social, de modo que é duvidoso que aceitasse de bom grado perder sua primazia para uma outra esposa. É possível que Tey tenha apoiado ou até sugerido o assassinato de Ankhesenâmon. Afinal, o túmulo de Aye é decorado com pinturas de sua dedicada mulher, Tey, retratada como "a grande esposa", a rainha do Egito, não havendo um só vestígio visível de Ankhesenâmon.

O general Horemheb também tinha um motivo. Aye era um faraó idoso e sem herdeiros. Quando morresse, o trono do Egito ficaria novamente em disputa, e Horemheb, com o apoio dos militares, teria uma boa chance de abocanhar esse prêmio. Ankhesenâmon seria um obstáculo potencial em seu caminho para o trono. Horemheb provavelmente sabia dos dois abortos espontâneos que ela havia sofrido, o que mostrava que a rainha era capaz de engravidar. Se tivesse um filho com Aye, e se viesse um varão, as aspirações de Horemheb ao trono chegariam ao fim. É até possível, embora obviamente não tenhamos provas disso, que Ankhesenâmon estivesse grávida de Tutancâmon na ocasião em que ele foi assassinado.

Aonde levam esses motivos possíveis? Meu palpite, por mais especulativo que deva ser, é que Aye assassinou não uma, mas provavelmente duas, e possivelmente até três, pessoas — Ankhesenâmon, o príncipe hitita e Tutancâmon, embora Horemheb tenha sido seu cúmplice na morte do hitita. Creio que Horemheb não ficou triste com a morte de Tutancâmon, pois seu idoso sucessor seria um plebeu que em pouco tempo abriria as portas para outro plebeu — ele próprio. Mas isso não quer dizer que tenha matado Tutancâmon. Ele não dispunha de meios acessíveis. É claro que um assassino decidido, se estiver disposto a morrer na tentativa, pode matar qualquer um. Mas, se Horemheb ordenasse esse ato, depois teria que lidar com o poderoso Aye. Seu caminho para o trono só poderia passar por esse segundo cadáver poderosíssimo. Mas Horemheb não tinha razão para combater Aye; era jovem o bastante para esperar sua vez por mais alguns anos. E também não tinha necessidade de matar Ankhesenâmon, considerando que Aye já estava numa idade em que o nascimento de um filho seria improvável, até mesmo com uma esposa jovem.

Aye tinha tudo a ganhar com a morte de Tutancâmon em idade inesperadamente prematura. Dispunha de meios para cometer o assassinato do faraó sem ser apanhado. E tinha todas as mesmas razões para impedir o príncipe hitita de chegar ao Egito. A pobre Ankhesenâmon, sua noiva obviamente a contragosto, era a única pessoa poderosa no Egito que seria capaz de acusá-lo de cumplicidade na morte de Tutancâmon. Tendo assassinado duas pessoas para chegar ao trono, Aye não teria muita dificuldade em cometer mais um assassinato para se certificar de conservá-lo.

"NILOGATE"

Se Aye de fato assassinou Tutancâmon, como foi que ficou impune? As respostas são várias, cada uma adequada em si. Na época de Tutancâmon, a população não se rebelava contra seu governante ao se sentir ultrajada por algo que ele houvesse feito; ele não era visto como podendo ser responsabilizado. A sociedade era atravessada por dois caminhos paralelos — o da realeza e o da gente comum — que nunca se cruzavam, e que não permitiam nenhum mecanismo pelo qual o povo interagisse com o faraó. O povo do antigo Egito jamais se levantaria contra Aye.

No momento da coroação, o faraó tornava-se divino, um deus na terra, filho do deus sol Rá. Estava tão distante do povo egípcio que este nem sonharia em interagir com ele. Em nosso mundo moderno, com a televisão, o rádio e os jornais, é difícil imaginar um país em que a maioria da população viva e morra sem jamais ver seu governante. Mas o povo soube que Tutancâmon havia morrido, e pouco mais que isso. Nenhum noticiário divulgou sua doença ou a causa de sua morte, e ninguém estranhou. Um deus fora substituído por outro, e isso era problema deles.

A segunda razão por que Aye sairia impune do assassinato é que não existia nenhum mecanismo para acusá-lo, muito menos para levá-lo à justiça. Estamos tão acostumados com um sistema de controles e verificações que é difícil imaginar alguém que esteja realmente acima da lei, mas, morto o faraó, ninguém ocupava uma posição mais alta que a do vizir. Era uma situação parecida com a do caso Watergate. O presidente, a autoridade máxima nos Estados Unidos, podia ser culpado de certos crimes, mas a autoridade judicial suprema do país, o ministro da justiça, também estava implicada em sua conduta criminosa. Nessas circunstâncias, como seria possível indiciar o presidente, que dirá condená-lo? No caso Watergate, o congresso e o senado fizeram barulho suficiente para garantir que se tomasse alguma providência. Mas o antigo Egito não tinha congresso nem senado; não havia como Aye ser submetido a um processo legal. A imunidade do vizir a qualquer acusação é outra razão que aponta para ele como um culpado mais provável do que Horemheb.

A prova de que Aye poderia sair impune de um assassinato encontra-se numa frase simples, escrita no túmulo do vizir Ramose: "Que nenhum homem puna o vizir em seu cargo." O vizir era a autoridade judicial máxima do Egito; era a Suprema Corte. Morto Tutancâmon, nenhuma pessoa viva poderia punir Aye. Ele nem precisaria cometer um crime perfeito, porque estava fora do alcance da lei.

Era realmente possível matar um rei e sair impune. Além disso, esse assassinato, se algum dia veio a ser registrado, foi metodicamente erradicado: ao se tornar faraó, Horemheb apagou todos os vestígios de qualquer pessoa que houvesse se envolvido com a Heresia de Amarna, o que incluiu todos os arquivos sobre Aquenaton, Tutancâmon e Aye. Tudo foi destruído, inclusive, temo eu, informações valiosas sobre Tutancâmon, seu reinado, as relações com seus assessores e, quem sabe, possíveis pistas sobre seu assassinato.

A Defesa

Quando comecei a discutir a teoria do assassinato com alguns colegas, houve debates animados. Alguns concordaram, outros não, mas os debates foram sempre interessantes e racionais. As coisas se modificaram, no entanto, quando o documentário de televisão do The Learning Channel em que eu estivera trabalhando expôs publicamente a tese do assassinato.

Um documentário tem que contar uma história de maneira simples e direta. O público talvez não esteja familiarizado com o antigo Egito e pode perder o interesse, de modo que é importante tornar as coisas claras e fáceis de entender. O programa recebeu críticas favoráveis e teve altos índices de audiência, mas isso pouco tem a ver com a probabilidade de a teoria estar correta. Os programas sobre contatos com alienígenas também têm boa audiência. Logo depois que o documentário foi ao ar, vários de meus colegas mais próximos passaram a agir de maneira estranhamente distante. Foi quando descobri que eu não era o único a ter idéias inflamadas sobre Tutancâmon. Um deles me disse: "Ora, Bob, você não sabia que foi o Horemheb?" Uma outra achou que eu havia caluniado Aye, a quem via como uma figura de avô para Tutancâmon. Seguiram-se longas cartas e discussões, até que me ficou claro que o outro lado nunca fora exposto. Eu vinha atuando como promotor, fazendo a denúncia contra Aye. E o que diria seu advogado de defesa? Alegra-me ter a oportunidade de apresentar aqui a visão da outra parte.

A defesa poderia começar por defender o caráter de Aye, assinalando que ele era um homem de família, devotamente casado por 40 anos ou mais, membro da corte real e leal a Tutancâmon e ao pai deste. Como homem religioso e fiel a Aton, mandara gravar a versão mais completa que havia do "Hino a Aton" num mural de seu túmulo em Amarna. Além disso, cuidou carinhosamente do sepultamento de Tutancâmon. Legados de família, bens preciosos, um belo aparato funerário e um esquife de ouro maciço, tudo isso foi colocado no túmulo. É patente que Aye amava Tutancâmon. Era um servo leal da família real, e não um traidor que pudesse assassinar o faraó durante seu sono.

O sepultamento de Smenkare, o irmão de Tutancâmon, no Túmulo 55, é outra prova da lealdade de Aye à família real. O esquife, a múmia e o equipamento funerário do túmulo, todos apontam para alguém que sabia que os túmulos de Amarna voltariam a ser profanados, e que mandou trasladar o esquife e a múmia para Tebas a fim de que fossem preservados. Também esse foi um ato de amor e, considerando-se a época, de coragem. É quase certo que tenha sido Aye quem tomou essas providências. O que emerge daí é o perfil de um confidente e guardião dedicado da família, e não de um *serial killer*.

Se examinarmos a maneira como os movimentos religiosos caracteristicamente se desenvolvem, veremos os atos de Aye como os de um servo sincero da família real. A visão de Aquenaton era nova, animadora e positiva quando suas idéias foram apresentadas em Tebas pela primeira vez. Como sempre, a maioria aferrou-se à tradição religiosa, mas algumas das pessoas mais jovens tornaram-se verdadeiros fiéis. Libertas de séculos de dogma, seguiram seu carismático faraó, para construir uma nova cidade no deserto. É fácil imaginarmos Aye entre esses primeiros convertidos de Aquenaton, embora ele não fosse jovenzinho na época. Aye foi alçado à posição mais elevada de Amarna, praticando devotamente a nova religião, porém, sendo mais maduro, foi o primeiro a cair em si. Quando percebeu que as coisas estavam correndo mal, liderou o retorno aos antigos deuses, guiando o jovem Tutancâmon. Arquitetou a migração e a volta aos valores tradicionais. Não foi alguém que estivesse tomando o rumo conveniente em benefício próprio, mas um membro culto que havia recobrado o equilíbrio.

Estabelecidos o caráter a as boas intenções de Aye, sua defesa poderia então mostrar que Horemheb seria um suspeito muito mais provável no assassinato do príncipe hitita. A emboscada teria que contar com a aquiescência, se não com a bênção, do general Horemheb. Fora ele, e não Aye, quem havia combatido e odiado os hititas. Se temos que escolher um suspeito principal, certamente se trata de Horemheb, um líder militar treinado para agir com rapidez e vigor quando necessário.

No que concerne ao suposto assassinato de Ankhesenâmon, convém assinalar que não há cadáver. Morreu o marido de uma jovem rainha; seria incomum que uma mulher ficasse perturbada num momento desses? Amedrontada? Ora, seria a coisa mais natural do mundo. Seria igualmente natural que Aye, que havia orientado o jovem casal e o país por uma década, continuasse a governar o Egito. Não há nada de sinistro em seu casamento *pro forma* com Ankhesenâmon. Ele continuou a ser seu conselheiro, poupou-a de quem quer que fosse o tal servo sem nome e assumiu o controle do Egito.

É verdade que houve três mortes em poucos meses, mas, por que ver nisso algo de sinistro, quando os arquivos hititas fornecem uma explicação muito mais razoável? No fim da tábua hitita que descreve o ataque retaliatório contra o Egito, há uma afirmação de que os prisioneiros egípcios conduzidos para Hatti levaram com eles a peste. Portanto, havia uma peste no Egito. Considerada essa circunstância, seria suspeito que duas pessoas em estreito contato morressem num curto espaço de tempo? A causa comum das mortes de Tutancâmon e Ankhesenâmon não foi Aye: foi a peste. A defesa encerra sua exposição.

Trata-se de argumentos fortes, objeções graves à teoria de que Aye seria um assassino. Tratemos de examiná-los um a um.

A Promotoria Encerra a Apresentação das Provas

De fato, Aye mandou gravar a longa versão do "Hino a Aton" num mural de seu túmulo em Amarna, mas essa era a decoração tumular mais correta, em termos políticos, que se poderia fazer na época. Que maneira melhor para cair nas graças de Aquenaton? Ao decorar seu segundo túmulo no Vale dos Reis, Aye mostrou apenas os deuses tradicionais, sem uma única referência a Aton. Será que isso mostra devoção religiosa aos deuses tradicionais? Parece-me, antes, sugerir que Aye acreditava no(s) deus(es) que mais conviesse(m) no momento. Ele não tinha sólidas convicções religiosas, razão por que orquestrou a mudança da corte real de volta para Tebas.

Sem dúvida ele sepultou Tutancâmon com desvelo, o que é exatamente o que se esperaria de qualquer assassino em seu lugar — procurar mostrar que amava e se importava com o morto. Aye até incluiu uma imagem dele mesmo no túmulo de Tutancâmon. Outros sinais também demonstram sua estreita ligação com o faraó. Depois de morto o jovem rei, Aye terminou de construir um pequeno templo em homenagem a ele.[30] Mas toda essa atenção se destinou, a meu ver, a afastar as suspeitas para terceiros e a firmar a legitimidade de Aye como sucessor do faraó. Afinal, seu único direito ao trono consistia em ele haver desposado a viúva de Tutancâmon. A possibilidade de que um velho e bondoso Aye tenha salvado Ankhesenâmon de um outro "servo" anônimo é um engodo. Aye era o poder no Egito; ninguém poderia assustá-lo. Se ele quisesse eliminar alguém que estivesse amedrontando Ankhesenâmon, bastaria dar a ordem — a menos que fosse ele a pessoa temida pela rainha.

A descoberta do Túmulo 55 levantou muitas questões, das quais não menos importante foi saber quem teria sido o responsável pelo re-sepultamento de Smenkare e dos objetos trazidos de Amarna. Considerada a posição de poder de Aye em Tebas, creio que teria sido ele, mas não necessariamente na condição de servo amoroso da família. Talvez Tutancâmon, com saudade dos parentes, houvesse mandado trazer o que restava do túmulo da família para Tebas. Quando Tutancâmon morreu, parece que o Túmulo 55 foi aberto, por ordem de Aye, para que os canopos de Smenkare pudessem ser usados no sepultamento do faraó — o que não demonstrou propriamente respeito pelo sepulcro da família.

Concordo em que foi Horemheb quem matou o pobre príncipe hitita. Havia necessidade de força militar para esse ato e Horemheb a teria fornecido, para não ter que servir a um rei hitita. Sim, Horemheb foi responsável pela morte do príncipe hitita, mas, será que isso livra Aye da co-responsabilidade? O vizir do Egito decerto teria que autorizar essa medida. É muito mais fácil imaginar Aye e Horemheb agindo em conluio do que pensar em qualquer deles como um assassino solitário nesse episódio. Aye não teria possibilidade de atacar sem a concordância militar, e Horemheb não teria autoridade para isso sem a aprovação do governo.

Quanto ao assassinato de Ankhesenâmon, a defesa apresenta uma boa tese. Não há provas físicas de violência nesse caso, como houve com Tutancâmon, nem tampouco o relato de um assassinato, como no caso do príncipe hitita. Tudo de que dispomos são provas circunstanciais. Uma jovem assustada desaparece. É verdade que ela diz que jamais se casará com um servo e se casa com Aye, um plebeu, mas, mesmo que tenha sido obrigada a se casar, isso não significa que depois tenha sido assassinada. Num tribunal moderno, jamais conseguiríamos a indiciação de Aye pelo assassinato de Ankhesenâmon.

A afirmação de que Tutancâmon e Ankhesenâmon foram ambos mortos pela peste é interessante, mas não é corroborada pelos registros egípcios. Não temos nenhuma prova de uma peste no Egito nessa época, embora haja registros de pestes noutras ocasiões. Não surpreende que os hititas atribuíssem seu sofrimento ao inimigo, fosse ele ou não a causa dessas tribulações, do mesmo modo que a sífilis costumava ser chamada de "a doença francesa" pelos alemães e de "a doença alemã" pelos franceses.

Todavia, convém lembrarmos que não estamos num tribunal. Não podemos convocar testemunhas que estão mortas há 32 séculos. O que devemos buscar não é uma condenação, mas simplesmente a explicação mais sensata para todos os fatos. A acusação contra Aye apóia-se numa combinação de fatos — uma radiografia que sugere uma pancada no dorso da cabeça, a carta de uma viúva expressando o temor de ser forçada a se casar com um servo, o assassinato de seu noivo hitita, o anel que mostra que ela desposou Aye, a pintura de Aye no mural do túmulo de Tutancâmon e, mais tarde, o completo desaparecimento da viúva. Isoladamente, nenhum desses fatos comprova a acusação, mas, considerados em conjunto, eles indicam não um, mas dois, e possivelmente três, assassinatos. O fio condutor de todos esses episódios é Aye. Foi ele quem mais se beneficiou da morte de Tutancâmon e ele quem teve a melhor oportunidade. Consideradas as provas, a explicação mais razoável é que Aye foi o culpado do assassinato de Tutancâmon, faraó do Alto e Baixo Egito e Senhor das Duas Terras.

EPÍLOGO

O crime jamais cumpre o que promete;
No fim, é a justiça que perdura.

— *Ptahotep*
c.2275 a.C.

Logo depois que Tutancâmon foi sepultado e o cortejo fúnebre partiu, sendo lacrado o seu túmulo, este foi invadido por ladrões. Eles arrancaram as pontas das flechas de Tutancâmon (o bronze era valioso) e retiraram tecidos finos dos baús e ungüentos dos vasos, assim como outros itens de valor que não pudessem ser vinculados ao túmulo do rei morto. Devem ter trabalhado depressa, por medo de serem apanhados. Agindo na quase escuridão, passaram a mão em objetos de ouro reluzente, para em seguida abandoná-los na escada, ao ficar claro que se tratava de madeira dourada. No dia seguinte, ao ser detectado o furto, os funcionários — talvez sob a supervisão de Maya, que, além de seu papel de tesoureiro, exercia o de Supervisor das Obras da Necrópole Real — tornaram a lacrar o túmulo e bloquearam a passagem da entrada com toneladas de lascas de calcário, na esperança de evitar novos furtos.

Mas esses esforços não deram certo. O túmulo voltou a ser invadido por ladrões, que abriram um túnel para seu interior pelo alto da pilha de lascas de pedra. As estimativas do trabalho que isso representou sugerem um período de sete a oito horas escavando um túnel na massa de calcário.[1] Portanto, começando protegidos pela escuridão da noite, os ladrões teriam finalmente entrado no túmulo quase ao alvorecer. Temendo a luz do dia, vasculharam às pressas alguns baús pequenos e apanharam todas as jóias em que puderam pôr as mãos. É possível que tenham sido apanhados, ou quase, em flagrante, visto que um cachecol enrolado, contendo oito anéis de ouro maciço, foi abandonado perto da entrada. Se algum dos culpados foi capturado, sua punição deve ter sido a empalação numa estaca afiada, até a morte libertá-lo da dor.

O túmulo voltou a ser lacrado, até ser descoberto por Howard Carter, 3.000 anos depois. Duzentos anos depois dos roubos, Ramsés VI iniciou a construção de seu túmulo, perto de onde ficava o de Tutancâmon. Seus operários despejaram toneladas de lascas de calcário extraídas do novo túmulo sobre a entrada do de Tutancâmon, apagando todos os seus vestígios por mais de 30 séculos. Tutancâmon finalmente pôde descansar em paz.

Aye não viveu muito tempo depois da morte de Tutancâmon. Seu reinado de menos de quatro anos deixou poucas lembranças, especialmente uma vez que seus monumentos foram destruídos por Horemheb. Até no templo mortuário de Aye seu nome foi substituído pelos cartuchos do comandante; também seu túmulo, na projeção ocidental das montanhas do Vale dos Reis e que um dia fora destinado a Tutancâmon, foi incluído no processo de apagamento de seu nome. Aye não aparece em nenhuma lista dos faraós do antigo Egito. Só é lembrado hoje por sua ligação com Tutancâmon.

Quando Horemheb o sucedeu como faraó, procurou apagar todos os vestígios de seus três predecessores — os reis associados à Heresia de Amarna. Assim, é o seu nome que aparece nas listas dos faraós como sucessor de Amenófis III, como se os reis desse período intermediário nunca houvessem existido. Essa invenção não se deveu apenas a Horemheb; é fato que ele datou seu reinado a partir da morte de Amenófis III, mas os faraós posteriores ficaram perfeitamente satisfeitos em pular Aquenaton, Tutancâmon e Aye e em ir diretamente para Horemheb, contando-o como um dos seus. A ironia é que os esquecidos faraós Aquenaton e Tutancâmon eram reis legítimos, descendentes consangüíneos dos faraós da XVIII Dinastia. Horemheb não tinha uma gota de sangue real — mas tinha o respaldo do exército e, nos momentos de conturbação, é no exército que reside o poder.

Horemheb governou durante 27 prósperos anos. Construiu sua própria versão da estela da restauração de Tutancâmon no Templo de Karnak, afirmando ter sido ele quem restaurou os templos, pôs fim à corrupção e restabeleceu a ordem divina por toda a nação. Por mais exagerada que fosse essa colocação, ele de fato assumiu o controle administrativo do Egito. Governando em Mênfis, colocou o exército sob o comando de dois generais, um no sul e um no norte. Substituiu os sumos sacerdotes por homens retirados do exército, nos quais ele podia confiar. Criaram-se tribunais em todas as grandes cidades do Egito, com os juízes prestando contas diretamente a Horemheb. A corrupção foi tratada com severidade e prometeu-se justiça para todos. Horemheb fez inúmeras construções em Karnak e também mandou construir um grande túmulo seu no Vale dos Reis, muito mais grandioso que a pequena cova de Tutancâmon. Ao morrer, já muito idoso, deixou um país ordeiro e bem administrado, mas não deixou filhos.

O país enfrentou então uma situação semelhante ao atoleiro que se seguira à morte de Tutancâmon. Não havia nenhum herdeiro, nem mesmo uma mulher que pudesse elevar alguém ao trono ao desposá-la. Mas os assassinatos e maquinações subseqüentes à morte de Tutancâmon haviam estabelecido precedentes. O Egito já havia experimentado faraós que eram plebeus, de modo que um terceiro tornou-se mais possível do que nunca. Como fizera Aye antes dele, o vizir do Egito assumiu a posição de faraó após Horemheb. Esse vizir fora colega de exército de Horemheb e servira de comandante-em-chefe antes de ser escolhido pelo faraó para exercer o cargo de vizir. Era um homem comum, como o mais comum dos soldados: seu pai era um simples capitão do exército. É provável que tenha sido escolhido para suceder a Horemheb por ter um filho e um neto. Quando ele morresse, não haveria nenhuma dúvida quanto à sucessão. Esse homem fundou uma grande e duradoura dinastia.

Chamava-se Ramsés, o primeiro de muitos faraós com esse nome. Agrada-me pensar que sua dinastia, a XIX, foi conseqüência dos tristes acontecimentos examinados neste livro. Se assim foi, o fim não deixou de ter sua glória. Ramsés I, contemporâneo do idoso Horemheb, viveu menos de dois anos como faraó, mas seu filho, Seti I, estava no vigor da meia-idade e desfrutou de um reinado de 15 sólidos anos. Fez o país enveredar por um novo rumo, distanciando-se da intensa concentração de energia em Tebas e em seu deus Amon. Deu a seu reinado o nome de "Repetição do Nascimento", versão egípcia da Renascença, e construiu um dos maiores templos do país, não em Tebas, mas a uma certa distância, ao norte, em Abidos, terra natal de Osíris. Esse viria a ser um templo realmente nacional, com uma capela dedicada a Osíris, é claro, mas com outras para Ísis, Hórus, Ptah, de Mênfis, Rá-Harakthy, de Heliópolis, e também Amon, de Tebas. E, dando início a uma prática que viria a se transformar numa idéia fixa de seu filho, mandou instalar uma capela para si próprio. Seti era um homem à moda antiga, que considerava a grandeza de seu país inseparável das realizações de seu faraó. Apropriadamente, mandou construir o maior e mais magnífico túmulo do Vale dos Reis para sua glória eterna.

O filho de Seti tinha um nome não menos familiar para nós que o de Tutancâmon — Ramsés, conhecido como "o Grande". Quando jovem, ele conduziu os exércitos egípcios como tinham feito os grandes faraós guerreiros da XVIII Dinastia. Na maturidade, construiu grandes monumentos, que rivalizaram com os dos reis anteriores. Ramsés teve mais filhos que qualquer outro faraó, vangloriando-se de poder listar uma prole de 100 descendentes. Após um reinado de 67 anos, já velho e encarquilhado, encontrou o destino que está reservado a todos nós. Sua herança foi um país mais forte do que nunca, uma nação coberta de ponta a ponta por templos e estátuas que exibiam orgulhosamente o nome do faraó. Em certo sentido, Ramsés foi o legado de Tutancâmon.

Qualquer que tenha sido o impacto da vida de Tutancâmon em seu país ou no curso futuro da história egípcia, seu nome ressoa hoje pelo mundo afora. Os nomes de Aye e Horemheb só são reconhecidos pelos especialistas. Se há alguma verdade no antigo adágio egípcio de que "dizer o nome do morto é dar-lhe vida novamente", Tutancâmon continua vivo, ao contrário dos que talvez tenham causado sua morte.

A história não é feita apenas de fatos e lajes frias. Compõe-se de pessoas movidas por medos, esperanças e desejos iguais aos nossos. Os objetos que elas deixam para trás não são impessoais; trazem as marcas da vida, das realizações e dos sonhos de seus donos. Os artefatos discutidos neste livro ainda existem. Ainda é possível ficar diante do colar floral usado por Ankhesenâmon, Aye ou Horemheb no banquete fúnebre realizado no sepultamento de Tutancâmon; ele se encontra no Metropolitan Museum of Art de Nova York, junto com uma estátua do jovem Tutancâmon, provavelmente esculpida para sua coroação em Tebas, e com uma estátua magnífica de Horemheb, que traz sua inscrição sobre a lei e a ordem. Ainda é possível visitar o túmulo de Tutancâmon no Vale dos Reis e ver Aye, congelado no tempo, eternamente realizando a cerimônia da abertura da boca do rei menino que ele talvez tenha assassinado. No Museu Egípcio da cidade do Cairo, a estela da restauração de Tutancâmon encontra-se num canto silencioso do primeiro andar. Examine de perto a gravação profunda dos cartuchos, onde Horemheb substituiu o nome de Tutancâmon pelo dele. Isso é história de verdade.

Apêndice
Teorias verificáveis

No capítulo 8, discutimos a especulação de que Tutancâmon ainda teria agonizado por algum tempo antes de morrer. Como foi dito, estamos longe de ter certeza disso, mas era preciso afirmá-lo, porque se trata de uma possibilidade real e porque faz parte do quadro geral. Embora seja meramente uma teoria, é importante assinalar que se trata de uma teoria *passível de verificação*, que pesquisas futuras poderão refutar ou confirmar. Existem métodos para determinar se Tutancâmon esteve doente por muito tempo e se morreu de desidratação. A prova está no conteúdo de quatro esquifes de ouro em miniatura, no Museu Egípcio do Cairo.

Quando Tutancâmon foi mumificado, seus órgãos internos foram retirados, desidratados, envoltos em linho e colocados em quatro pequenos caixões de ouro, com cerca de 30 centímetros de comprimento, que tinham sido originalmente preparados para seu irmão, Smenkare. A tampa de cada esquife traz gravada uma prece para Tutancâmon, feita por um dos quatro filhos de Hórus — deuses que deveriam proteger as vísceras da múmia. Imset guardava o fígado, Hapi, os pulmões, Duamutef, o estômago, e Qebehsenuf, os intestinos. Quando Tutancâmon foi enterrado, os caixões foram postos num santuário de alabastro, descrito por Howard Carter como um dos mais belos objetos do túmulo.[1] Em seguida, foram ungidos com os mesmos ungüentos negros que tinham sido derramados sobre a múmia.

Carter comentou que os esquifes em miniatura eram réplicas minúsculas do segundo dos três caixões em que Tutancâmon foi sepultado, mas nunca falou sobre seu conteúdo. Que eu saiba, esses órgãos não foram vistos desde a década de 1920, quando foram fotografados por Harry Burton, do Metropolitan Museum of Art. O museu teve a gentileza de me enviar o conjunto das fotografias de Burton, que mostram que as vísceras não tinham sido danificadas pelos óleos e que seu envoltório de linho não tinha enegrecido. Uma outra série de fotos de Burton mostra um dos órgãos desenfaixado e em bom estado. Essas vísceras, que ainda se encontram no

Museu Egípcio do Cairo, podem conter indicações importantes sobre a morte de Tutancâmon.

Se ele morreu num coma, seus intestinos e estômago estariam vazios, e a análise do fígado poderia demonstrar que nutrientes ele absorveu em seus últimos dias de vida. Carter nunca se deu conta do volume de informações contido numa múmia — ou em parte dela. Com a moderna tecnologia da medicina legal, é possível solucionar antigos assassinatos. É importante entender que as teorias que estamos discutindo sobre a morte de Tutancâmon não são mera especulação. São empiricamente verificáveis e podem ser testadas.

Num experimento realizado em 1993, Ronald Wade, diretor do Conselho Estadual de Anatomia de Maryland, e eu mumificamos um cadáver humano segundo o antigo estilo egípcio.[2] Usando réplicas de instrumentos antigos e natrão de Wadi Natrun, no Egito, tínhamos a esperança de responder a algumas perguntas sobre as técnicas de mumificação egípcias. Concluído o experimento, dispúnhamos de uma múmia no estilo egípcio. Enviamos pequenas amostras de tecido dos órgãos mumificados ao dr. Michael Zimmerman, chefe da patologia do Centro Médico Maimonides, no Brooklyn, Nova York. A paixão de Zimmerman é a paleopatologia. Além do diploma de medicina, ele fez doutorado em antropologia física, de modo que está singularmente habilitado a resolver antigos mistérios médicos. Wade e eu dispúnhamos de todo o histórico clínico de nossa múmia moderna, mas não o revelamos a Zimmerman. Depois de sua análise dos tecidos, Zimmerman pôde dar-nos uma descrição incrível dos últimos dias de vida de nosso "paciente", indicando inclusive o volume de líquido que havia em seus pulmões. As amostras de tecido remetidas a Zimmerman tinham sido mumificadas, donde é bem possível que análises semelhantes pudessem revelar como Tutancâmon passou seus últimos dias.

Se a teoria do dr. Irwin sobre a agonia de Tutancâmon é correta, e se houve um hematoma significativo, que perdurou por algum tempo depois de ocorrida a lesão, deve haver uma acumulação de hemossiderina (matéria sangüínea concentrada) e ferro elementar no osso dessa área.[3] Isso seria identificável mediante uma tomografia de alta resolução. Se e quando a múmia de Tutancâmon voltar a ser examinada, isso deve ser prioritário na lista de procedimentos a serem realizados.

As vísceras de Tutancâmon levantam questões interessantes. Há quatro esquifes em miniatura, mas existem mais de quatro órgãos internos. Que aconteceu com os outros? Quais deles foram efetivamente colocados nos caixões em miniatura? Se quiséssemos reconstituir o pobre Tutancâmon, parece que várias partes ficariam faltando. Os pulmões, o fígado, o estômago e os intestinos são os órgãos relacionados aos quatro filhos de Hórus. Mas e os rins, o baço, o pâncreas e a bexiga? Apesar de todas as mumificações realizadas, os antigos egípcios tinham apenas conhecimentos rudimentares de anatomia. Nem sequer existe um hieroglifo que designe o pâncreas,[4] mas isso é compreensível, se pensarmos em como trabalhavam os embalsamadores.

As vísceras eram retiradas por uma pequena incisão feita do lado esquerdo do abdômen. O embalsamador introduzia a mão nessa incisão, desprendia o órgão e o puxava por ela. Trabalhava às cegas, impossibilitado de ver a posição relativa dos órgãos ou sequer quantos deles havia. Em meio à massa dos intestinos, seria fácil o pâncreas ou outros órgãos passarem despercebidos. Os rins, localizados atrás do peritônio, freqüentemente permaneciam em seu lugar, pois são difíceis de atingir pela lateral do abdômen. A rigor, realmente não sabemos quais dos órgãos de Tutancâmon foram colocados nos pequenos esquifes. O certo é que nem todos estão lá e que alguns talvez sejam parciais, mas, apesar disso, são pistas importantes.

Quando Wade e eu fizemos a mumificação moderna, um dos procedimentos mais difíceis foi a retirada do fígado, o maior órgão do corpo humano, pela pequena incisão. Estávamos usando réplicas de antigos vasos de cerâmica para guardar as vísceras e, mesmo depois da desidratação em natrão, não conseguimos fazer o fígado inteiro caber em nossa réplica de um antigo canopo egípcio. Tive que seccioná-lo. Não haveria meio de fazer com que o fígado de um rapaz de 19 anos, do porte de Tutancâmon, coubesse numa de suas urnas canópicas em miniatura. Desconfio que os embalsamadores cortaram um pedaço que coubesse numa das miniaturas de esquife, enfaixaram-no e o colocaram no caixão. O resto deve ter sido jogado no lixo, junto com outros órgãos não preservados.

Mesmo assim, sejam quais forem os órgãos ou partes de órgãos que restaram de Tutancâmon, é possível que ainda não tenham sido examinados por ninguém com experiência em paleopatologia. Certamente hão de fornecer informações de valor inestimável sobre os últimos dias de vida de Tutancâmon.

Notas

Introdução

1. Christopher Frayling, *The Face of Tutankhamen*, Londres, BBC Television, 1992.

2. Karin L. Sandnass, "Dietary Analysis of Prehistoric Lower and Middle Osmore Drainage Populations of Southern Peru Using Stable Isotopes (Delta C-13 and Delta N-15)", artigo apresentado no II Congresso Mundial de Estudos de Múmias, Cartagena, Colômbia, 6-10 de fevereiro de 1995.

Capítulo 1: O Rei Tem que Morrer

1. James Henry Breasted, *The Edwin Smith Surgical Papyrus*, Chicago, University of Chicago Press, 1930.

2. William J. Darby et al., *Food the Gift of Osiris*, Londres, Academic Press, 1977, vol.1, p.331.

3. Nicholas Reeves, *The Complete Tutankhamen*, Londres, Thames & Hudson, 1990, p.136-9.

4. Geoffrey Martin, *The Hidden Tombs of Memphis*, Londres, Thames & Hudson, 1991, p.148-9.

5. T.J.C. Baly, "Notes on the Ritual of Opening the Mouth", *Journal of Egyptian Archaeology* 16, 1930, p.173-86.

6. E.A. Wallis Budge, *The Book of the Opening of the Mouth*, Nova York, B. Blom, 1972, vol.1, p.184-6.

7. Thomas George Allen, *The Book of the Dead*, Chicago, University of Chicago Press, 1974, p.34.

Capítulo 2: O Egito antes de Tutancâmon

1. Trevor Watkins, "The Beginning of Warfare", in Sir John Hackett (org.), *Warfare in the Ancient World*, Nova York, Facts on File, 1989, p.15-9.

2. Yigel Yadin, *The Art of Warfare in Biblical Lands*, Nova York, McGraw-Hill, 1963, vol.1., p.53.

Capítulo 3: Os Ancestrais de Tutancâmon

1. James Henry Breasted, *Ancient Records of Egypt*, Londres, Histories & Mysteries of Man, 1988 (reed.), vol.2, p.43-4.

2. Arielle P. Kozloff e Betsy M. Bryan, *Egypt's Dazzling Sun*, Cleveland, Cleveland Museum of Art, 1992, p.59.

3. Elizabeth Riefstahl, *Thebes in the Time of Amenhotep III*, Norman, OK, University of Oklahoma Press, 1964, p.5.

4. John Romer, *Valley of the Kings*, Nova York, William Morrow, 1981, p.161.

5. Ibid., p.161-2.

6. Loret preparou as múmias para enviá-las à cidade do Cairo, mas, antes de embarcá-las no navio, recebeu uma ordem do Ministério de Obras Públicas para recolocá-las no túmulo e lacrá-lo. Muitos egípcios encaravam os arqueólogos como estrangeiros que estavam roubando sua herança. Consideravam que seus reis deviam continuar onde tinham sido encontrados, sem que ninguém os perturbasse. A política havia suplantado a arqueologia.

7. G. Elliot Smith, *The Royal Mummies*, Cairo, L'Institut Français, 1912, p.46-51.

8. Guido Majno, *The Healing Hand*, Cambridge, MA, Harvard UP, 1977, p.109.

9. Ray Winfield Smith, "Computer Helps Scholars Recreate an Egyptian Temple", *National Geographic*, nov. de 1970, p.634-55; Ray Winfield Smith e Donald B. Redford, *The Akhenaten Temple Project*, Westminster, Aris & Phillips, 1978.

10. Donald Redford, que escavou os templos de Aquenaton em Karnak, compartilha minha visão do festival Sed de Aquenaton como um evento extraordinário; recentemente, porém, uma outra estudiosa, Jocelyn Gohary, sugeriu que Aquenaton estava tentando manter-se o mais perto possível do ritual tradicional. Jocelyn Gohary, *Akhenaten's Sed-Festival at Karnak*, Londres, Kegan Paul, 1992, p.167.

11. Reed E. Pyeritz e Cheryll Gasner, *The Marfan Syndrome*, Port Washington, NY, National Marfan Foundation, 1994, p.8-9.

12. Victor A. McKusick, "The Defect in Marfan Syndrome", *Nature* 352, 25.7.1991, p.279-80.

13. Sou muito grato à dra. Jessica Davis, do New York Hospital, por suas discussões imensamente proveitosas sobre Aquenaton como portador da síndrome de Marfan.

Capítulo 4: Amarna — A Cidade Sagrada

1. Barry J. Kemp, "The Window of Appearances at El-Amarna, and the Basic Structure of the City", *Journal of Egyptian Archaeology* 62, 1976, p.81-99.

2. Gardiner Wilkinson, *Modern Egypt and Thebes*, Londres, John Murray, 1843, vol.2, p.76.

3. Margaret S. Drawer, *Flinders Petrie: A Life in Archaeology*, Madison, WI, University of Wisconsin Press, 1995, p.208.

4. William Flinders Petrie, *Tell el Amarna*, Westminster, Aris & Phillips, 1974, reed., p.41-2.

5. Ibid., p.6.

6. William J. Murnane e Charles C. Van Siclen III, *The Boundary Stelae of Akhenaten*, Londres, Kegan Paul, 1993, p.36-7 (baseado na tradução e transcrição dos autores).

7. Ibid., p.36-7.

8. Cyril Aldred, *Akhenaten*, Londres, Thames & Hudson, 1988, p.48.

9. Miriam Lichtheim, *Ancient Egyptian Literature*, Berkeley, University of California Press, 1976, vol.2, p.96-9.

10. Cyril Aldred, *Akhenaten King of Egypt*, Nova York, Thames & Hudson, 1988, p.48.

11. Donald B. Redford, *Akhenaten, The Heretic King*, Princeton, Princeton UP, 1984, p.234.

12. Barry J. Kemp, "The Window of Appearances at El-Amarna, and the Basic Structure of the City", *Journal of Egyptian Archaeology* 62, 1976, p.81-99.

Capítulo 5: Os Pais de Tutancâmon

1. Cyril Aldred, *Akhenaten and Nefertiti*, Nova York, Brooklyn Museum, 1973, p.220.

2. Aidan Dodson, *The Canopic Equipment of the Kings of Egypt*, Londres, Kegan Paul, 1994, p.55.

3. Williman C. Hayes, *The Scepter of Egypt*, Nova York, Metropolitan Museum of Art, 1959, vol.2, p.294.

4. H.W. Fairman, "Once Again the So-Called Coffin of Akhenaten", *Journal of Egyptian Archaeology* 47, 1961, p.29-30.

5. Esse possível atrito entre as duas esposas é sugerido no título de um artigo sobre Kiya. Ver Ângela P. Thomas, "The Other Woman at Akhetaten", in *Amarna Letters III*, San Francisco, KMT, 1994, p.73-80.

6. Barry J. Kemp, "Outlying Temples of Amarna", in *Amarna Reports VI*, Londres, Egypt Exploration Society, 1995, p.411-62.

7. Urbaine Bouriant, *Monuments pour servir à l'étude du culte d'Atonou en Egypte*, Cairo, Mission Française d'Archaeologie Orientale du Caire, 1903.

8. Geoffrey Thorndike Martin, *The Royal Tomb of Amarna*, Londres, Egypt Exploration Society, 1989, p.40.

9. Samuel A.B. Mercer, *The Tel Amarna Tablets*, Toronto, Macmillan, 1939, vol.1, p.267-9.

10. Ibid., p.271-3.

11. Ibid., p.275-7.

12. Ibid., p.291.

13. Norman de Garis Davies, *The Rock Tombs of Amarna — Part I: The Tomb of Meryra*, Londres, Egypt Exploration Fund, 1903, p.15.

14. W.M. Flinders Petrie, *Tell El Amarna*, Londres, Methuen & Co., 1894, p.33. Em suas escavações, Petrie encontrou um fragmento de cerâmica com a seguinte inscrição: *ano 16 bom vinho ... O grande profeta Meri-Rá de Aton*. Portanto, Meri-Rá estava vivo nessa época.

15. Norman de Garis Davis, *The Rock Cut Tombs of Amarna — Part II: The Tombs of Panehesy and Meryra II*, Londres, Egypt Exploration Fund, 1905, p.29.

16. Ibid., lâmina 10.

17. Norman de Garis Davis, *The Rock Cut Tombs of Amarna — Part V: The Tomb of Ay*, Londres, Egypt Exploration Fund, 1912.

18. Donald Redford, *Akhenaten: The Heretic King*, Princeton, Princeton UP, 1984, p.216; Rosalie e Anthony E. David, *A Biographical Dictionary of Ancient Egypt*, Londres, Seaby, 1981, p.26.

Capítulo 6: Retorno a Tebas

1. John Bennett, "The Restoration Inscription of Tutankhamen", *Journal of Egyptian Archaeology* 25, 1939, p.8-15.

2. Geoffrey T. Martin, *The Hidden Tombs of Memphis*, Londres, Thames & Hudson, 1991, p.171-2.

3. Ibid., p.147.

4. Theodore M. Davis, *The Tombs of Harmhabi and Touatankhamanou*, Londres, Constable, 1912, p.128.

5. Miriam Lichtheim, *Ancient Egyptian Literature*, Berkeley, University of California Press, 1976, vol.2, p.101.

6. The Epigraphic Survey, *The Festival Procession of Opet in the Colonnade Hall*, Chicago, The University of Chicago Oriental Institute Publications, 1994, 1, p.xix.

7. Nicholas Reeves e Richard H. Wilkinson, *The Complete Valley of the Kings*, Londres, Thames & Hudson, 1996, p.116-7.

8. Hans Goericke, *The Report About the Dispute of a Man with His Ba*, Baltimore, Johns Hopkins Press, 1970.

CAPÍTULO 7: O TÚMULO MAIS FAMOSO DA HISTÓRIA

1. Diodorus Siculus [Diodoro de Sicília], *Library of History*, livro 1, vol.46, Cambridge, Harvard UP, 1968, p.165.

2. Richard Pococke, *A Description of the East*, Londres, W. Boyer, 1843, vol.1, p.98.

3. *Description de l'Egypte*, Paris, L'Imprimerie Impériale, 1812, vol.2., lâmina 77.

4. As múmias e esquifes chegaram em segurança ao Museu Egípcio de Boulaq. Brugsch desenfaixou apenas uma delas, a de Tutmés III, o maior dos faraós guerreiros. A múmia fora enterrada no Vale dos Reis, saqueada, reenfaixada pelos embalsamadores da XXI Dinastia e novamente sepultada no túmulo de Deir el-Bahari.

Quando Brugsch desenfaixou o rei egípcio, ele e seus colegas tornaram-se as primeiras pessoas da era moderna a verem a múmia de um dos maiores faraós do antigo Egito. E o que viram foi chocante. O corpo do faraó achava-se num estado terrível, com a cabeça separada do corpo, as pernas e braços desarticulados e os pés quebrados na altura dos tornozelos. Brugsch fez uma necropsia tosca e rápida, que trouxe poucas informações. Não levou adiante o trabalho com as outras múmias, talvez temeroso de encontrá-las em estado semelhante.

5. W.M. Flinders Petrie, *Seventy Years of Archaeology*, Nova York, Holt, 1932, p.152.

6. Howard Carter, *Annales du Service des Antiquités de l'Égypte*, 1902, 3, p.115-21.

7. Theodore M. Davis, *The Tombs of Harmhabi and Touatankhamanou*, Londres, Constable, 1912, p.3.

8. Joseph Lindon Smith, citado em Nicholas Reeves e Richard H. Wilkinson, *The Complete Valley of the Kings*, Londres, Thames & Hudson, 1996, p.6.

9. Ibid., p.64.

10. Charles Breasted, *Pioneer to the Past: The Story of James H. Breasted*, Nova York, Scribner's, 1943, p.181.

11. James Henry Breasted, *Records of Ancient Egypt*, Chicago, University of Chicago Press, 1906-1907.

12. James Henry Breasted, *History of Egypt*, Nova York, Scribner's, 1924, p.133-4.

13. Há também uma teoria de que o santuário nunca teve uma estátua. Ver M. Eaton-Krauss e E. Graefe, *The Small Golden Shrine from the Tomb of Tutankhamen*, Oxford, Griffith Institute, p.5-6.

14. Edward Falkener, *Games Ancient and Oriental and How to Play Them*, Nova York, Dover, 1961.

15. Grahme Davis, "Reconstructing Rules for the Ancient Egyptian Game of Twenty Squares", *KMT*, verão de 1993, p.83-85.

16. Leonard H. Lesko, *King Tut's Wine Cellar*, Berkeley, B.C. Scribe Publications, 1977.

17. W.M. McLeod, *Composition Bows from the Tomb of Tut'ankhamun*, Oxford, Griffith Institute, 1970; W.M. McLeod, *Self Bows and other Archery Tackle from the Tomb of Tut'ankhamun*, Oxford, Griffith Institute, 1982.

18. J.E. Harris et al., "The Mummy of the 'Elder Lady' in the Tomb of Amenhotep II: Egyptian Museum Catalogue Number 61070", *Science*, 9.6.1978, p.1199; entretanto, pesquisas recentes sugeriram que, apesar da estreita correspondência entre as amostras de cabelo, a múmia da Velha Senhora não é a rainha Teye. A dra. Renate Germer comparou o sangue seco da múmia da Velha Senhora com o dos pais de Teye, Yuya e Tuya, e julgou sumamente improvável que a Velha Senhora pudesse ser filha deles. É possível que a avó de Tutancâmon ainda não tenha sido encontrada.

19. Harry Burton, *New York Times*, 15.2.1923.

20. Arthur C. Mace, *Bulletin of the Metropolitan Museum of Art*, The Egyptian Expedition, 1922-1923, p.6.

21. Howard Carter, *The Tomb of Tutankhamen*, Nova York, Cooper Square, 1963, vol.2, p.51.

22. Ibid., p.52-3.

23. Velma, "The Fatal Curse from the Tomb", in Christopher Frayling, *The Face of Tutankhamen*, Londres, Faber and Faber, 1992, p.244.

24. Velma não foi a única a falar de uma maldição. Duas semanas antes da morte de lorde Carnarvon, a romancista Marie Corelli havia previsto uma desgraça para os que estavam no sítio de escavação. Mais recentemente, as chamas da maldição foram atiçadas por Philip Vandenberg, em seu livro *The Curse of the Pharaohs*. Diz ele: "Mas os estudiosos, em especial, ficaram menos eufóricos. Na verdade, foram ficando cada vez mais nervosos. A razão de sua preocupação era uma placa comum de argila que Carter havia encontrado na antecâmara. Ele mandou catalogá-la, como fizera com os outros objetos. Então, poucos dias depois, Alan Gardiner decodificou os hieroglifos que havia nela. A inscrição dizia: *A morte destroçará com suas asas aqueles que perturbarem a paz do faraó*. Nem Carter nem Gardiner, nem qualquer dos outros estudiosos presentes, temeu a maldição ou a levou a sério. Mas ficaram preocupados com a possibilidade de que os operários egípcios o fizessem e, como dependiam de ajuda dos nativos, a referência à plaqueta de argila foi apagada do registro escrito da descoberta do túmulo. Até a própria placa desapareceu da coleção de objetos — mas não da lembrança dos que a leram. (A placa e a maldição gravada nela foram citadas por toda parte, mas ela nunca foi fotografada e é considerada perdida.)" (p.20).

Essa placa nunca existiu, não há referências fidedignas a tal maldição e, com certeza, não há nada de egípcio em falar da morte como sendo alada. Nas décadas seguintes, toda vez que morria alguém que estivesse trabalhando na escavação, a maldição era evocada. Em seu livro Vandenberg diz: "A autópsia de Tutancâmon no Instituto de Anatomia da Universidade do Cairo, em 11 de novembro de 1925, teve conseqüências trágicas. Alfred Lucand morreu logo em seguida, de um ataque cardíaco, e pouco depois o professor Derry morreu de um colapso circulatório." (p.103). Isso é ridículo. Nunca houve uma necropsia de Tutancâmon no Cairo. A múmia continua no túmulo onde foi encontrada. Lucand morreu de um ataque cardíaco em 1945, 20 anos depois, e não logo em seguida à necropsia. O professor Derry não morreu "pouco depois", mas em 1969, aos 87 anos de idade, mais de 40 anos depois de necropsiar o rei menino em seu túmulo. No entanto, embora as provas sejam frágeis, a idéia de uma "maldição de Tutancâmon" continua a intrigar as pessoas.

Foi o relato da maldição feito por Velma que abriu precedente para que médiuns de sua época alegassem também ter advertido Carnarvon sobre uma maldição no túmulo. Chiero, o famoso quiromante, publicou sua história dessa maldição. Sendo de longe a mais rebuscada das histórias da maldição, ela envolve a mão de uma múmia, uma princesa egípcia morta há muito tempo e uma maldição sobre quem retirasse objetos da tumba de Tutancâmon.

Chiero publicou sua narrativa mais de dez anos depois da morte de Carnarvon, mas afirmou ter declarações juramentadas dos que haviam testemunhado os incríveis acontecimentos que descreveu. A história de Chiero começa por uma viagem que ele fez ao Egito antes da I Guerra Mundial, para preparar moldes de cera de entalhes antigos. Uma noite, seu guia lhe pediu que fosse ao hipostilo do templo de Karnak. Ao chegarem ao salão, o guia retirou de debaixo de uma esfinge quebrada a mão de uma múmia, inclusive com um anel de ouro no dedo anular. O leal guia explicou que se tratava da mão da filha de Aquenaton, Meketaton. Relatou que somente ela permanecera fiel à religião do pai, quando todos os demais abandonaram Aton, e que havia formado um exército e marchado para Tebas. Meketaton fora morta na batalha subseqüente, e sua mão fora cortada e mumificada, como um lembrete sombrio para os que quisessem afastar-se da verdadeira religião do Egito. Chiero fora escolhido para se tornar o guardião da mão, a fim de se certificar de que se cumprisse a profecia associada a ela.

A mão deveria percorrer o mundo, mas, depois de travada uma grande guerra e de ser descoberto o túmulo de seu cunhado, Tutancâmon, deveria reunir-se ao restante da múmia de Meketaton. Chiero afirma haver aceitado essa grande responsabilidade e levado a mão consigo para onde quer que fosse, mas, depois da I Guerra, começaram a acontecer coisas estranhas. A mão, antes dura como ébano, começou a ficar com a pele macia e a sangrar. Durante mais de 30 anos Chiero a havia carregado por toda parte, mas aquilo já era demais, de modo que ele e sua mulher resolveram cremá-la na noite de Halloween de 1922. Enquanto a mão era consumida pelas chamas, surgiu uma bela e elegante princesa, Meketaton, com suas duas mãos intactas. No dia seguinte, descobriu-se o túmulo de Tutancâmon. (Todas as datas de Chiero estavam erradas, mas isso não pareceu atrapalhar sua história.) A princesa ainda tornou a lhe aparecer, desta vez com um aviso para lorde Carnarvon: nenhum dos tesouros de Tutancâmon deveria ser retirado de sua tumba, caso contrário, a morte o levaria enquanto ainda estivesse no Egito.

Chiero publicou esse relato da maldição em *Real Life Stories*, em 1934. Como era um dos videntes mais famosos da época, seu aprimoramento da maldição ajudou a manter vivo o mito.

25. Howard Carter, *The Tomb of Tutankhamen*, Nova York, Cooper Square, 1963, reed., vol.2, p.82.

26. F. Filce Leek, *The Human Remains from the Tomb of Tut'ankhamun*, Oxford, Griffith Institute, 1972, p.5.

27. Douglas E. Derry, "Report on the Examination of Tutankhamen's Mummy", in Howard Carter, *The Tomb of Tutankhamen*, vol.2, p.158-9.

28. O depósito de múmias reais de Deir el-Bahari, encontrado em 1881, tinha potencial para fornecer dados consideráveis sobre as técnicas de mumificação da realeza, mas as múmias foram devastadas por egiptólogos célebres que não sabiam o que procurar e que não se deram ao trabalho de fazer anotações criteriosas quando as desenfaixaram. Maspero estava na França quando as múmias foram transportadas de Tebas para o Cairo,

de modo que foi Emile Brugsch, seu assistente, quem iniciou a retirada das ataduras. Repreendendo-o no laudo oficial, Maspero disse: "Nas primeiras semanas da chegada delas a Boulaq, o sr. Emile Brugsch não conseguiu resistir ao desejo de ver pela primeira vez um de seus rostos e, sem autorização e durante minha ausência, abriu a múmia de Tutmés III" (M. Maspero, *Les momies royales de Deir el-Bahri*, Paris, Mission Archéologique Française, 1889, p.525). Ocupado em traduzir as inscrições dos esquifes e os cartuchos das múmias, Maspero esperou vários anos para desenfaixá-las. Quando começou, entretanto, estava tão alvoroçado que foi rasgando uma múmia após outra.

Por ordem do quediva do Egito, em 1º de junho de 1886 a múmia de Ramsés II foi desenfaixada. Estavam presentes o quediva, todo o seu conselho de ministros, vários médicos, arqueólogos, artistas e outras pessoas. Em seu relato, Maspero tentou dar a impressão de que tudo fora feito cientificamente e com cautela. Explicou que todas as medidas foram tiradas por dois dos presentes e, em seguida, verificadas por mais duas pessoas (Maspero, p.525-6). Na verdade, foi um trabalho mal feito. Maspero desenfaixou *três* múmias nesse dia, dois reis e uma rainha — o que pode ser um bom começo para a mão de uma rodada de pôquer, mas não presta como egiptologia. Na semana seguinte, num único dia, Maspero desenfaixou as múmias de Seti I, Seqenente Tao II e Amósis I. Em menos de um mês, de 9 de junho a 1º de julho, 21 múmias do depósito de Deir el-Bahari foram desenfaixadas. Podemos imaginar a pressa de Maspero. Era assim que se tratavam as múmias, donde não surpreendente que a de Tutancâmon tenha sido manuseada com tanta brutalidade.

A maioria das múmias reais que escaparam das mãos de Maspero foi desenfaixada, mais tarde, por Grafton Elliot Smith, um médico que tinha a formação necessária, mas que também trabalhou depressa demais. Durante 1905, Smith desenfaixou nove múmias, inclusive as de Tutmés IV, Ramsés IV, Ramsés V, Ramsés VI, Siptah e Seti II. Seu relato da remoção das ataduras é quase obsessivamente curto, concedendo a cada faraó uma simples página ou duas (G. Elliot Smith, *The Royal Mummies*, Cairo, Institut Français d'Archéologie Orientale, 1912). Suas descrições fornecem alguns esclarecimentos sobre a mumificação real, como a posição da incisão abdominal, mas, em alguns momentos, ele se mostra visivelmente mais interessado nas feições dos rostos reais do que em como os faraós eram mumificados.

Capítulo 8: Os Mortos Falam

1. Marc Armand Ruffer, "Notes on the Histology of Egyptian Mummies", *British Medical Journal*, 1909, p.11.

2. F. Filce Leek, *The Human Remains from the Tomb of Tut'ankhamun*, Oxford, Griffith Institute, 1972, p.73.

3. R.G. Harrison et al., "A Mummy Foetus from the Tomb of Tutankhamen", *Antiquity* 53, 1979, p.19-21.

4. A primeira radiografia de uma múmia enfaixada foi publicada por Flinders Petrie em 1898, como ilustração final do relatório de sua escavação em Dashasheh, um sítio localizado 130 quilômetros ao sul do Cairo. A chapa revelada mostrava os ossos da perna de uma múmia dentro das bandagens. Petrie percebeu que os raios X permitiriam aos egiptólogos saber o que havia por baixo das ataduras das múmias sem desenfaixá-las, mas seu exemplo não foi muito seguido. Quando o túmulo de Tutancâmon foi descoberto, em 1922, a única múmia real a ser radiografada tinha sido a de Tutmés IV, que fora transportada

num táxi por Elliot Smith e Howard Carter, do museu para um hospital do Cairo que tinha um aparelho de raios X.

5. R.G. Harrison, "An Anatomical Examination of the Pharaonic Remains Purported to Be Akhenaten", *Journal of Egyptian Archaeology* 52, 1966, p.116.

6. R.G. Harrison e A.B. Abdalla, "The Remains of Tutankhamen", *Antiquity*, 46, 1972, p.10.

7. Dennis Forbes, "Abusing Pharaoh", in Christopher Frayling, *The Face of Tutankhamen*, Londres, Faber and Faber, 1992, p.291-2.

8. R.G. Harrison, "Post Mortem on Two Pharaohs: Was Tutankhamen's Skull Fractured?, *Buried History*, 1972, p.18-24; R.G. Harrison, "Tutankhamen's Postmortem", *The Lancet*, 1973, p.259; R.G. Harrison, "The Remains of Tutankhamen", *Antiquity* 46, 1972, p.8-14.

9. Roy L. Moodie, *Roentgenologic Studies of Egyptian and Peruvian Mummies*, Chicago, Field Museum of Natural History, 1931, p.23, lâmina 14.

10. Marc Armand Ruffer, "Notes on Two Egyptian Mummies Dating from the Persian Occupation of Egypt", in *Studies in the Paleopathology of Egypt*, Chicago, University of Chicago Press, 1921, p.127-38.

11. Citado em F. Filce Leek, *The Human Remains from the Tomb of Tut'ankhamun*, Oxford, Griffith Institute, 1972, p.7.

12. James E. Harris e Kent R. Weeks, *X-raying the Pharaohs*, Nova York, Scribner's, 1973.

13. James E. Harris e Edward F. Wente, *An X-ray Atlas of the Royal Mummies*, Chicago, University of Chicago Press, 1980, p.378.

14. *Los Angeles Times*, 17.1.1997.

15. Nicholas Reeves, *The Complete Tutankhamen*, Londres, Thames & Hudson, 1990, p.118.

16. F. Filce Leek, op.cit., p.17.

17. Cyril Aldred, *Akhenaten, King of Egypt*, Londres, Thames & Hudson, 1988, p.297.

18. Carta ao autor, datada de 1.4.1996.

19. Agradeço ao dr. Michael R. Zimmerman, Diretor dos Laboratórios Clínicos do Centro Médico Maimonides, no Brooklyn, Nova York, por suas discussão proveitosa dessa questão.

Capítulo 9: O Apelo de uma Viúva

1. Hans Gustav Guterbock, "The Deeds of Suppiluliuma as Told by His Son Mursilis II", *Journal of Cuneiform Studies* 10, 1965, p.47.

2. Ibid., p.94.

3. Donald Redford afirmou que há um erro de grafia e que o rei cujo nome é fornecido seria Aquenaton, mas o argumento não é convincente. Para uma discussão dessa questão, ver Alan R. Schulman, "Ankhesenamen, Nofretity, and the Amka Affair", *Journal of the American Research Center in Egypt* 15, 1977, p.43-8.

4. Walter Federn, "Dahamunzu (KBo V 6 iii 8)", *Journal of Cuneiform Studies* 14, 1960, p.33.

5. Geoffrey Thorndike Martin, *The Hidden Tombs of Memphis*, Londres, Thames & Hudson, 1991, lâmina 41; Cyril Aldred, *The Development of Ancient Egyptian Art*, Londres, Tiranti, 1961, lâmina 144.

6. Guterbock, op.cit., p.94-5.
7. Ibid., p.96.
8. Nigel F. Hepper, *Pharaoh's Flowers*, Londres, HMSO, 1990, p.9-10.
9. Há uma teoria alternativa sobre a data da morte de Tutancâmon. Uma vez que o texto hitita diz "Mas quando o povo do Egito soube do ataque a Amka, ficou temeroso, e (...) além disso, seu senhor Nibhuruiya havia morrido, [e assim] a rainha do Egito (...) enviou um mensageiro a meu pai", Trevor R. Bryce acredita que a campanha contra Amka e a morte de Tutancâmon tenham ocorrido aproximadamente na mesma época. Isso alteraria a estação em que o faraó morreu, pois, pelos relatos hititas, sabemos que o cerco ocorreu no início do outono. O cenário proposto por Bryce implica a morte de Tutancâmon no fim de agosto, o cerco em outubro e o envio da primeira carta de Ankhesenâmon em novembro. Bryce admite que o enterro tenha ocorrido na primavera, mas presume que ele tenha sido adiado por seis meses, enquanto Ankhesenâmon aguardava o príncipe hitita. Isso, no entanto, baseia-se na suposição de que a campanha de Amka e a morte teriam ocorrido na mesma época. É bem possível que a rainha só tenha tomado conhecimento do episódio de Amka meses depois, ou talvez nem tenha sabido dele. Como dissemos antes, o temor dela parecia provir do "servo". Ela jamais mencionou a campanha de Amka. Além disso, não há necessidade de presumir que o sepultamento de Tutancâmon tenha sido adiado. A religião egípcia exigia que o corpo fosse sepultado 70 dias depois da morte. Parece muito mais provável que os buquês funerários sejam a melhor indicação da época da morte de Tutancâmon. Ver Trevor R. Bryce, "The Death of Niphururiya and Its Aftermath", *The Journal of Egyptian Archaeology* 76, 1990, p.99-105.
10. Ibid., p.96-7.
11. Ibid., p.97-8.
12. Ibid., p.98.
13. Albrecht Goetze, "Palace Prayers of Mursilis", in James B. Prichard (org.), *Ancient Near Eastern Texts*, Princeton, Princeton UP, 1955, p.395.
14. Nicholas Reeves, *The Complete Tutankhamen*, Londres, Thames & Hudson, 1990, p.72.
15. Percy E. Newberry, *Scarab-shaped Seals*, Londres, Constable, 1907.
16. Os egípcios tinham uma predileção especial por trocadilhos, e os hieroglifos de besouro, 𓆣 (pronunciado *kheper*), também significavam "existir". Assim, quando se usava um amuleto em forma de escaravelho, estava garantida a vida eterna. Outra razão pela qual se tinha consideração especial pelo escaravelho era porque os antigos egípcios acreditavam que os besouros geravam sua prole sem a união entre macho e fêmea. Essa falsa crença surgiu, simplesmente, porque nunca se via o acasalamento dos besouros. Na verdade, depois da fertilização, a fêmea deposita seus ovos num pedaço de esterco e os rola numa bolinha, para que, ao saírem dos ovos, os filhotes disponham de alimento. Como essa era a única parte do ciclo reprodutor vista pelos egípcios, eles presumiam que o besouro fosse parecido com o deus Aton, que tivera filhos sem uma parceira do sexo feminino.

Os amuletos em forma de escaravelho eram feitos de vários materiais, sendo a faiança e a pedra os mais comuns. Como noutros amuletos, abriam-se orifícios em seu corpo para que fosse possível pendurá-los em correntes e usá-los. Enquanto a parte superior era esculpida para se assemelhar ao escaravelho, a inferior geralmente era achatada e trazia uma inscrição. Esta, muitas vezes, era apenas o nome do dono, para que o amuleto lhe desse vida eterna. Os escaravelhos também costumavam ser usados como lacres. Quando o dono queria lacrar uma jarra de vinho e ter certeza de que nenhum dos servos o provaria, ele punha gesso na tampa e pressionava a parte inferior de seu escaravelho no gesso úmido. Assim, se o lacre fosse quebrado, seria impossível consertá-lo sem que se percebesse.

17. Agradeço a Diana Magee, do Griffith Institute, no Ashmolean Museum, em Oxford, por me fornecer uma fotocópia da carta de Newberry.

18. Percy E. Newberry, "King Ay, the Successor to Tutankhamen", *Journal of Egyptian Archaeology* 18, 1932, p.50-3.

19. Agradeço aos drs. Dietrich Wildung e Hannelore Kischkewitz, do Museu Egípcio, em Berlim, por sua ajuda para localizar o anel e colocá-lo à minha disposição.

20. Cyril Aldred, *Akhenaten and Nefertiti*, Nova York, Brooklyn Museum, 1973, p.181.

21. Giovanni Battista Belzoni, *Narrative of the Operations and Recent Discoveries in Egypt and Nubia*, Londres, Murray, 1820, p.123-4.

22. Otto J. Schaden, "The God's Father Aye", in *Amarna Letters II*, San Francisco, KMT, 1992, p.108.

23. Um *ushabti* de Aye como plebeu, feito durante o período em que ele serviu a Tutancâmon, foi leiloado na Sotheby's, em Nova York, em 17.12.1997. É um dos mais belos *ushabtis* de todos os que foram feitos.

24. Otto J. Schaden, "Clearing the Tomb of King Aye", *Journal of the American Research Center in Egypt* 21, 1984, p.39-64.

25. Existe em Amarna um túmulo do comandante militar Paatehnemheb e, em função da semelhança entre os dois nomes, houve quem sugerisse que é esse o túmulo de Horemheb. Ver Christiane Desroches-Noblecourt, *Tutankhamen*, Nova York, New York Graphic Society, 1963, p.284.

26. Geoffrey T. Martin, *The Hidden Tombs of Memphis*, Londres, Thames & Hudson, 1991, p.52.

27. Christiane Desroches-Noblecourt, *Tutankhamen*, Nova York, New York Graphic Society, 1963, p.276.

28. Epigraphic Survey, *The Festival Procession of Opet in the Colonnade Hall*, Chicago, University of Chicago Press, 1994.

29. Ronald J. Leprohon, "A Vision Collapsed, Akhenaten's Reforms Viewed through Decrees of Later Reigns", in *Amarna Letters*, San Francisco, KMT, 1991, p.66-73.

30. As pedras desse templo estão agora dispersas, mas parecem mostrar Tutancâmon em cenas de batalha, combatendo asiáticos — são as mais antigas cenas de batalhas com bigas reais conhecidas. Ver William Raymond Johnson, "An Asiatic Battle Scene of Tutankhamen from Thebes", dissertação de doutorado, Universidade de Chicago, 1992.

Epílogo

1. Nicholas Reeves, *The Complete Tutankhamen*, Londres, Thames & Hudson, 1990, p.96.

Apêndice: Teorias Verificáveis

1. Howard Carter, *The Tomb of Tutankhamen*, Nova York, Cooper Square Press, 1965, reed., vol.3, p.48.

2. Bob Brier e Ronald S. Wade, "The Use of Natron in Human Mummification — A Modern Experiment", *Zeitschrift für Ägyptische Sprache und Altertumskunde* 124, nº2, 1997, p.89-100.

3. Foi o dr. Michael Perry, chefe de traumato-radiologia da faculdade de medicina da Universidade de Maryland, que me fez essa sugestão.

4. Kent Weeks, *The Anatomical Knowledge of the Ancient Egyptians and the Representation of the Human Figure in Egyptian Art*, Ann Arbor, UMI Dissertation Information Service, 1970, p.74-5.

Bibliografia

Albright, William F., "The Egyptian Correspondence of Abimilki Prince of Tyre", *Journal of Egyptian Archaeology* 23, 1937, p.190-203. Discussão de um trecho das *Cartas de Amarna* e das dificuldades de traduzi-las.

Aldred, Cyril, *Akhenaten and Nefertiti*, Nova York, Brooklyn Museum, 1973. Catálogo de uma exposição do Brooklyn Museum. Muitas ilustrações incomuns, com excelentes descrições.

______, *Akhenaten, King of Egypt*, Londres, Thames & Hudson, 1988. Apesar de um pouco antiquado, esse livro foi escrito pelo mais eminente estudioso de Aquenaton e continua a ser uma obra básica sobre o pai de Tutancâmon.

______, "The Beginning of the El-Amarna Period", *Journal of Egyptian Archaeology* 45, 1959, p.19-33. Um grande estudioso de Aquenaton descreve os primeiros anos desse faraó.

______, *The Development of Ancient Egyptian Art*, Londres, Tiranti, 1961. Discussão de como se desenvolveu a arte egípcia.

______, "The End of the El-Amarna Period", *Journal of Egyptian Archaeology* 43, 1957, p.30-41. Discussão da relação entre os membros da corte durante os últimos anos em Amarna.

______, "The Tomb of Akhenaten at Thebes", *Journal of Egyptian Archaeology* 47, 1961, p.41-65. Tentativa de reconstituir os acontecimentos que levaram à colocação da múmia e dos objetos funerários no Túmulo 55. A conclusão de que se tratava do corpo de Aquenaton foi formulada antes que a necropsia posterior da múmia revelasse a improbabilidade disso.

______, *Tutankhamen's Egypt*, Nova York, Scribner's, 1974. Excelente descrição acessível do reinado de Tutancâmon.

Allen, Thomas George, *The Book of the Dead*, Chicago, University of Chicago Press, 1974. Tradução dos encantamentos necessários para a imortalidade no antigo Egito.

Anthes, Rudolf, *Tutankhamen Treasures*, Washington, D.C., Smithsonian Institution, 1961. Catálogo da primeira exposição de objetos de Tutancâmon nos Estados Unidos.

A Short Description of the Objects from the Tomb of Tutankhamen, Cairo, Institut Français, 1927. Um dos primeiros catálogos dos objetos do túmulo de Tutancâmon exibidos no Museu Egípcio do Cairo.

Arnold, Dorothea, *The Royal Women of Amarna*, Nova York, Metropolitan Museum of Art, 1996. Esse livro é muito mais do que apenas o catálogo da exposição realizada no Metropolitan em 1996-1997. Inclui ensaios importantes sobre vários aspectos da vida em Amarna e faz muitas sugestões sobre as mulheres da cidade. Fotografias extraordinárias da arte de Amarna.

Baikie, James, *The Amarna Age*, Nova York, Macmillan, 1926. Boa descrição para sua época, mas hoje ultrapassado.

Baines, John, *Stone Vessels, Pottery and Sealings from the Tomb of Tut'Antkhamen*, Oxford, Griffith Institute, 1993. Livro valioso, que contém um artigo particularmente interessante sobre o selo da necrópole que foi usado para tornar a lacrar o túmulo depois dos roubos.

Baly, T.J.C., "Notes on the Ritual of Opening the Mouth", *Journal of Egyptian Archaeology* 16, 1930, p.173-86. Detalhes sobre o ritual de abertura da boca, tal como provavelmente foi praticado em Tutancâmon no dia de seu sepultamento.

Beinlich, Horst e Mohamed Saleh, *Corpus der Hieroglyphischen Inscripten aus dem Grab des Tutankhamuns*, Oxford, Griffith Institute, 1989. Cópias de todas as inscrições hieroglíficas do túmulo. Sem tradução — obra para egiptólogos.

Bell, Martha R., "An Armchair Excavation of KV 55", *Journal of the American Research Center in Egypt* 28, 1990, p.97-137. Tentativa fascinante de reconstituir a ordem em que os objetos foram depositados no túmulo. Criterioso trabalho detetivesco.

Bennett, John, "The Restoration Inscription of Tut'Ankhamen", *Journal of Egyptian Archaeology* 25, 1939, p.8-15. Tradução completa da promessa de Tutancâmon de restabelecer a ordem no Egito.

Bille-de Mot, Eleanore, *The Age of Akhenaten*, Nova York, McGraw-Hill, 1906. Exposição clara sobre a revolução de Amarna, com algumas ilustrações incomuns.

Bosse-Griffiths, Kate, "Finds from 'The Tomb of Queen Tiye' in the Swansea Museum", *Journal of Egyptian Archaeology* 47, 1961, p.66-70. Mostra como os escavadores do Túmulo 55 foram descuidados.

Brackman, Arnold C., *The Search for the Gold of Tutankhamen*, Nova York, Mason/Charter, 1976. Descrição acessível, com algumas informações incomuns.

Bratton, F. Gladstone, *The Heretic Pharaoh*, Londres, Hale, 1962. Exposição acessível de inclinação bíblica.

Breasted, James Henry, *Ancient Records of Egypt*, vol.2, 1905, reed., Londres, Histories and Mysteries of Man, 1988. As traduções de inscrições hieroglíficas de monumentos do Egito feitas por Breasted mostram quão pouco se sabia sobre Tutancâmon antes da descoberta de seu túmulo.

______, *The Edwin Smith Surgical Papyrus*, Chicago, University of Chicago Press, 1930. Tradução do único papiro médico do antigo Egito que versa sobre traumas, especialmente na cabeça.

______, *A History of Egypt*, Nova York, Charles Scribner's Sons, 1919. Mostra quão pouco se sabia sobre Tutancâmon antes da descoberta do túmulo.

Brier, Bob, *Egyptian Mummies*, Nova York, Morrow, 1994.

Brier, Bob e Ronald S. Wade, "The Use of Natron in Human Mummification — A Modern Experiment", *Zeitschrift für ägyptische Sprache* 124, nº2, 1997. Recriação das antigas técnicas de embalsamamento.

Bristone, E.S.G., *Naphuria: The History of the True Akhenaten*, Londres, Jenkins, 1936. Baseada nas *Cartas de Amarna*, essa excêntrica teoria afirma que o avô de Aquenaton foi o faraó do Êxodo.

Brothwell, Don e A.T. Sandison, *Diseases in Antiquity*, Springfield, Charles C. Thomas, 1967. Levantamento importante das doenças e lesões do mundo antigo. Um pouco ultrapassado, mas ainda útil.

Bryce, Trevor R., "The Death of Niphururiya and Its Aftermath", *Journal of Egyptian Archaeology* 76, 1990, p.97-105. Discussão da carta de Ankhesenâmon ao rei hitita.

Budge, E.A. Wallis, *The Book of the Opening of the Mouth*, 1909, reed., Nova York, B. Blom, 1972. Descrição detalhada do ritual que deve ter sido praticado em Tutancâmon no dia de seu sepultamento. Traduções um pouco ultrapassadas.

______, *Tutankhamen, Atenism, and Egyptian Monotheism*, Nova York, Brill, s/d. Reedição de um livro do antigo e excêntrico conservador das antigüidades egípcias e assírias do Museu Britânico. Ultrapassado, mas a discussão sobre o culto de Aton ainda é interessante.

Burridge, Alwyn L., "Akhenaten: A New Perspective", *The Society for the Study of Egyptian Antiquities Journal* 23, 1993, p.63-74. Primeira sugestão publicada de que Aquenaton teria sofrido da síndrome de Marfan. Alguns dos sintomas descritos não são muito precisos.

Carter, Howard, "Report on the Robbery of the Tomb of Amenothes II", *Annales du Service des Antiquités de l'Egypte* 3, 1902, p.115-21. Carter exibe suas habilidades de detetive, rastreando os saqueadores modernos do túmulo de Amenófis II.

______, *The Tomb of Tutankhamen: Statement*, Brockton, MA, John William Pye, 1997. Reprodução do documento de 1924 que Carter divulgou em caráter particular, pouco antes de o governo egípcio proibir-lhe a entrada no túmulo de Tutancâmon. Exame fascinante da política arqueológica da época.

Carter, Howard e A.C. Mace, *The Tomb of Tutankhamen*, 3 vols., 1923-1933, reed., Nova York, Cooper Square, 1963. Reprodução dos três volumes de Carter que descreveram sua escavação do túmulo. Leitura fascinante.

Carter, Michael, *Tutankhamen the Golden Monarch*, Nova York, McKay, 1972. Texto ligeiramente sensacionalista de divulgação popular.

Cerny, Jaroslav, *Hieratic Inscriptions from the Tomb of Tut'Ankhamun*, Oxford, Griffith Institute, 1965. Traduções das inscrições na forma cursiva da escrita egípcia. Inclui as listas dos objetos das várias caixas do túmulo.

Christie, Agatha, *Akhenaton*, Nova York, Dodd, Mead, 1973. Peça em três atos sobre Aquenaton e Nefertiti.

Chubb, Mary, *Nefertiti Lived Here*, Londres, Bles, 1954. Descrição encantadora da vida nas escavações de Amarna.

Clayton, Peter A., *Chronicles of the Pharaohs*, Londres, Thames & Hudson, 1995. Proveitosa obra de consulta, que descreve sucintamente o reinado de cada faraó.

Collier, Joy, *The Heretic Pharaoh*, Nova York, John Day, 1970. Exposição acessível que se concentra na possibilidade de uma ligação entre Aquenaton e Moisés.

Connolly, R.C., "Microdetermination of Blood Group Substances in Ancient Human Tissue", *Nature* 224, 1869, p.325. A técnica usada para estabelecer o estreito parentesco familiar entre Tutancâmon e a múmia do Túmulo 55.

Cottrell, Leonardo, *The Secrets of Tutankhamen's Tomb*, Greenwich, CT, New York Graphic Society, 1964. Livro para jovens.

Darby, William J. et al., *Food the Gift of Osiris*, Londres, Academic Press, 1977. Descrição pormenorizada dos alimentos e hábitos alimentares do antigo Egito.

David, A. Rosalie e Anthony E., *A Biographical Dictionary of Ancient Egypt*, Londres, Seaby, 1992. Biografias sucintas de algumas das figuras importantes da época de Tutancâmon.

Davies, Norman de Garis, *The Rock Tombs of Amarna*, parte I, Londres, Egypt Exploration Fund, 1903. Primeiro volume da série de Norman de Garis Davies sobre os túmulos de Amarna. Esse volume descreve o túmulo do sumo sacerdote Meri-Rá.

______, *The Rock Cut Tombs of Amarna*, parte II, Londres, Egypt Exploration Fund, 1905. São descritos os túmulos de Pa-Nehsey e Meri-Rá II.

______, *The Rock Cut Tombs of Amarna*, parte III, Londres, Egypt Exploration Fund, 1905. Descrição dos túmulos de Huya, supervisor da residência da rainha Teye, e de Ahmes, outro alto funcionário da corte.

______, *The Rock Cut Tombs of Amarna*, parte IV, Londres, Egypt Exploration Fund, 1906. Descrição dos túmulos de vários servidores da corte.

______, *The Rock Cut Tombs of Amarna*, parte V, Londres, Egypt Exploration Fund, 1907. Descrição detalhada do túmulo de Aye, com o grande "Hino a Aton".

______, *The Rock Cut Tombs of Amarna*, parte VI, Londres, Egypt Exploration Fund, 1908. Último livro da série sobre os túmulos de Amarna.

Davies, Norman de Garis e A.H. Gardiner, *The Tomb of Huy, Viceroy of Nubia in the Reign of Tutankhamen*, Londres, Egypt Exploration Society, 1926. Um dos poucos monumentos do reinado de Tutancâmon é descrito nesse texto.

Davis, Theodore M., *The Tomb of Queen Tiye*, 1910, reed., San Francisco, KMT, 1990. Reprodução da descrição do famoso Túmulo 55 feita por Theodore Davis. Apesar das provas em contrário, Davis publicou que o túmulo era da rainha Teye. O relato tem uma introdução excelente de Nicholas Reeves, estudioso de Tutancâmon.

______, *The Tombs of Harmhabi and Touatankhamanou*, Londres, Constable, 1912. Trata-se da conclusão errônea de Davis de haver descoberto o túmulo de Tutancâmon, o que levou a sua afirmação de que "agora o Vale dos Reis está esgotado".

De Gans, Raymonde, *Tutankhamen*, Genebra, Fermi, 1978. Obra para o público geral sobre a vida e a época de Tutancâmon.

Description de l'Egypte, vol.1, Paris, L'Imprimerie Impériale, 1812. Desenhos e mapas dos artistas que acompanharam Napoleão em sua invasão do Egito, em 1798.

Desroches-Noblecourt, Christiane, *Tutankhamen*, Nova York, New York Graphic Society, 1963. Trata-se, provavelmente, do livro mais acessível que já se escreveu sobre Tutancâmon. A autora é uma egiptóloga experiente, que tem a maravilhosa capacidade de dar vida ao período. O livro contém um bom número de especulações.

Devi, Savitri, *A Son of God*, Londres, Philosophical Publishing, 1946. Discussão interessante sobre a religião de Aquenaton por um admirador moderno; inclui cartas de Aldous Huxley sobre a religião de Amarna.

______, *Son of the Sun*, San Jose, Califórnia, Rosicrucian Library, 1956. Versão ampliada do título acima.

Diodorus Siculos [Diodoro de Sicília], *Library of History*, Livro I, 46, Cambridge, Harvard UP, 1968. Histórias de um antigo viajante que percorreu o Egito.

Dobson, Jessie, "A Curator's Curiosity", *Annals of the Royal College of Surgeons of England*, 1959, p.331-7. Discussão sobre um crânio alongado encontrado no Egito, semelhante à forma da cabeça dos membros da família de Aquenaton.

Dodson, Aidan, *The Canopic Equipment of the Kings of Egypt*, Londres, Kegan Paul, 1994. Inclui uma descrição detalhada do sarcófago quebrado e do vaso canópico de Aquenaton.

Drower, Margaret S., *Flinders Petrie, A Life in Archaeology*, Londres, Victor Gollancz Ltd., 1985. Descrição pitoresca de um dos pioneiros da egiptologia.

Drury, Allen, *A God Against the Gods*, Nova York, Doubleday, 1976. Romance de base histórica sobre Aquenaton e Nefertiti.

______, *Return to Thebes*, Nova York, Doubleday, 1977. Continuação do livro anterior, esse volume cobre o reinado de Tutancâmon.

Eaton-Krauss, M., *The Sarcophagus in the Tomb of Tutankhamen*, Oxford, Griffith Institute, 1993. Estudo detalhado e importante, feito por um grande estudioso de Tutancâmon. Mostra que o sarcófago foi alterado em pelo menos uma ocasião antes do sepultamento de Tutancâmon.

______, *The Small Golden Shrine from the Tomb of Tutankhamen*, Oxford, Griffith Institute, 1985. Análises esplendidamente pormenorizadas das cenas de Ankhesenâmon e Tutancâmon no relicário em miniatura.

Edwards, I.E.S., *The Treasures of Tutankhamen*, Nova York, Viking, 1972. Catálogo que acompanhou a exposição itinerante de tesouros do túmulo de Tutancâmon.

Edwards, I.E.S. et al. (orgs.), *The Cambridge Ancient History*, vol.2, partes 1-2, Cambridge, Cambridge UP, 1973-1975. Monumental obra de referência, cujos volumes discorrem sobre o período de Amarna.

Edwards, Margaret Dulles, *Child of the Son*, Boston, Beacon, 1939. Livro para jovens, com uma clara explicação sobre o monoteísmo de Aquenaton.

Elerick, Daniel V. e Rose A. Tyson, *Human Paleopathology and Related Subjects*, San Diego, Museum of Man, 1997. Bibliografia de milhares de livros e artigos sobre doenças e traumatismos do mundo antigo.

El-Khouly, Aly e Geoffrey Thorndike Martin, *Excavations in the Royal Necropolis at El'Amarna 1984*, Cairo, Institut Français, 1987. Exame de dois túmulos no vale lateral próximo do túmulo de Aquenaton. Um deles talvez tenha sido preparado para Tutancâmon quando ele se tornou faraó em Amarna.

El-Najjar, Mahmoud e K. Richard McWilliams, *Anthropology*, Springfield, Charles C. Thomas, 1978. O que os ossos podem dizer sobre alguém morto há muito tempo.

Epigraphic Survey, *The Festival Procession of Opet in the Colonnade Hall*, Chicago, Oriental Institute of the University of Chicago, 1994. Publicação completa sobre o salão decorado por Tutancâmon e posteriormente usurpado por Horemheb.

Fairman, H.W., "Once Again the So-Called Coffin of Akhenaten", *Journal of Egyptian Archaeology* 47, 1961, p.25-40. Tentativa de determinar a identidade da múmia do Túmulo 55, analisando as inscrições do esquife.

Fazzini, Richard, *Tutankhamen and the African Heritage*, Nova York, Metropolitan Museum of Art, 1978. Livreto que discute a relação do Egito com a Núbia durante a XVIII Dinastia.

Federn, Walter, "Dahamunzu (KBo V 6 iii 8)", *Journal of Cuneiform Studies* 14, 1960, p.33. Explica a expressão usada pelos hititas para se referir a Ankhesenâmon.

Forbes, Dennis, "A New Take on Tut's Parents", *KMT* 8, nº3, 1997, p.85-7. Levanta a possibilidade de que Smenkare e Meritaten teriam sido os pais de Tutancâmon.

Ford, John, *Tutankhamen's Treasures*, Secaucus, NJ, Chartwell, 1978. Sobretudo fotografias.

Fox, Penelope, *Tutankhamen's Treasure*, Londres, Oxford UP, 1951. Boa discussão sobre os objetos encontrados no túmulo.

Frankfort, H., "Preliminary Report on the Excavations at El-'Amarnah, 1918-19", *Journal of Egyptian Archaeology* 15, 1929, p.143-9. Primeiras escavações dos bairros setentrionais de Amarna, com diagramas das casas.

______, "Preliminary Report on the Excavations at Tel el Amarnah, 1926-1927", *Journal of Egyptian Archaeology* 13, 1927, p.209-18. Fotografias espetaculares de peças encontradas na residência de Panhesy e no templo de Aton.

Frankfort, H. (org.), *The Mural Painting of El'-Amarnah*, Londres, The Egypt Exploration Society, 1929. Belas reproduções das pinturas de Amarna.

Frankfort, H. e J.D.S. Pendlebury, *The City of Akhenaten*, parte 2, Londres, Egypt Exploration Society, 1933. Narra a escavação dos bairros setentrionais da cidade e inclui mapas e diagramas das casas, além de fotografias dos objetos encontrados.

Frayling, Christopher, *The Face of Tutankhamen*, Londres, Faber & Faber, 1992. Baseado na série de cinco programas da BBC; inclui material interessante sobre a "Tutmania".

Freud, Sigmund, *Moses and Monotheism*, Nova York, Vintage, 1955. Teoria freudiana de que Moisés herdou o monoteísmo de Aquenaton. Altamente especulativo — Freud entendia pouquíssimo de egiptologia.

Gardiner, Alan, "The So-Called Tomb of Queen Tiye", *Journal of Egyptian Archaeology* 43, 1957, p.10-25. O principal tradutor de sua época analisa as inscrições do Túmulo 55 e conclui que a múmia é de Smenkare.

Goetze, Albrecht, "Palace Prayers of Mursilis", in James B. Prichard (org.), *Ancient Near Eastern Texts*, Princeton, Princeton UP, 1955. Traduções de textos antigos de todo o Oriente Próximo, inclusive alguns relacionados com as conseqüências da morte de Tutancâmon.

Green, L., "A 'Lost Queen' of Ancient Egypt...", *KMT*, inverno de 1990-1991, p.23-67. Artigo esclarecedor sobre Ankhesenâmon, escrito por um especialista nas mulheres do período de Amarna.

______, "The Origins of the Giant Lyre and Asiatic Influences of the Cult of the Aton", *The Society for the Study of Egyptian Antiquities Journal* 23, 1993, p.56-62. Os dois músicos que tocam uma lira gigantesca, retratados nos entalhes do túmulo de Amarna, eram músicos asiáticos na corte de Aquenaton.

Guterbock, Hans Gustav, "The Deeds of Suppiluliuma as Told to His Son, Mursili II", *Journal of Cuneiform Studies* 10, 1965, p.75-98. Estudo definitivo sobre a carta de Ankhesenâmon ao rei hitita.

Harris, James E. e Edward F. Wente (orgs.), *An X-ray Atlas of the Royal Mummies*, Chicago, University of Chicago Press, 1980. Tentativa de responder a perguntas sobre as relações familiares entre as múmias reais. Contém duas radiografias do crânio de Tutancâmon.

Harris, James E. e Kent R. Weeks, *X-raying the Pharaohs*, Nova York, Scribner's, 1973. Estudo pioneiro sobre o que se pode aprender ao radiografar múmias.

Harrison, R.G., "An Anatomical Examination of the Pharaonic Remains Purported to Be Akhenaten", *Journal of Egyptian Archaeology* 224, 1969, p.325-6. Demonstra que os grupos sangüíneos de Tutancâmon e Smenkare são tão próximos que talvez eles fossem irmãos.

______, "Post Mortem on Two Pharaohs", *Buried History*, 1972, p.18-25. É nesse texto que Harrison afirma por escrito que Tutancâmon pode ter morrido de uma pancada na parte posterior da cabeça, causada por um instrumento não-cortante.

______, "Tutankhamen's Postmortem", *The Lancet*, 3.2.1972, p.259. O único perito que fez um exame moderno na múmia de Tutancâmon explica que não há provas de estados patológicos como a síndrome de Klinefelter ou a doença de Wilson, como haviam sugerido alguns médicos.

Harrison, R.G. et al., "A Mummified Foetus from the Tomb of Tutankhamen", *Antiquity* 53, 1979, p.19-21. A radiografia de um dos dois fetos encontrados no túmulo revelou que, se houvesse sobrevivido, a menina teria sido deformada.

Harrison, R.G. e A.B. Abdalla, "The Remains of Tutankhamen", *Antiquity* 46, 1972, p.8-14. Trata-se da publicação mais detalhada sobre o exame da múmia de Tutancâmon, mas é apenas um relatório preliminar.

Hayes, William C., *The Scepter of Egypt*, vol.2, Nova York, Metropolitan Museum of Art, 1959. Catálogo da coleção do Metropolitan. Inclui descrições detalhadas dos objetos usados na última refeição realizada do lado de fora do túmulo de Tutancâmon, no dia do sepultamento.

Hepper, Nigel F., *Pharaoh's Flowers*, Londres, HSMO, 1990. Análise pormenorizada e fascinante dos espécimens botânicos encontrados no túmulo de Tutancâmon. Obra crucial para determinar a época do ano em que o faraó morreu.

Iscan, Mehmet Yasar, *Age Markers in the Human Skeleton*, Springfield, Charles C. Thomas, 1989. Como os antropólogos físicos determinam a idade na ocasião da morte a partir dos ossos.

James, T.G.H., *Howard Carter, The Path to Tutankhamun*, Londres, Kegan Paul, 1992. Biografia definitiva de Carter.

Janssens, Paul A., *Paleopathology*, Londres, John Baker, 1970. Livro mais antigo, porém ainda útil, sobre as doenças e lesões do mundo antigo.

Johnson, William Raymond, *An Asiatic Battle Scene of Tutankhamen from Thebes*, Ann Arbor, UMI Dissertation Services, 1992. Dissertação de doutorado de um especialista em pedras de templos esculpidas. As pedras do templo mortuário de Tutancâmon mostram-no numa batalha.

Jones, Dilwyn, *Model Boats from the Tomb of Tutankhamen*, Oxford, Griffith Institute, 1990. Discussão sucinta das maquetes de embarcações e da navegação no antigo Egito.

Kemp, Barry J., "The Window of Appearances at El-Amarna, and the Basic Structure of this City", *Journal of Egyptian Archaeology* 62, 1976, p.81-99. O escavador fornece uma visão geral de Amarna e discute um detalhe: a sacada na qual a família real aparecia diante do povo.

Kemp, Barry J. et al., *Amarna Reports*, vol.1, Londres, Egypt Exploration Society, 1984. O autor foi o escavador do local, e seu trabalho deu início a uma importante série de publicações sobre as descobertas feitas em Amarna.

______, *Amarna Reports*, vol.2, Londres, Egypt Exploration Society, 1985. Discorre sobre a aldeia de trabalhadores de Amarna, com análises científicas detalhadas do material têxtil e botânico encontrado.

______, *Amarna Reports*, vol.3, Londres, Egypt Exploration Society, 1986. Sobre a aldeia dos trabalhadores, as cerâmicas encontradas e as pedreiras de alabastro.

______, *Amarna Reports*, vol.4, Londres, Egypt Exploration Society, 1987. Escavações da aldeia dos trabalhadores e discussão sobre as cerâmicas encontradas no centro da cidade.

______, *Amarna Reports*, vol.5, Londres, Egypt Exploration Society, 1989. Escavação do centro da cidade, discussão das cerâmicas encontradas e um interessante debate sobre os cereais e o preparo do pão.

______, *Amarna Reports*, vol.6, Londres, Egypt Exploration Society, 1995. Relatórios sobre a escavação de uma casa particular em Amarna e também do menor templo de Aton, chamado "Mansão de Aton".

Kemp, Barry J. e Salvatore Garfi, *A Survey of the Ancient City of El-'Amarna*, Londres, Egypt Exploration Society, 1993. Mapas e planos detalhados da cidade onde Tutancâmon nasceu.

KMT: *Amarna Letters*, vols.1-3, San Francisco, KMT, 1991-1994. Escritos por estudiosos para um público mais amplo, esses três volumes fornecem uma grande quantidade de material sobre todos os aspectos do período de Amarna.

KMT: *A Modern Journal of Ancient Egypt*, verão de 1991. Edição especial, dedicada a discussões sobre Aquenaton, dessa conhecida revista de egiptologia.

Kolos, Daniel e Hany Assad, *The Name of the Dead*, Ontário, Benben, 1979. Inscrições hieroglíficas e suas traduções, a partir de alguns dos objetos encontrados no túmulo de Tutancâmon. Voltado para o estudioso iniciante dos hieroglifos, esse livro contém alguns erros, mas ainda assim é um bom começo.

Kozloff, Arielle e Betsy M. Bryan, *Egypt's Dazzling Sun*, Cleveland, Cleveland Museum of Art, 1992. Catálogo de uma grande exposição sobre Amenófis III, avô de Tutancâmon.

Leek, F. Filce, "How Old Was Tutankhamen?", *Journal of Egyptian Archaeology* 63, 1977, p.112-5. Sugere que Tutancâmon talvez tivesse apenas 16 anos ao morrer.

______, *The Human Remains from the Tomb of Tut'Ankhamen*, Oxford, Griffith Institute, 1972. Descrição da múmia de Tutancâmon e dos dois fetos encontrados no túmulo. Ótimas informações, especialmente citações do diário de Carter. Entretanto, Leek não conseguiu localizar os dois fetos e se pautou num exame anterior. Confiou basicamente no exame que Derry fizera da múmia de Tutancâmon em 1925, e mal chegou a mencionar outros importantes trabalhos posteriores.

Leprohon, Ronald J., "A Vision Collapsed, Akhenaten's Reforms Viewed Through Decrees of Later Reigns", *Amarna Letters*, San Francisco, KMT, 1991. Análise textual das conseqüências da revolução de Aquenaton.

Lesko, Leonard H., *King Tut's Wine Cellar*, Berkeley, BC Scribe, 1977. Discussão encantadora de um eminente egiptólogo que criou sua própria versão sobre o vinho encontrado no túmulo de Tutancâmon.

Lichtheim, Miriam, *Ancient Egyptian Literature*, vol.2, Berkeley, University of California Press, 1976. Traduções da literatura egípcia que fornecem esclarecimentos sobre a mentalidade dos antigos egípcios.

Littauer, M.B. e J.H. Crouwell, *Chariots and Related Equipment from the Tomb of Tutankhamen*, Oxford, Griffith Institute, 1985. Essa discussão das seis carruagens encontradas no túmulo de Tutancâmon é tão detalhada que poderíamos construir uma delas a partir dos diagramas.

Mace, Arthur C., "The Egyptian Expedition", *Bulletin of the Metropolitan Museum of Art*, 1922-1923.

MacQuitty, William, *Tutankhamen's Last Journey*, Nova York, Crown, 1978. Fotografias usadas para discutir a morte e o sepultamento de Tutancâmon.

McKusick, Victor A., "The Defect in Marfan Syndrome", *Nature* 352, 25.7.1991. Discussão científica sobre a síndrome de Marfan.

McLeod, W., *Composite Bows from the Tomb of Tut'Ankhamun*, Oxford, Griffith Institute, 1970. Sobre os arcos, flechas, aljavas etc. encontrados no túmulo.

______, *Self Bows and Other Archery Tackle from the Tomb of Tut'Ankhamen*, Oxford, Griffith Institute, 1982. Idem.

Majno, Guido, *The Healing Hand*, Cambridge, Harvard UP, 1977. Discussão fascinante sobre a medicina antiga.

Manniche, Lise, *Musical Instruments from the Tomb of Tut'Ankhamen*, Oxford, Griffith Institute, 1976. Descrição sucinta das matracas, chocalhos e trombetas encontrados no túmulo de Tutancâmon.

Martin, Geoffrey Thorndike, *A Bibliography of the Amarna Period and its Aftermath*, Londres, Kegan Paul, 1991. Referência indispensável, que lista a maioria dos artigos e livros sobre o assunto.

______, "Excavations at the Memphite Tomb of Horemheb", *Journal of Egyptian Archaeology* 62-65, 1975-1979. Essa série de relatórios de escavações apresenta as descobertas feitas a cada ano no túmulo do general de Tutancâmon.

______, *The Hidden Tombs of Memphis*, Londres, Thames & Hudson, 1991. Contém descrições do túmulo do general Horemheb em Mênfis e do de Maya, tesoureiro de Tutancâmon. Informações importantes sobre os homens que cercavam o rei menino.

______, *The Royal Tomb at El Amarna*, vol.1, Londres, Egypt Exploration Society, 1974. Descrição dos objetos e fragmentos encontrados no túmulo de Aquenaton, no remoto vale fora de Amarna.

______, *The Royal Tomb at El Amarna*, vol.2, Londres, Egypt Exploration Society, 1989. Descrição detalhada do túmulo de Aquenaton, inclusive da arquitetura e dos entalhes murais. Martin sugere que uma das cenas mostra o nascimento de Tutancâmon.

______, "The Tomb of Horemheb, Commander in Chief of Tutankhamen", *Archaeology* 31, 1978, p.14-23. Descrição do túmulo de Horemheb para o público em geral.

Meltzer, Edmund S., "The Parentage of Tut'Ankhamen and Smenkhkare", *Journal of Egyptian Archaeology* 64, 1978, p.174-5. Explica por que Aquenaton poderia ser o pai de Tutancâmon.

Mercer, Samuel A.B., *The Tell El-Amarna Tablets*, Toronto, Macmillan, 1939. Compilação, tradução e discussão sucinta das *Cartas de Amarna.*

Merezhkovsky, Dmitri, *Akhenaton*, Nova York, E.P. Dutton, 1927. Antigo romance traduzido do russo. *Muito* ultrapassado.

Montague, Jeremy, "One of Tutankhamen's Trumpets", *Journal of Egyptian Archaeology* 64, 1978, p.133-4. Descreve a construção e o uso da trombeta de bronze do túmulo de Tutancâmon. A trombeta de prata despedaçou-se ao ser tocada num programa de rádio da BBC em 1939.

Moodie, Roy L., *Roentgenologic Studies of Egyptian and Peruvian Mummies*, Chicago, Field Museum of Natural History, 1931. Estudo pioneiro sobre o emprego de raios X no estudo das múmias.

Moran, William L., *The Amarna Letters*, Baltimore, Johns Hopkins, 1982. Tradução mais recente e abalizada das *Cartas de Amarna.*

Muller, Hans Wolfgang et al., *Nofretete. Echnaton*, Berlim, Ägyptisches Museum, 1976. Catálogo da exposição de objetos do período de Amarna. Fotografias de muitos objetos que não são vistos com freqüência.

Murnane, William J. e Charles C. Van Siclen III, *The Boundary Stelae of Akhenaten*, Londres, Kegan Paul, 1993. Obra definitiva sobre o assunto [as estelas de fronteira de Aquenaton].

Murray, Helen e Mary Nuttall, *A Handlist to Howard Carter's Catalogue of Objects in Tut'Ankhamen's Tomb*, Oxford, Griffith Institute, 1963. Obra de consulta fundamental. Carter descreveu cada uma das peças do túmulo em fichas. Estas foram legadas ao Griffith Institute, e o livro é o índice dessas anotações.

Nahas, Bishara, *The Life and Times of Tut-Ankh-Amen*, Nova York, American Library Service, 1923. Um dos primeiros livros acessíveis escritos depois da descoberta do túmulo. Ultrapassado, além de ter mais de imaginação do autor que de história.

Newberry, Percy E., "Akhenaten's Eldest Son-in-Law, 'Ankhkheprure'", *Journal of Egyptian Archaeology* 14, 1928, p.3-9. Uma das primeiras discussões sobre Smenkare.

______, "King Ay, the Successor of Tut'Ankhamen", *Journal of Egyptian Archaeology* 18, 1932, p.50-2. Primeira publicação sobre o anel que indica que Aye desposou a viúva de Tutancâmon.

______, *Scarab-shaped Seals*, Londres, Constable, 1907. Estudo fundamental sobre os amuletos egípcios em forma de escaravelho.

Paulshock, Bernadine Z., "Tutankhamen and His Brothers", *Journal of the American Medical Association* 244, nº2, 1980, p.160-4. Uma médica sugere que as estátuas de Tutancâmon com scios indicam que ele e outros membros da família teriam ginecomastia — uma feminização do corpo masculino.

Peet, T. Eric e C. Leonard Wooley, *The City of Akhenaten*, parte 1, Londres, Egypt Exploration Society, 1923. Importante e detalhado relatório de escavações na cidade de Amarna. Muitas fotografias de murais que não existem mais e de objetos encontrados em Amarna.

Pendlebury, J.D.S., *The City of Akhenaten*, parte 3, Londres, Egypt Exploration Society, 1951. Esse volume descreve a área central de Amarna, inclusive o palácio, o quartel da polícia e o escritório dos arquivos.

Petrie, William Flinders, *Seventy Years of Archaeology*, Nova York, Holt, 1932. Memórias fascinantes do fundador da egiptologia moderna, com muitas referências a suas escavações em Amarna.

______, *Tel el Amarna*, 1894, reed., Londres, Aris & Phillips, 1974. Relato das escavações de Petrie em Amarna.

Phillips the Egyptian, *Tutankhamen's Victims in America*, Los Angeles, Egyptian Antiques, 1977. Confuso e inexato, o livro termina com várias páginas de reproduções para venda.

Piankoff, Alexandre, *The Shrines of Tut-Ankh-Amon*, Nova York, Harper, 1962. Discussão sobre os santuários que abrigavam o sarcófago, os esquifes e a múmia de Tutancâmon. Análise minuciosa e importante de seus textos religiosos.

Pococke, Richard, *A Description of the East*, vol.1, Londres, W. Boyer, 1843. Figurando entre as primeiras narrativas de viagens, este livro inclui o primeiro mapa do Vale dos Reis.

Pyeritz, Reed E. e Cheryll Gasner, *The Marfan Syndrome*, Port Washington, NY, National Marfan Foundation, 1994. Publicação que explica a deficiência genética chamada síndrome de Marfan.

Reeves, C.N., *After Tut'Ankhamen*, Londres, Kegan Paul, 1992. Coletânea de trabalhos de pesquisa sobre o Vale dos Reis depois da descoberta do túmulo de Tutancâmon.

______, *The Complete Tutankhamen*, Londres, Thames & Hudson, 1990. Obra de consulta indispensável sobre todos os aspectos de Tutancâmon, inclusive sua vida, seus escavadores e os objetos de seu túmulo. Muitas fotografias e diagramas.

______, "A Reappraisal of Tomb 55 in the Valley of the Kings", *Journal of Egyptian Archaeology* 67, 1981, p.48-55. Tentativa de determinar a identidade da múmia do Túmulo 55. Sugere que a múmia poderia ter sido trocada depois de enviada ao Cairo.

Reeves, C.N. e John H. Taylor, *Howard Carter Before Tutankhamen*, Londres, British Museum, 1992. Catálogo de uma exposição sobre a vida de Howard Carter antes de ele descobrir o túmulo de Tutancâmon. Ilustrações maravilhosas.

Redford, Donald, *The Akhenaten Temple Project*, vol.3, Toronto, University of Toronto, 1994. Descrição dos fragmentos de cerâmica encontrados durante as escavações dos templos de Aquenaton na parte leste de Karnak.

______, *Akhenaten, The Heretic King*, Princeton, Princeton UP, 1984. Trabalho importante do escavador dos templos de Aquenaton em Karnak. À medida que prosseguiram as escavações, ele passou a gostar cada vez menos de Aquenaton.

______, "Some Observations on 'Amarna Chronology'", *Journal of Egyptian Archaeology* 45, 1959, p.34-7. Redford discute os confusos indícios a respeito do reinado desse faraó.

Redford, Donald et al., *The Akhenaten Temple Project*, vol.2, Toronto, University of Toronto, 1988. Livro importante do escavador dos templos de Aquenaton em Karnak; concentra-se nas inscrições e cenas relacionadas com os estrangeiros.

Redford, Susan e Donald, *The Akhenaten Temple Project*, vol.4, Toronto, University of Toronto, 1994. O túmulo de um arauto real pouco antes de Aquenaton tornar-se faraó.

Riefstahl, Elizabeth, *Thebes in the Time of Amenhotep III*, Norman, OK, University of Oklahoma Press, 1964. Visão geral da cidade de Tebas e toda a sua glória durante o reinado de Amenófis III.

Robbins, G., "The Representation of Sexual Characteristics in Amarna Art", *The Society for Study of Egyptian Antiquities Journal* 23, 1993, p.29-41. Discussão da estátua colossal

de Aquenaton nu sem genitália, sugerindo que a feminização da estátua indica fecundidade.
Romer, John, *Valley of the Kings*, Nova York, William Morrow, 1981. Vívida descrição dos viajantes e estudiosos que visitaram e trabalharam no Vale dos Reis e de suas descobertas.
Romer, John e Elizabeth, *The Rape of Tutankhamen*, Londres, O'Mara, 1993. Discussão meio tendenciosa do estado do túmulo de Tutancâmon e de outros no Vale dos Reis.
Ruffer, Marc Armand, "Note on the Histology of Egyptian Mummies", *British Medical Journal* 1, 1909, p.1005-6. Um dos primeiros trabalhos sobre os tecidos moles das múmias.
______, "Note on Two Egyptian Mummies Dating from the Persian Occupation of Egypt", in *Studies in the Paleopathology of Egypt*, Chicago, University of Chicago Press, 1921, p.127-38. Estudo que mostra o quanto os antigos embalsamadores podiam ser descuidados.
Saad, Ramadan e Lise Manniche, "A Unique Offering List of Amenophis IV Recently Found at Karnak", *Journal of Egyptian Archaeology* 57, 1971, p.70-2. Discussão sobre um bloco de pedra de um dos templos de Aquenaton que lista as doações que ele fez ao templo. Bom exemplo dos pequenos indícios que ajudam os egiptólogos a montar o quadro geral.
Sampson, Julia, "Amarna Crowns and Wigs", *Journal of Egyptian Archaeology* 59, 1973, p.47-59. Exemplo de como os historiadores da arte examinam os detalhes estilísticos para identificar e datar a arte egípcia.
Sandford, Mary K., *Investigations of Ancient Human Tissue*, Langhorne, PA, Gordon and Breach, 1993. Artigos técnicos sobre análises químicas de ossos e tecidos.
Sandnass, Karin L., "Dietary Analysis of Prehistoric Lower and Middle Osmore Drainage Populations of Southern Peru Using Stable Isotopes [Delta C-13 and Delta N-15]", artigo apresentado no II Congresso Mundial de Estudos sobre Múmias, 6-10.2.1995, Cartagena, Colômbia. Discussão da tecnologia mais avançada que se usa para obter informações a partir do exame de múmias.
Sayce, A.H., "The Hittite Correspondence with Tut-Ankh-Amon's Widow", *Ancient Egypt*, parte 2, 1927, p.33-5. Traduções da resposta hitita à carta de Ankhesenâmon ao rei dos hititas.
______, "Texts from the Hittite Capital Relating to Egypt", *Ancient Egypt*, parte 3, 1922, p.65-70. Uma das primeiras publicações da carta de Ankhesenâmon ao rei dos hititas.
______, "What Happened After the Death of Tut'Ankhamen", *Journal of Egyptian Archaeology* 12, 1926, p.168-70. Fornece uma parte que faltava da resposta hitita ao pedido feito por Ankhesenâmon ao seu rei.
Schaden, Otto John, "Clearance of the Tomb of King Aye", *Journal of the American Research Center in Egypt* 21, 1984. Único relatório das escavações no túmulo do rei Aye no Vale dos Reis.
______, *The God's Father Ay*, Ann Arbor, UMI Dissertation Services, 1977. Tese de doutoramento sobre Aye, com vasto material de boa qualidade sobre seus dois túmulos.
Severence, Catherine Needham, *The Last Day of Ikhnaton*, Nova York, Exposition Press, 1953. Novela romântica.
Shulman, Alan R., "Ankhesenamen, Nofretity, and the Amka Affair", *Journal of the American Research Center in Egypt* 15, 1978, p.43-8. Discussão sobre o apelo de Ankhesenâmon ao rei hitita e sobre a resposta a ele.
Silverberg, Robert, *Akhenaten the Rebel Pharaoh*, Nova York, Chilton, 1964. Obra acessível sobre a vida de Aquenaton.

Smith, G. Elliot, *The Royal Mummies*, Cairo, Institut Français, 1912. Catálogo das múmias reais do Museu Egípcio do Cairo. Contém uma descrição inicial da múmia encontrada no Túmulo 55, a qual sugere tratar-se de Aquenaton.

______, *Tutankhamen*, Londres, Routledge, 1923. Um dos primeiros livros sobre a descoberta do túmulo de Tutancâmon. É sobretudo uma curiosidade histórica.

Smith, Ray Winfield, "Computers Help Scholars Re-create an Egyptian Temple", *National Geographic* 139, nº5, novembro de 1970. Um uso inicial de um computador para reconstruir no papel os templos de Aquenaton em Karnak.

Smith, Ray Winfield e Donald Redford, *The Akhenaten Temple Project*, Warminster, Inglaterra, Aris & Phillips, 1976. Descrição pormenorizada do projeto de remontar no papel os templos de Aquenaton em Karnak. Muitos detalhes importantes.

Smith, Sir Sidney, *Mostly Murder*, Nova York, McKay, 1959. Autobiografia fascinante de um famoso professor de medicina legal que utilizou suas qualificações no Egito para solucionar assassinatos.

Strunsky, Simon, *King Akhenaten*, Nova York, Longmans, Green & Co., 1928. Uma das primeiras ficções estimuladas pela descoberta do túmulo de Tutancâmon. *Muito* ultrapassado.

Swales, J.D., "Tutankhamen's Breasts", *The Lancet*, 27.1.1973, p.201. Resposta de um médico à sugestão de que as estátuas de Tutancâmon com seios indicariam um estado patológico.

Tabouis, G.R., *The Private Life of Tutankhamen*, Nova York, McBride, 1929. Descrição da vida cotidiana durante o reinado de Tutancâmon. Ultrapassado.

Tait, W.J., *Game Boxes and Accessories from the Tomb of Tut'Ankhamen*, Oxford, Griffith Institute, 1982. Excelentes descrições e discussões sobre os jogos de tabuleiro que Tutancâmon e Ankhesenâmon jogavam.

Taitz, L.S., "Tutankhamen's Breasts", *The Lancet*, 20.1.1973, p.149. Um médico sugere que a imagem de Tutancâmon com seios seria um remanescente artístico do reinado de Aquenaton.

Thomas, Elizabeth, "The Plan of Tomb 55 in the Valley of the Kings", *Journal of Egyptian Archaeology* 47, 1961, p.24. Cinqüenta anos depois da descoberta do Túmulo 55, ainda não havia nenhuma planta publicada do túmulo. Esse diagrama, de uma página, foi o primeiro.

Tobin, V.A., "Akhenaten as a Tragedy of History: A Critique of the Amarna Period", *The Society for the Study of Egyptian Antiquities Journal* 23, 1993, p.5-28. Discussão sobre o legado de Aquenaton, com conclusões um tanto negativas.

Ubelaker, Douglas e Henry Scammell, *Bones: A Forensic Detective's Casebook*, Nova York, HarperCollins, 1992. Descrição compreensível de como os antropólogos físicos determinam a causa da morte a partir dos ossos.

Vandenberg, Philip, *The Curse of the Pharaohs*, Filadélfia, Lippincott, 1975. Puro absurdo.

Van Den Bourn, G.P.F., *The Duties of the Vizier*, Londres, Kegan Paul, 1988. Dá uma idéia do poder de Aye, o vizir de Tutancâmon.

Velikovsky, Immanuel, *Oedipus and Akhenaten*, Nova York, Doubleday, 1960. Livro extremamente excêntrico, que traça paralelos entre Aquenaton e o rei grego Édipo. Leitura fascinante, a ser feita com uma pitada de ceticismo.

Vergote, J., *Toutankhamon dans les archives hittites*, Istambul, Nederlands Historisch-Archaeologisch Instituut, 1961. Discussão sobre o pedido de Ankhesenâmon de um príncipe hitita com quem pudesse se casar.

Walker, James H., *Studies in Ancient Egyptian Anatomical Terminology*, Warminster, Aris & Phillips, 1996. Última palavra sobre o assunto [a antiga terminologia egípcia sobre a anatomia], por um médico e egiptólogo.

Walshe, J.M., "Tutankhamen: Klinefelter's or Wilson's?", *The Lancet*, 13.1.1973, p.109-10. Teoria de um médico sobre a razão de as estátuas de Tutancâmon exibirem-no com seios e com o abdômen flácido.

Watkins, Trevor, "The Beginning of Warfare in the Ancient World", in Sir John Hackett (org.), *Warfare in the Ancient World*, Nova York, Facts on File, 1989, p.15-9. Discussão sobre a guerra no antigo Egito.

Weeks, Kent Ried, *The Anatomical Knowledge of the Ancient Egyptians and the Representation of the Human Figure in Egyptian Art*, Ann Arbor, UMI Dissertation Information Service, 1970.

Weigall, Arthur, "The Mummy of Akhenaten", *Journal of Egyptian Archaeology* 8, 1922, p.193-200. Weigall afirma que a múmia do Túmulo 55 era a do pai de Tutancâmon.

______, *Tutankhamen and Other Essays*, Nova York, Doran, 1924. Weigall era Inspetor Geral de Antigüidades quando o túmulo de Tutancâmon foi descoberto, e seus textos são repletos de perspectivas interessantes, mas às vezes ele se deixava levar pela imaginação.

Weller, Malcolm, "Tutankhamen: An Adrenal Tumor?", *The Lancet*, 16.12.1972, p.1312. Um médico sugere que um tumor adrenal poderia ter causado o desenvolvimento de seios em Tutancâmon.

Wells, Calvin, *Bones, Bodies and Disease*, Nova York, Praeger, 1964. Ultrapassado, mas ainda um clássico da história da paleopatologia, escrito por um mestre.

Wells, Evelyn, *Nefertiti*, Londres, Hale, 1964. Descrição romanceada e freqüentemente inexata do período de Amarna e de Nefertiti.

Welsh, Frances, *Tutankhamen's Egypt*, Princes Risborough, Inglaterra, Shire, 1993. Discussão sucinta e útil sobre a vida e a época de Tutancâmon, bem como sobre os objetos encontrados em seu túmulo.

Wente, Edward et al., *Treasures of Tutankhamen*, Nova York, Metropolitan Museum of Art, 1976. Catálogo da exposição dos tesouros de Tutancâmon que viajou pelo mundo.

Wilkinson, Gardiner, *Modern Egypt and Thebes*, vol.2, Londres, John Murray, 1843. Um dos primeiros guias sobre o Egito; fornece uma impressão inicial sobre Amarna.

Winlock, H.E., *Materials Used at the Embalming of King Tut-'Ankh-Amun*, Nova York, Metropolitan Museum of Art, 1941. Descreve não apenas o material do embalsamamento, mas também os restos do banquete ritual realizado na parte externa do túmulo no dia do sepultamento.

Winstone, H.V.F., *Howard Carter and the Discovery of Tutankhamun*, Londres, Constable, 1991. Sólida biografia de Carter.

Wise, William, *The Two Reigns of Tutankhamen*, Nova York, Putnam, 1964. Além de discutir o reinado de Tutancâmon em Amarna e Tebas, inclui uma breve história do Egito até a época de Tutancâmon.

Wynne, Barry, *Behold the Mask of Tutankhamen*, Nova York, Taplinger, 1972. Sem ser apenas mais um relato popular, esse livro traz um material interessante que não se encontra em outros lugares, especialmente sobre a possibilidade de Carter e Carnarvon haverem entrado na câmara mortuária antes da abertura oficial.

Yadin, Yigal, *The Art of Warfare in Biblical Lands*, vol.1, Nova York, McGraw-Hill, 1963. Visão geral da guerra no antigo Oriente Médio.

Agradecimentos

Na egiptologia, é normal haver uma equipe de especialistas trabalhando num único projeto. Este livro não é exceção. Quando me faltaram conhecimentos, o que foi freqüente, os colegas sempre estiveram a postos, prontos para ajudar.

Na frente médico-forense, tive a dupla sorte de contar com muitos peritos que são meus amigos pessoais, e várias vezes os procurei em horários estranhos e inconvenientes. O dr. Gerald Irwin, chefe da Radiologia no Hospital Universitário Winthrop, foi o primeiro a sugerir que Tutancâmon poderia ter sobrevivido por um bom tempo depois de receber uma pancada na parte posterior da cabeça, e se manteve como um consultor constante durante toda a redação deste livro. O dr. Michael R. Zimmerman, diretor dos Laboratórios Clínicos do Centro Médico Maimonides, no Brooklyn, Nova York, leu uma versão inicial do manuscrito e fez sugestões importantes sobre as causas reais da morte de Tutancâmon depois da pancada. O dr. Michael Perry, chefe da traumato-radiologia da Faculdade de Medicina da Universidade de Maryland, também fez sugestões importantes sobre a maneira de determinar se Tutancâmon teria de fato demorado a morrer. Como sempre, beneficiei-me das discussões com Ronald Wade, diretor do Conselho Estadual de Anatomia de Maryland. No Egito, o dr. Fawzi Gabella, chefe do Departamento de Anatomia do Hospital Kasr el Einy, teve a gentileza de permitir que eu examinasse dois fetos humanos descobertos no túmulo de Tutancâmon. O dr. Nasri Iskander, curador de múmias do Museu Egípcio, no Cairo, deu uma enorme ajuda ao colocar à minha disposição a múmia do avô de Tutancâmon, Amenófis III. Devo também agradecer a meus colegas da Associação de Paleopatologia, que sempre se mostraram dispostos a debater os aspectos médicos do caso.

Na frente egiptológica, meus colegas também foram muito úteis. O dr. Ali Hassan, ex-secretário geral do Conselho Supremo de Antigüidades, concedeu-me acesso a túmulos fechados em repetidas ocasiões. O dr. Mohamed Sallah, diretor do Museu Egípcio do Cairo, teve a bondade de permitir que eu examinasse objetos guardados no museu. Na Alemanha, o dr. Dietrich Wildung, diretor do Museu Egípcio de Berlim, permitiu que eu examinasse e fotografasse o anel que indicava que o vizir Aye tinha-se casado com a viúva de Tutancâmon. Jamais esquecerei o dia em que a dra. Hannelore Kischkewitz, curadora do museu, pôs o anel em minha mão. Sou igualmente grato a Diana Maggee, do Instituto Griffith do Museu Ashmolean, em Oxford, por me fornecer uma fotocópia da carta de Percy Newberry a Howard Carter, descrevendo o anel. Mais perto de casa, eu gostaria de agradecer à dra. Dorothea Arnold, curadora do Departamento Egípcio do Metropolitan Museum of Art, em Nova York, por me facultar o acesso aos peitorais fúnebres usados no banquete do sepultamento de Tutancâmon e por me autorizar a reproduzir as fotografias da múmia do faraó feitas por Harry Burton na década de 1920. Quero ainda agradecer à dra. Rita Freed, curadora do Departamento de Arte Egípcia e Núbia do Museu de Belas Artes de Boston, pelas discussões sobre como teria sido a vida cotidiana em Amarna.

Cabe-me fazer um agradecimento especial aos administradores da Universidade de Long Island, que me possibilitaram reduzir minha carga horária docente e remanejar minhas aulas de maneira a poder fazer as pesquisas para este livro. Meus colegas do Departamento de Filosofia deram apoio e compreensão enquanto seu diretor esteve ausente, rastejando pelas tumbas do Egito.

Sou muito grato a todos do The Learning Channel. Quando concordei em fazer um documentário sobre o assassinato de Tutancâmon, devo admitir que tinha alguns receios — de que eles me pedissem para dizer coisas que eu não gostaria de dizer, de que houvesse restrições a minha fala etc. Fiquei encantado ao descobrir quão enganado estava. Quando muito, se eu me deixava levar por meu entusiasmo, meu diretor, Peter Spry-Leverton, aparecia para dizer: "Escute, Bob, você tem certeza de que pode dizer isso?" Nos momentos em que se tornou crucial ver o anel em Berlim ou voltar ao Museu Egípcio para verificar este ou aquele objeto, The Learning Channel sempre deu sua anuência. Acabei por vê-los como iniciativa privada apoiando a pesquisa.

Tive muita sorte na preparação do manuscrito. Minha mulher, Pat Remler, passou muitas longas horas no computador, aprimorando o texto. Talvez eu nem sempre tenha gostado de ouvir "Brier, isso não faz sentido", mas não há dúvida de que foi útil para o livro. Meu amigo e colega do Campus C.W. Post da Universidade de Long Island, dr. Hoyt Hobbs, leu muitos rascunhos, fez sugestões essenciais — tanto egiptológicas quanto sobre a estrutura — e foi uma equipe de apoio de um homem só durante toda a revisão do manuscrito. Ainda na frente editorial, Elizabeth Himelfarb esteve sempre presente, pronta para fazer o que fosse necessário. Acima de tudo, eu gostaria de agradecer a Liza Dawson, minha editora na Putnam. Tenho certeza de que ela não fazia idéia daquilo em que estava se metendo quando se envolveu inicialmente com *O assassinato de Tutancâmon*. Foi sua visão segura do que o livro deveria ser que o tornou coerente como é. Se este livro conseguir contar a história de Tutancâmon, será sobretudo graças aos esforços de Liza.

Índice Remissivo

Este livro foi composto por TopTextos Edições Gráficas, em Agaramond, e impresso por Cromosete Gráfica e Editora.